本书为国家自然科学基金青年项目"风险与时间偏好异质性粮食规模户的市场风险管理策略优化研究"（71803083）的成果，并得到南京农业大学金融学院 2023 年度学术专著出版资助项目的资助。

南京农业大学金融学学术文库

农业规模经营户价格风险管理研究

STUDY ON PRICE RISK MANAGEMENT
OF LARGE-SCALE FARMERS

彭澎◎著

中国社会科学出版社

图书在版编目（CIP）数据

农业规模经营户价格风险管理研究 / 彭澎著.
北京：中国社会科学出版社，2024. 3. --（南京农业大
学金融学学术文库）. -- ISBN 978-7-5227-4082-9

Ⅰ. F323.7

中国国家版本馆 CIP 数据核字第 2024DM5991 号

出 版 人	赵剑英	
责任编辑	刘晓红	
责任校对	王佳玉	
责任印制	戴　宽	

出　　版	中国社会科学出版社	
社　　址	北京鼓楼西大街甲 158 号	
邮　　编	100720	
网　　址	http://www.csspw.cn	
发 行 部	010-84083685	
门 市 部	010-84029450	
经　　销	新华书店及其他书店	

印　　刷	北京君升印刷有限公司	
装　　订	廊坊市广阳区广增装订厂	
版　　次	2024 年 3 月第 1 版	
印　　次	2024 年 3 月第 1 次印刷	

开　　本	710×1000　1/16	
印　　张	15.75	
字　　数	252 千字	
定　　价	89.00 元	

凡购买中国社会科学出版社图书，如有质量问题请与本社营销中心联系调换
电话：010-84083683

摘　　要

近年来，中国的土地规模化经营在国家政策推动下快速发展，但规模化经营的各类风险对其可持续发展的负面影响和隐患也日益凸显，农产品市场价格风险对规模经营户稳定经营的影响尤其需要关注。然而，现实中规模经营户的价格风险管理方式传统且单一，选择订单农业、分期销售等方式主动管理价格风险的规模经营户较少，方式选择差异也很大。因此，有必要深入揭示规模经营户价格风险管理行为所面临的约束条件，特别是流动性约束问题可能对其所造成的影响，并在此基础上研究信用方式和金融创新对缓解流动性约束的作用。

基于上述背景，本书利用统计年鉴年报数据、农业规模经营户四省调研数据、江苏省六县家庭农场调研数据、新型农业保险专题调研数据，综合采用实验经济学方法、实证研究方法、描述统计分析方法等，围绕以下七方面内容展开研究：一是描绘农业规模经营概况；二是梳理农产品价格风险的影响因素与价格风险管理方法；三是厘清价格预期、风险态度与规模经营户销售方式选择之间的关系；四是构建规模经营户的价格风险管理行为决策框架并分析流动性约束的制约；五是研究商业信用对规模经营户流动性约束的缓解作用；六是探究数字金融能力对规模经营户流动性约束的缓解作用；七是从规模经营户价格风险管理的角度，梳理新型农业保险江苏实践及实施效果。本书的主要研究结论如下：

第一，发展多种形式适度规模经营是建设现代农业经营体系的重要路径。以家庭农场为例，中国农业规模经营近年来发展快速。规模经营户已经成为普通农户和现代农业发展有机衔接的载体。

第二，从生产者角度，农产品价格风险管理方法分为风险分散、风险转移和风险对冲。其中，风险分散主要为分期销售农产品；风险转移主要通过在纵向一体化中开展订单农业来实现，另外，农业保险创新也有类似作用；风险对冲主要利用期货市场套期保值，并辅以保险支持。

第三，厌恶价格风险程度决定了规模经营户会否采取措施规避价格波动。同时，规模经营户销售方式的选择还取决于对未来价格水平变化趋势的判断。如果规模经营户预期农产品价格上涨，那么以利润最大化为目标的他们会选择延期销售。

第四，在不完全市场条件下，厌恶风险的规模经营户管理价格风险的常见方式为风险转移（如订单农业）和风险分散（如分期销售）。但是，如果规模经营户受到较强的流动性约束，那么他们将不会愿意借助分期销售的方式来分散价格风险。因此，流动性约束对于规模经营户选择合理的价格风险管理方式有所制约。

第五，商业信用有利于规模经营户缓解流动性约束。相比于银行信用，商业信用在价格方面有明显的优势。商业信用的另一个优势是较低的相对交易成本，它会使得受到流动性约束的规模经营户有能力扩大规模，进而管理价格风险。

第六，数字金融能力通过缓解规模经营户与金融机构之间的信息不对称以及提升规模经营户的收入水平，来提高其正规中长期信贷可得性，缓解其流动性约束，促进其管理价格风险。

第七，新型农业保险的实施范围不断扩大、保险保障水平不断提高、多层次补贴机制更加健全，为规模经营户提供更加有效的价格风险管理工具，增强了规模经营户的经济韧性，与保障直接物化成本的传统农业保险相比，更惠及家庭农场等规模经营户。

关键词：农业规模经营；价格风险；风险管理；流动性约束

目　　录

第一章

绪　论

第一节　研究问题和意义

近年来，中国的土地规模化经营在国家政策推动下快速发展，规模化水平大幅提高，但规模化经营的各类风险对其可持续发展的负面影响和隐患也日益凸显，市场价格风险对农业规模经营户稳定经营的影响尤其需要关注。近年来，随着农村劳动力外出就业和农地市场发展以及政策的大力支持，中国规模经营户的数量增长迅速。但伴随着生产规模的扩大，一些新的风险点日益凸显，比如流转土地的地租风险、雇佣劳动力的成本风险、雇工劳动质量的生产风险、专用型资产的投资风险以及与农产品销售有关的价格风险等（徐志刚等，2017）。在这些风险当中，市场价格波动带来的价格风险对规模经营户的经营效益和稳定性的冲击最直接也可能最大。比如，自2016年开始，在中国的玉米主产区（东北三省和内蒙古自治区）施行多年的"临时收储政策"正式被调整为市场化收购加补贴的新机制。玉米的价格不再受到保护，而是随行就市，直接反映出市场的供求关系。对于规模经营户来说，由于农产品数量比较大，如何选择合理的销售方式来规避价格风险，实现其经济价值的最大化是一个不小的挑战。

然而，现实中规模经营户的价格风险管理方式传统且单一，选择订单农业、分期销售等方式主动管理价格风险的规模经营户较少①，方式选择差异也很大。根据风险管理的相关理论，订单农业属于风险转移，它是指规模经营户事先和龙头企业或者合作社签订农产品订单，由对方按照订单中的价格来直接收购农产品。从理论上来说，其可以帮助规模经营户在当期就以较低的风险锁定收益，但有可能因为讨价还价能力的欠缺而导致收益并不高（苏斯彬，2004）。在将部分农产品仓储后进行分期销售属于风险分散，它的收益相对较高，但也对规模经营户的资金投入和后期对市场行情的把握能力有着较高的要求（Shilpi and Umali-Deininger，2008；白旭光和王若兰，2009）。就理论上而言，规模经营户还可以通过农业保险创新转移价格风险，或者通过期货、"保险+期货"等来对冲价格风险（Bellemare and Lee，2016）。但在现实中因为诸多因素的制约，尤其是在不完全的市场条件下，实际运用的品种较为有限。正是因为上述价格风险的管理方式对规模经营户提出了多方面的要求，因此在现实中，中国很多农户在新的农产品收获后仍然会在短期内集中上市销售，并没有采取有效的措施来规避价格风险（柳海燕等，2011；詹利娟等，2015）。为此，我们有必要思考如何通过优化规模经营户的风险管理策略来引导其规避价格风险。

优化规模经营户的风险管理策略首先需要厘清其销售决策的机理，揭示风险厌恶态度对其选择产品销售方式的影响。在不考虑借助外部力量的情况下，规模经营户销售农产品的决策主要涉及两个方面的问题：销售时间，即何时卖；销售次数，即卖几次。因此，除了单期当期销售，即被动地一次性销售农产品外，规模经营户销售农产品的方式可能还包括单期延期销售和分期销售。而具体选择何种方式将同时取决于其对价格变化趋势的预期和对待风险的态度。因为前者会影响其销售的时间节点，后者会影响其销售的次数。也正是在这个过程中，规模经营户可能会因为厌恶风险而有主动管理农产品价格风险的意愿。他们可能会选择通过分期销售来分散风险，也可能会借助外部力量，比如通过订单

---

① 以粮食为例，分期销售根据粮食水分降低手段和仓储条件的设施化水平可以分为两种：一是传统分期销售，指用传统的自然晾晒和仓储方式贮藏后分期销售。二是设施化分期销售，指通过专用设备烘干仓储后分期销售。

农业来转移风险等。

在厘清销售决策机理的基础上，优化规模经营户的风险管理策略还需要深入揭示其产品价格风险管理行为所面临的约束条件，特别是对于风险与时间偏好具有异质性的规模经营户来说，流动性约束问题可能对其所造成的影响。一方面，对于规模经营户来说，土地、劳动、资本是其最为重要的要素禀赋。通过农地流转和农业机械化，其已经能够在一定程度上解决土地要素和劳动要素的稀缺问题，但是资本要素，尤其是期限灵活的资本要素，却依然匮乏。这在现实中会表现为一定的流动性约束，它们可能会使得规模经营户难以实现一些预想的价格风险管理方式。另一方面，由于订单农业、分期销售等不同的价格风险管理方式在收益、风险和资金占用等方面有所差异，因此规模经营户具有异质性的主观风险偏好和时间偏好，还可能通过和流动性约束的交叉作用使得其价格风险管理的决策更加复杂。显然，厘清上述因素背后的逻辑关系将有助于我们优化规模经营户的价格风险管理策略，从而引导其能够借助更加多元化的方式来管理价格风险。

深入研究缓解流动性约束的方法，对促进规模经营户采取更加多元化的方式来管理价格风险有重要的现实价值。如果能够通过开展商业信用、提升数字金融能力等信用方式和金融产品创新来缓解规模经营户的流动性约束，那么就能为其采取分期销售等合适的价格风险管理方法提供条件和可能。另外，新型农业保险作为一种金融产品创新，实施范围不断扩大、保险保障水平不断提高、多层次补贴机制更加健全，可能也有助于为规模经营户提供更加有效的价格风险管理工具。因此，我们有必要对适用于规模经营户的缓解流动性约束的信用方式和金融产品创新等进行研究和设计，这样才能够进一步优化规模经营户的价格风险管理策略。

综上所述，本书试图通过系统深入的理论与实证研究回答以下问题：农业规模经营的现状是什么？农产品价格风险的形成机理是什么？有哪些管理农产品价格风险的方式？在不完全的市场条件下，规模经营户是如何选择销售方式的？价格预期能力和风险厌恶态度会产生何种影响？面对价格风险的冲击，风险和时间偏好具有异质性的规模经营户管理价格风险的决策机制是怎样的？流动性约束是如何限制或者影响其选择合理的价格风险管理方式的？信用方式和金融创新能否通过缓解流动性约束来促进规模经营户采用更加多元化的方式管理价格风险？比如，实现风险分散（分期销售）方式的普及和推广。新型农业保险对规模经营户管理价格风险有何影响？

本书结合风险管理的相关理论，对风险及时间偏好具有异质性的规模经营户选择价格风险管理方式的行为逻辑进行理论研究和分析，并揭示流动性约束所产生的影响以及如何缓解其制约作用，具有一定的学术价值。同时，研究的成果对引导规模经营户有效管理价格风险、提升中国农业规模化经营的效果，从而保障粮食生产的安全具有很强的政策意义。

第二节　研究目标和研究内容

一　研究目标

描绘出中国农业规模经营概况；梳理出农产品价格风险的形成机理及管理农产品价格风险的方式；以粮食产业为例，分析出规模经营户的销售方式决策机理，厘清价格预期能力和风险态度对其选择不同销售方式的影响；构建出风险态度和时间偏好具有异质性的规模经营户价格风险管理行为的决策框架，重点揭示出流动性约束对规模经营户选择合理的农产品价格风险管理方式的影响机制；探究出旨在缓解流动性约束的信用方式和金融创新对于规模经营户价格风险管理行为的影响；在此基础上，提出有助于规模经营户更好地管理市场价格风险的优化策略与政策建议，为保障中国粮食生产的安全、培育新型农业经营主体的发展奠定良好的基础。

二　研究内容

本书核心内容将围绕以下七部分展开研究，对应第三章至第九章。

研究内容 1：农业规模经营概况

发展多种形式适度规模经营，有助于实现农业现代化；以家庭农场为例，综合运用统计数据和江苏省六县调查数据，依次对中国农业规模经营和江苏省农业规模经营的现状进行描述，厘清农业规模经营概况，反映出本书以规模经营户为主要研究对象的现实意义。

研究内容 2：价格风险的形成、影响因素与价格风险管理方法

首先，立足于农产品价格波动的特殊性，厘清农产品价格波动的影响因素与农产品价格风险的形成机理。其次，从生产者角度出发，将农产品价格风险管理归为风险分散、风险转移和风险对冲三种类型，并总结相应的主要方法。最后，按照不同方法，对规模经营户在现实中管理农产品价格风险的典型案例依次进行分析。

研究内容 3：价格预期、风险态度与规模经营户的销售方式选择

在保险、期货和产品市场不完全的条件下，以粮食产业为例，构建一个规模经营户的销售决策分析框架，揭示其不同销售方式选择的影响机理，并借助中国 4 省 373 户粮食规模经营户的实地调查数据和主观偏好实验测度数据进行实证研究。

研究内容 4：规模经营户的价格风险管理行为决策及流动性约束的制约

以粮食产业为例，首先在不完全的市场条件下，明确聚焦规模经营户通过风险转移（订单农业）或风险分散（分期销售）方式管理市场价格风险的行为。其次，以风险管理和农户理论为基础，构建一个基于主观性偏好的规模经营户价格风险管理行为决策框架，并研究流动性约束对其选择合理的价格风险管理方式产生的影响。最后，利用以实验经济学方法和实地调研获得的调查数据，通过不同的计量经济模型检验研究假说，从实证层面分析规模经营户的价格风险管理行为决策。

研究内容 5：商业信用对规模经营户流动性约束的缓解

针对研究内容 4 中所关注的流动性约束问题，首先指出商业信用是一种灵活的缓解流动性约束的信用方式。其次，从理论层面揭示商业信用、流动性约束与农业规模经营之间的关系，尤其是商业信用相比于银行信用的优势。最后，以粮食规模经营户的化肥施用行为为例，借助一个特殊的非平衡面板数据集，对商业信用、流动性约束与农业规模经营之间的关系展开实证层面的研究。

研究内容 6：数字金融能力对规模经营户流动性约束的缓解

针对研究内容 4 中所关注的流动性约束问题，数字金融也是一种灵活的缓解流动性约束的金融创新。但是，随着越来越多的传统农村金融机构开始加速数字化改革，这种银行采用的线上与线下相结合的贷款服务方式对规模经营户主的金融素养与数字技能水平提出了更高的要求，因此规模经营户的数字金融能力的高低将会影响其在多大程度上能够利用数字金融产品和服务来提高自身的中长期正规信贷可得性，进而缓解流动性约束。本研究内容将在分析清楚影响机制的基础上，利用微观层面的家庭农场调查数据，以中长期正规信贷可得性为视角，实证研究数字金融能力对于规模经营户流动性约束的缓解作用，以期为规模经营户采取更加多元化的方式来管理价格风险进一步提供可能。

研究内容7：新型农业保险江苏实践及实施效果——规模经营户价格风险管理角度

所谓"新型农业保险"是指2019年以来，国家推出的稻谷、小麦、玉米完全成本保险和收入保险，生猪"保险+期货"以及其他价格保险和收入保险等农业保险险种。本研究内容将从规模经营户价格风险管理角度，对"新型农业保险"的国家政策和江苏省政策进行全面梳理，在此基础上对江苏省开展三大粮食作物完全成本保险、水稻收入保险、玉米种植收入保险、生猪"保险+期货"价格保险、家庭农场综合保险等"新型农业保险"的实践情况和实施效果等进行全面介绍和探讨。

上述7个部分的研究内容呈现如下的逻辑关系。一是通过研究内容1反映出以规模经营户为研究对象的意义。二是通过研究内容2揭示价格风险的形成机理以及常见的价格风险管理方法。三是在研究内容3中，对规模经营户的销售行为进行分析，厘清价格预期和风险态度对其选择销售方式的影响，为研究其价格风险管理行为奠定基础。四是在研究内容4中，基于主观性偏好（风险态度、时间偏好），构建不完全市场条件下规模经营户的价格风险管理行为的决策框架，并重点分析流动性约束对规模经营户选择价格风险管理方式所产生的制约和影响。五是以研究内容4中的流动性约束制约为出发点，分别在研究内容5和研究内容6中，探究不同的信用方式和金融创新改善流动性约束的作用机制，包括商业信用和数字金融能力提升，以期优化规模经营户的价格风险管理策略。六是研究内容7以江苏省为例，对三大主粮完全成本保险、农产品收入保险、农产品价格保险、家庭农场综合保险等"新型农业保险"的经验做法以及实施效果展开研究，更加全面反映农业规模经营户价格风险管理的途径。

第三节 拟解决的关键科学问题

按照研究目标和研究内容，本书拟解决的关键科学问题主要包括如下五个。

第一，价格风险的形成机理及主要管理方式如何？本书首先将厘清农产品价格波动的影响因素与农产品价格风险的形成机理。其次，按照风险分散、风险转移和风险对冲的分类，对农产品价格风险管理的主要方法及其典型案例进行梳理。

第二，价格预期能力和风险态度会如何共同影响规模经营户选择农产品的销售方式？本书将以粮食产业为例，在按照销售时间和销售次数来界定好销售方式的基础上，分别从价格水平和价格波动两个角度出发，构建一个规模经营户的销售决策分析框架，重点揭示风险态度对销售方式选择的影响机理。回答清楚这个问题也是理解规模经营户为何会管理农产品价格风险的前提。

第三，流动性约束为什么会制约主观偏好具有异质性的规模经营户管理价格风险？本书将在不完全的市场条件下，以对于规模经营主体非常重要的资本要素为视角，尝试厘清风险及时间偏好具有异质性的规模经营户在管理市场价格风险时的行为决策，重点揭示流动性约束的限制作用。回答清楚这个问题也是理解规模经营户的行为规律，促进其有效管理农产品价格风险的关键。

第四，信用方式和金融创新将如何缓解流动性约束？本书将在分析清楚理论机制的基础上，进行更深层次的实证研究，剖析规模经营户的价格风险管理行为因开展商业信用、提升数字金融能力而有何改变。回答清楚这个问题有助于提出有关农产品价格风险管理的优化策略与政策建议。

第五，从价格风险管理角度看，"新型农业保险"对于规模经营户有何作用？"新型农业保险"也是一种典型的金融创新。本书将对江苏省开展"新型农业保险"的实践进行全面介绍，从规模经营户价格风险管理角度对其实施效果等进行探讨。回答清楚这个问题有助于进一步厘清金融创新对于规模经营户管理价格风险的重要意义。

第四节 研究方法

一 实验经济学方法

本书的第五章和第六章采用实验经济学方法测度规模经营户的主观性偏好，包括风险态度和时间偏好。其中，第五章的测度重点是风险态度；第六章的测度重点同时包括风险态度和时间偏好。风险态度实验是通过设计一个包括三个阶段在内的抽奖游戏来完成的；而时间偏好实验受制于调查条件和经费，则是通过为规模经营户构建政策场景来完成的。

二 实证研究方法

本书的第五章至第八章都将采用微观调研的农户数据，通过多种计量经济学模型展开实证研究。其中，第五章使用 mprobit 模型；第六章使用 biprobit 模型；第七章使用混合 OLS 估计、随机效应模型；第八章使用 probit、tobit 和中介效应模型。在这些计量经济学模型的基础上，本书还进一步引入工具变量法，以解决潜在的内生性问题。

第五节 数据来源

由于能否获得高质量的一手数据对于本研究来说较为重要，本书以一套微观调查规模经营户的数据为主线，同时还使用了一套家庭农场调查数据和一套农业保险专题调研数据来对部分章节展开研究，并辅以统计年鉴年报数据进行描述性分析。

一 统计年鉴年报数据

本书第三章有关农业规模经营描述性统计分析的数据，主要来源于《2020 年中国农村政策与改革统计年报》、《中国畜牧兽医年鉴（2021）》、《江苏统计年鉴（2022）》及国家统计局（官网）"统计数据—数据查询"；第九章、第十章部分数据来自《江苏省农村统计年鉴（2022）》。

二 调研数据

调研数据来源主要有农业规模经营户四省调研数据、江苏省六县家庭农场调研数据和江苏省新型农业保险专题调研数据。一是农业规模经营户四省调研数据。本书使用的核心数据来源于南京农业大学与中国农业科学院、中国人民大学于 2018 年 8 月组织的一次农户调查。该调查以问卷为基础，通过访问者和样本农户间的面对面访谈来进行，采用了多阶段随机抽样和分层抽样方法。①在综合考虑粮食的种类、所处的地区和经济发展的情况后，选择四个地域跨度较大的省（浙江、河南、四川和黑龙江）。②在每个样本省内，根据该省的地域分布和经济发展情况，随机选择四个样本县。③在每个样本县中再基于同样的原则随机抽取 2 个乡镇。④在每个乡镇中，按照户均耕地面积的 3—10 倍、10—20 倍以及 20 倍以上的标准，分层随机抽取 12 户的规模经营户，同时抽取 20 户普通农户。个别乡镇视实际情况微调。最终，该调查共获得千余户粮食生产户的数据，其中包括 419 户规模经营户的数据。本书的第五章、第六章、第七章将结合研究主题，使用全部或者其中部分规模经营户的数据进行实证研究。二是江苏省六县家庭农场调研数据。本书第三章最后一节以及第八章使用的数据来源于南京农业大学金融学院于 2021 年 7 月开展的"江苏省金融支持家庭农场发展"调查。该调查调研了江苏徐州铜山、南通海门、泰州兴化、镇江句容、宿迁泗洪和无锡江阴共 6 个县级市的 499 个家庭农场，获取了被访家庭农场 2020 年的发展情况、农场主特征、生产经营状况、资金往来、数字金融能力等信息。三是江苏省新型农业保险专题调研数据。本书第九章调研数据主要来源于南京农业大学金融学院"江苏三大粮食作物完全成本保险研究"课题组在江苏省内相关部门、保险公司、部分"新型农业保险"试点县市区的实地调研。

第六节　特色与创新之处

本书的特色和可能的创新之处主要体现在以下三个方面。

第一，研究问题有新意。一方面，之前有关农业市场价格风险的研究对象多为普通"小农"，重点关注规模经营户等新型农业经营主体如何管理农产品价格风险的研究并不多。另一方面，在以往有关规模经营户的研究中，多数学者将目光投向了土地、投资、规模经济等问题，关注农产品价格风险管理问题的文章很少见。而本书聚焦于对异质性规模经营户市场价格风险管理行为的研究，问题重要但研究不足。

第二，研究视角有创新。本书不仅以客观的要素禀赋为视角，研究了反映资本要素的流动性约束会对规模经营户价格风险管理行为所产生的影响；而且更进一步考察了它们在影响主观风险及时间偏好具有异质性的规模经营户时所表现出的差异。这种视角上的创新有助于加深我们对于规模经营户行为决策的认识和理解。

第三，方法运用有特色。本书将综合运用实证研究法和实验经济学方法来研究异质性规模经营户的农产品价格风险管理行为决策，在方法的运用上有一定特色。特别是将实验经济学方法运用在本书所关注的研究领域中具有一定亮点。

第二章

文献综述

第一节　农户的价格风险管理行为研究综述

一　农户的风险管理行为

风险管理的概念起源于美国 1929—1933 年的大危机，它是指运用逃避、承担、转移、分散、对冲等方式方法使得风险处于可接受的范围之内。自 20 世纪 60 年代开始，国外学者开始将风险管理引入有关农村和农业的研究中，比如欧盟认为，对于发达国家来说，以农业生产经营为收入来源的农户主要面临生产风险和价格风险，可以通过调整种植作物、风险共享、收入多样化等方式来予以管理。国内的学者从 20 世纪90 年代开始将风险管理引入"三农"领域，其中有一些研究关注的是农户的收入风险管理（陈传波和丁士军，2005）。比如，马小勇（2006）基于对中国陕西省的实证研究，发现发展中国家的农户缺少正式的风险规避机制，所以一般通过风险统筹、跨时期的收入转移以及保守生产等方式来规避风险。后马小勇与金涛（2012）合作研究发现，为了规避收入风险，发展中国家的农户一方面会拒绝采用新技术，另一方面会愿意采取多元化经营、订单农业等生产方式。但更多的国内学者还是聚焦于农业风险的管理。由于农业风险的种类多元，有关农业风险管理研究的内容也较为庞杂。比如，乔立娟（2014）以蔬菜产业为分析对象，将生产经营主体划分为普通种植户、专业合作社、大户、企业等类型，她认为生产风险与经营风险是最主要的两种风险，并且它们可以通过控制型风险管理措施（改种其他作物、提高种植水平、外出打工)、风险转移与自担（蔬菜保险、订单种植、加入合作社、风险自担）和风险内部抑制（多样化种植、政府救济、正规金融借贷、亲朋相助）等方式来进行管理和规避。

二 普通农户的价格风险管理行为

针对本书所关注的价格风险管理，学者从总体上明确了价格风险管理是一种对引发农产品价格波动的各种风险因素进行有效控制的过程，认为其可以被进一步细分为市场管理和政策管理两种类型（苏斯彬，2004；刘晶等，2004；祁民，2008；杨芳，2010）。前者是以价格预期论、金融市场论等理论为基础，侧重于体现农户根据生产经营情况和主观偏好选择合适的应对措施，比如加入订单农业、运用期货等金融工具等；后者则是以农业保护理论为基础，侧重于体现政府如何直接为农户提供各种援助，比如美国政府采用的农产品购买力计划、税收优惠以及安全网项目，可以保障中国主产区粮食产业可持续发展的政府监测和目标收入制度等（赵玉和严武，2016）。而在两者中，目前更多学者关注的是前者，即包含订单农业和期货在内的市场管理方法。

在有关通过订单农业来管理价格风险的文献中，彭泰中和廖文梅（2007）借助信息经济学的相关理论，指出信息不对称会导致中国农产品市场存在明显的价格风险，而通过农业组织的合作经营（订单农业）可以解决这一问题。何坪华（2007）从风险转移的视角出发，在肯定订单农业能够有效管理价格风险的基础上，对其固定合约价、随行就市价、保护价、浮动价和利润分成制度等的设计思路进行了分析，尝试通过更加合理的订单设计，来提升农户管理价格风险的水平。还有部分学者认为随着农业规模化经营步伐的加快，订单农业中潜在的违约风险问题值得关注（霍瑞超和李雪平，2012；李彬，2013）。这点一些外国学者在其文献中也有所提及。在美国和巴西的水果或者蔬菜产业中，农户违约的可能性会更高（Zylbersztajn and Pinheiro Machado Filho，2003）。

在有关通过期货来管理价格风险的文献中，有学者以"龙头企业+期货"和"专业合作组织+期货"的方式为例，对小农户如何通过间接参与期货市场来将价格风险转移出去的过程进行了分析，重点介绍了在中国农村地区目前比较典型的"延津模式""银丰模式"和"四平模式"等，阐述其优缺点（厉耕，2011）。刘晶等（2004）则从理论层面出发，认为套期保值可以被分为三种类型：预期性套期保值、库存性套期保值和经营性套期保值。其中，后两者分别针对农产品库存商和加工商；而前者则是农户规避价格风险的主要方式，即农户在播种时或者在收获前可以通过卖出期货的方式来锁定风险。并且，中国农产品期货合约的上市可以持续地减小现货市场价格的波动性，不同的期货品种对其现货价格的影响也有所不同（庞贞燕和刘磊，2013）。由此可以看出，期货应当是一种相对有效的管理价格风险的方法（夏天和程细玉，2006；Kim et al.，2009；廖杉杉和鲁钊阳，2013）。因此，国内的一些学者期望通过总结发达国家的成功经验来为中国的农村市场所用。比如，中国农产品期货市场目前的状态和日本初期类似，日本农产品期货市场的改革历程对中国具有一定的借鉴意义（邢星，2010）。美国的农产品期货市场的成功经验也可以为中国所用（吴迪，2016）。还有的学者则是探索通过综合运用期货和其他金融工具的方式来管理价格风险的可能性。比如，中国山东地区的棉花"保险+期货"属于典型的"保险+期货"试点，其有助于帮助农户提升对冲价格风险的能力（葛永波和曹婷婷，2017）。

三 规模经营户的价格风险管理行为

除了以上有关普通农户管理价格风险行为的研究以外，还有少部分学者专门研究了规模经营户的行为，他们认为规模经营户对农产品价格的波动更加敏感（Hao et al.，2014），可以利用期货来管理价格风险（詹利娟等，2015）。因为相比于一般的农户，规模经营户在经营的规模、自身的经济实力和接受信息的能力等方面都能更加容易满足农产品期货市场对于参与主体的要求，并且这种优势日益凸显。特别是在接受信息的能力上，规模经营户由于受教育水平相对较高且更容易获得学习的机会，因此更有可能掌握期货交易的基本规则，保证自身具备一定的知识基础和操作能力等。尽管目前除个别品种外，规模经营户整体通过期货来直接管理价格风险的比率仍然很低，但未来可以在现有的基础（借助龙头企业或者专业合作经济组织等间接参与）上，逐步探索规模经营户直接参与期货市场的可能性。

四 粮食种植户的价格风险管理行为

粮食种植户会通过调整种植结构和面积来应对价格的剧烈波动，这点在玉米的种植上体现得较为明显。事实上，以玉米产业为例，近年来临储政策取消对其价格波动的直接影响为正，通过提升流通产业的资源配置效率对其价格波动的间接影响为负（叶举和石奇，2023）。因此，可能的价格风险管理方式包括：以合作社或者龙头企业为基础的订单农业、期货市场（李玉娇，2013）。这两种方式应当能够稳定农业生产、锁定玉米种植户的收益。由于中国粮食产业的特殊性和粮食安全问题的重要性，不少学者寄希望于后一种方式。根据美国玉米种植户的经验，期货的确能够帮助农户有效地管理和规避价格风险（董婉璐等，2014）。粮食种植户套期保值的具体方法包括买入套期保值和卖出套期保值（刘立等，2003；谭玉华，2005）。卫龙宝和许伟良（2003）指出了套期保值的缺点，包括需要专业知识、单份合约固定粮食交易量较大、对冲成本较高、需要承担基差风险等，因此粮食种植户需要根据当时的市场行情及个人主观偏好，在综合考虑多个方面后做出合理的决策。王川（2010）认为期货市场固然有助于粮食种植户规避现货市场的价格波动所带来的收益不确定性，但基差风险和期货市场本身的杠杆效应也对风险管理技术提出了更高的要求。除此之外，农业保险是提升农业抗风险能力的重要政策工具，农产品价格保险也可以转移价格风险，但目前主要还是集中在养殖业和经济作物种植业，粮食产业的价格保险并不多（宋建国和刘莉，2022）。

在订单农业、农业保险创新和期货之外，柳海燕等（2011）指出"仓储+分期销售"也是一种可以帮助粮食种植户规避和管理好价格风险的方法。因为理论上讲，粮食种植户如果放弃集中售粮而是通过分批分时段的策略来销售粮食的话，那么市场波动将可能被平滑，其收益不仅不会减少反而可能会增加。特别是随着中国农业市场化程度的不断提高，不少粮食种植户已经在一定程度上熟悉了市场价格的周期性波动规律，在掌握了一定信息的基础上，通过仓储+动态化分批销售的方式来管理价格风险已经具备了良好的条件。因此，"仓储+分期销售"对于粮食种植户来说，应当和订单农业和期货一样重要。此外，还可以通过建立粮食基金来管理价格风险（穆月英和陈家骥，1994）。

第二节 有关影响农户价格风险管理行为的
因素研究

一 影响普通农户价格风险管理行为的因素

农户管理生产经营风险的策略可能会受到几个不同因素的影响，包括外部的自然环境、生产的农产品特点、农产品所处的市场结构、农户自身的风险偏好、风险管理策略的成本大小和赔偿渠道等（Barry et al.，1996）。具体到本书所关注的价格风险管理，结合上一部分的综述情况，影响农户行为的因素则可以按照方式的不同来进一步细分。

第一，部分学者对影响普通农户参与订单农业的因素进行了总结。发展中国家的订单农业要想成功需要有合理的合同条款、合适的参与对象，农户明确的风险偏好，以及政府在法律、培训、农技推广和基础设施建设方面的努力也是必不可少的。除此之外，龙头企业在订单中的隐性和显性条款设计对于普通农户是否愿意参加有着重要的影响（Abebe et al.，2013；Arouna et al.，2017）。可以看出，在这些因素中，风险偏好是与农户紧密相关的，说明其可以被视为一个会影响农户价格风险管理行为的重要因素（陈波，2008）。

第二，国内外更多的学者对影响普通农户参与期货市场的因素做了分析，主要的观点包括以下方面。一是农户的基本特征，比如年龄、学历、农业生产的经验等，可能会对其是否选择运用期货来管理价格风险产生影响（Turvey and Baker，1990；Goodwin and Schroeder，1994；徐欣等，2010；Makus et al.，1990）。二是农户越厌恶风险，其就越有可能偏好于选择通过期货等套期保值的工具来直接管理价格风险（Isengildina and Hudson，2001）。三是农户利用期货的意愿会在一定程度上受到其对于期货市场认知的影响，比如参加各种与农产品期货相关的培训、周围有农户使用过期货或者对期货比较了解、有渠道去获得期货的相关信息等（Jaworski and Kohli，1993；厉耕，2011）。特别是关于农户对农产品期货的认知方面，农户对价格风险的态度、农产品的种植规模、所在地区离期货交易所的距离等都是影响农产品期货认知的因素（徐欣等，2010）。四是农户的财务能力将会制约其对于农产品期货市场的运用，因为对于小农来说，保证金对其财务能力有要求（厉耕，2011）。中国的农产品期货交易最低标准为1手，即10吨的合同，这对于没有资金、以小农经营为主的农户来说门槛较高。五是农户是否会利用期货来管理价格风险在很大程度上与其生产经营的规模有关。一般农户的生产经营规模越大，其选择期货方式的可能就越高（Musser et al.，1996；Makus et al.，2010）。六是如果农产品的质量达不到期货市场的要求，那么农户也可能会无法借助期货市场来管理价格风险（Tomek and Peterson，2001）。除了上述分别阐述的影响因素以外，马龙龙（2010）以对小麦主产区之一的河南省的微观调查数据为基础，借助结构方程模型对影响农户是否愿意通过期货市场来规避价格风险的因素进行了多维度的分析，他认为期货市场本身对参与者的要求、期货信息传播渠道的建立、农户有关期货信息的缺失情况、是否建立了有助于小农参与的中介组织、国家的政策导向都可能会对农户的决策产生影响。王劲雨和陈盛伟（2021）也指出后临储制度下的玉米价格风险管理需要高度重视。根据上述研究成果，我们可以发现：表明相较于其他属于外部条件的因素，风险偏好、认知水平、财务能力、生产经营的规模等都与农户有很大的关系。

二 影响规模经营户价格风险管理行为的因素

有学者选择以期货市场为切入点，专门对影响规模经营户价格风险管理行为的因素进行了研究（詹利娟等，2015）。他们通过和美国的大户进行比较分析，发现中国的规模经营户对农产品期货的接受度不高、参与意愿弱。这首先与体制性因素有一定的关系。一方面，如果农地承包经营权的流转规模不足，那么就会难以保证大户的经营规模达到具备直接参与期货市场的标准；另一方面，政府的引导和推动作用尚未充分发挥。其次，规模经营户的认知水平低也会导致市场失灵。一方面，他们了解农产品期货市场的渠道狭窄，中国的期货行业协会和各交易所一般的培训对象都集中在投资者和上市公司；另一方面，中国的农产品信息化建设尚不够完善。此外，与农户利益相关的主体，如龙头企业、专业合作组织等参与农产品期货市场的比率也相对有限，难以为规模经营户通过借助间接参与来获取直接参与的经验奠定良好的基础。上述研究成果再次表明，认知水平对于通过期货来规避和管理价格风险有着很大的影响。

还有学者对风险态度与规模经营户价格风险管理行为之间的关系进行了研究。他们发现规模经营户在选择销售方式时，其对价格的预期能力与厌恶价格风险的程度会起决定性作用（Peng and Xu，2022）。其中，前者反映的是规模经营户对未来价格水平变化趋势的判断。一般预期农产品价格上涨的规模经营户会为了追求利润最大化而选择延期销售。后者则决定了规模经营户是否会采取措施来规避常态化的价格波动。

三 影响粮食种植户价格风险管理行为的因素

在有关粮食种植户的研究中，除了前面已经提到的订单农业和期货以外，还有一些学者重点研究了影响粮食种植户是否选择"仓储+分期销售"的方式来规避价格风险的因素，这与粮食容易储藏有很大的关系。他们以交易成本（Woldie and Nuppenau，2009）、生产经营的规模或耕地面积（张敏和余劲，2009）、市场的基础设施（Shilpi and Deininger，2008；乌云花等，2009）等切入点，认为上述因素会影响粮食种植户是否选择部分仓储后再销售。具体来说，交易成本过高可能会将农户排斥在市场之外；生产经营的规模过小可能会使得粮食种植户不再销售粮食；良好的基础设施条件会促使粮食种植户更加愿意到市场去销售。

四 流动性约束对农户价格风险管理行为的影响

流动性约束和仓储条件也会对农户的农产品价格风险管理行为产生影响。Gabriel 和 Hundie（2006）、Bellemare 和 Barrett（2006）、Stephens 和 Barrett（2011）等对非洲农户的研究都有此发现。有学者基于来自对中国 4 个玉米主产省份的 640 户玉米种植户的调查数据，运用GLM 方法，实证研究了仓储设施的条件和流动性约束对玉米种植户的销售和仓储情况的影响（柳海燕等，2011）。结果表明：一方面，良好的仓储设施有助于减少玉米种植户在新粮收获后立即大量集中销售的行为，只不过中国目前较为落后的储粮技术可能会使得仓储有不小的损失（白旭光和王若兰，2009）；另一方面，农村信贷所引致的家庭流动性约束也会对粮食种植户是否选择通过仓储农业来管理价格风险产生明显的影响。还有学者借助中国河南、浙江、黑龙江、四川 4 省的水稻和玉米规模经营户的数据进行实证，也得到了和柳海燕等（2011）类似的结论，并且他们发现时间偏好的交叉关系会起到流动性约束的制约作用（Peng and Xu，2024）。

第三节 有关农户价格风险管理的优化策略与相关政策研究

本节将按照不同的管理方式来回顾学者结合中国的实际情况所提出的政策优化建议。

第一，不少学者将研究目光聚焦在关于农户通过期货来管理价格风险的政策建议上，这一建议实现的前提是农产品期货品种越来越多。普通的粮食种植户需要利用各种机会来接受有关粮食价格管理方面的培训，逐步提升自身对于粮食价格波动的分析能力；而那些规模相对较大的粮食种植户可以考虑由专门的信息管理部门来为其进行研究和分析（卫龙宝和许伟良，2003）。在培训之外，要注意确定信息传递的主体（交易所、期货公司和政府等）并分析各自的优劣势，尽可能使得各主体在向农户传递期货信息的过程中发挥最大的作用（马龙龙，2010）。同时，农户可以通过新型农村经纪人来直接或者间接地进入期货市场，从而管理农产品的价格风险（李玉娇，2013）。而最适合成为新型农村经纪人的应当是农村地区的大学生，因为他们有学历也有文化，掌握期货市场的知识相对容易，而且他们也不会遭到农户们的排斥，并且对于大学生来说这可能也是一个创业的良机。杨芳（2010）总结了美国政府在对提升农户管理价格风险能力上的举措，发现美国农业部的工作重点之一就是培训与教育。一方面，他们成立了风险管理局，并和期货交易委员会、私营保险公司等机构合作，组织实施教育项目，通过向农户提供期货等工具的知识和技术的培训，来提升其价格风险管理的能力。另一方面，他们设立了可以吸引众多大学参与的基金项目，使得在美国农村地区可以实现更多更好的有关期货的知识普及。另外，詹利娟等（2015）对于规模经营户的研究结论也和前面学者提出的思路类似，包括：构建农产品期货市场的服务体系、健全相关法律法规、提高规模经营户管理价格风险的意识、向其普及期货方面的知识等。除此之外，充分发挥银行信贷杠杆的作用也是有必要的（谭玉华，2005）。

第二，对于规模经营户而言，期货单独发挥对冲价格风险的作用难度较大。因此，"保险+期货"可能是更合适的对冲方式。并且，政府同样要积极引导，扩大财政空间增量、加强各方合作、提升农户风险管理意识、完善效果评估体系（谢灵斌，2018；徐媛媛等，2022）。

第三，针对订单农业，政府应当从三个方面采取措施来提升其效果。一是加快建设农村的信息服务体系。二是探索发展中介机构的可能性。三是逐步提高农户获取信息的能力（彭泰中和廖文梅，2007）。针对仓储和分期销售的模式，基于中国农户种粮的效益不够理想的现实情况，可以考虑由国家对那些主动建造高质量仓储设施的农户进行政策鼓励和财政支持，特别是东北等粮食的主产区（白旭光和王若兰，2009）。

第四，缓解流动性约束被认为是优化农户价格风险管理行为的重要策略之一。比如，柳海燕等（2011）就指出政府可以通过经济手段来引导农村地区的正规金融机构向农户发放期限更加灵活的贷款，缓解农户的流动性约束。Peng 和 Xu（2023）也认为收获期的流动性约束会制约粮食规模经营户选择合适的方式来管理价格风险。除此之外，还需要坚持完善中国的各类农村金融市场。

第四节 缓解流动性约束的相关研究

鉴于流动性约束是制约农户价格风险管理行为的重要因素之一，本节主要回顾了与流动性约束有关的文献。

第一，部分学者研究了流动性约束对经济社会发展可能产生的负面影响。他们认为流动性约束的存在可能不仅会强化农村低收入家庭的储蓄意愿、抑制消费，而且还会制约家庭的创业能力和创业绩效（万广华等，2001；甘犁等，2018；尹志超等，2020）。因此，缓解流动性约束对于从农村层面扩大内需、提振消费，从而全面推进乡村振兴具有重要意义。

第二，部分学者专门研究了劳动力流动如何缓解农户的流动性约束。一是有学者认为劳动力流动能缓解流动性约束（尹志超等，2021）。因为它可以优化劳动要素的配置，促使农村劳动力资源从效率较低的第一产业转向效率更高的第二、第三产业（许召元和李善同，2008），提高收入水平（李实，1999）；同时，农户的消费能力也在户籍制度约束和预防性储蓄（陈斌开等，2010；尹志超等，2020）等因素的影响下而有所增强，有助于将富余的收入转化为流动性资产，从而缓解流动性约束（Batista et al.，2019）。二是也有学者认为劳动力流动不能缓解流动性约束。因为外出务工的农民多半从事技能要求较低的工作（章元和陆铭，2009），收入水平难以提升，加之较高的迁移成本、搜寻工作成本使得其消费支出增加（Chen and Deng，2019），加剧了其在面临外部冲击时的脆弱性，因此流动性约束难以被有效缓解。

第三，部分学者从消费信贷的视角研究流动性约束。比如，赵霞和刘彦平（2006）考察了1999年以来个人消费贷款对城镇居民消费行为的影响，结果发现消费信贷可以缓解流动性约束，促进消费增长率。臧旭恒和李燕桥（2012）利用2004—2009年的省级面板数据进行实证研究，也发现消费信贷主要缓解当期的流动性约束，从而促进耐用品消费的增长。尽管消费信贷和生产用途的信贷有区别，但从这些研究中也可以看出，流动性约束与银行等正规金融机构发放的贷款以及各类信用之间有紧密的关系。换句话说，优化正规信贷要素、完善农户获取信用的方式和条件，将有助于缓解农户的流动性约束，为其管理农产品价格风险奠定基础。

第五节　文献评述

总体上，学者就与本书相关的内容开展了一定的研究，为我们提供了一定的知识储备，但可能在某些方面也还存在可以进一步完善和深入的空间。

第一，研究对象的选择上可以结合现实情况更加聚焦。既有文献多关注的是普通农户的价格风险管理行为，但随着中国加快建设"农业强国"，农业产业化和适度规模化经营不断发展，规模经营户在中国农业生产中的比重越来越高，他们和普通"小农"在生产经营方式的特点和自身的认知以及生产目标等方面都有所差异。与此同时，中国的粮食安全问题历来被高度重视，如何全方位地提升粮食种植户的经营水平也十分重要，但多数学者将目光投向了土地、投资、规模经济等问题上。因此，如果能够以粮食产业为例来构建规模经营户的价格风险管理行为决策框架，那么可能会更加具有现实意义。

第二，可以从理论层面来更加系统地梳理和分类农户的价格风险管理行为。既有文献对于不同类型的农户价格风险管理行为是按照现实情况来梳理的，并没有能够很好地结合风险管理的相关理论来进行理论层面的划分。因此，在这点上还有进一步挖掘的可能。

第三，存在更加完善的框架和更加有趣的视角来加深我们对于有关问题的认识。既有文献多只聚焦于不同因素影响某种类型的价格风险管理行为，比如对于农户参与期货意愿的影响。事实上，客观的流动性约束是限制规模经营户选择合理价格风险管理方式的重要因素，而具有异质性的风险态度及时间偏好等主观因素不仅同样会影响规模经营户的价格风险管理行为，而且可能与流动性约束存在交叉影响，因此我们有必要在选择研究视角和研究框架时也对此进行考虑。

第四，较少从农产品价格风险管理或农业生产经营的视角出发，系统研究如何缓解流动性约束。既有文献更多关注流动性约束的负面效应以及劳动力流动、消费信贷等对其的缓解作用。但是，农业规模经营同样需要流动性的支持，因此有必要对如何在农业生产经营中缓解流动性约束展开研究。

第三章

农业规模经营概况：基于家庭农场的数据分析

第一节　引言

21世纪以来，多数年份的中央一号文件都提出规模经营问题。2006年中央一号文件首次提出"适度规模经营"，特别强调"有条件的地方可发展"；2010年中央一号文件明确"在依法自愿有偿流转的基础上发展多种形式的适度规模经营"；2012—2024年，连续13个中央一号文件都强调"发展多种形式的适度规模经营"，其强调的侧重点略有差异。比如：①2012年中央一号文件强调，"促进农业生产经营模式创新"。②2013年中央一号文件强调，"鼓励和支持承包土地向专业大户、家庭农场、农民合作社流转"。③2014年中央一号文件强调，"发展多种形式规模经营"，"扶持发展新型农业经营主体"。④2015年中央一号文件强调，"创新土地流转和规模经营方式"，"鼓励发展规模适度的农户家庭农场，完善对粮食生产规模经营主体的支持服务体系"。⑤2016年中央一号文件强调，"支持新型农业经营主体和新型农业服务主体成为建设现代农业的骨干力量，充分发挥多种形式适度规模经营在农业机械和科技成果应用、绿色发展、市场开拓等方面的引领功能"。⑥2017年中央一号文件强调，"大力培育新型农业经营主体和服务主体，通过经营权流转、股份合作、代耕代种、土地托管等多种方式，加快发展土地流转型、服务带动型等多种形式规模经营"；同时提出，

"引导农民在自愿基础上，通过村组内互换并地等方式，实现按户连片耕种"；并要求，"完善家庭农场认定办法，扶持规模适度的家庭农场。研究建立农业适度规模经营评价指标体系，引导规模经营健康发展"。⑦2018年中央一号文件强调，"实施新型农业经营主体培育工程，培育发展家庭农场、合作社、龙头企业、社会化服务组织和农业产业化联合体"。⑧2019年中央一号文件强调，"允许承包土地的经营权担保融资"。⑨2020年中央一号文件强调，"健全面向小农户的农业社会化服务体系"。⑩2021年中央一号文件强调，"突出抓好家庭农场和农民合作社两类经营主体"，"实施家庭农场培育计划，把农业规模经营户培育成有活力的家庭农场"。⑪2022年中央一号文件强调，"支持家庭农场、农民合作社、农业产业化龙头企业多种粮、种好粮"。⑫2023年中央一号文件强调，"引导土地经营权有序流转，发展农业适度规模经营"。⑬2024年中央一号文件强调，"构建现代农业经营体系"。

2015年10月召开的党的十八届五中全会通过的《中共中央关于制定国民经济和社会发展第十三个五年规划的建议》指出，"加快转变农业发展方式，发展多种形式适度规模经营，发挥其在现代农业建设中的引领作用"。2016年中央一号文件进一步指出，要通过"农业机械和科技成果应用、绿色发展、市场开拓"四个方面发挥适度规模经营的引领功能。①通过农业机械发挥作用。适度规模经营，可以快速提升农业装备水平。因为，无论是土地集中式的规模经营，还是社会化服务型规模经营，都与农业机械化相互依赖。②通过农业科技发挥作用。适度规模经营，可以提高先进农业技术的应用。农业标准化、平衡施肥技术、测土配方施肥技术的应用，都与农业规模经营相互依赖。③通过绿色发展发挥作用。坚持绿色发展，实现农业的可持续发展，是保障农产品质量安全的需要。绿色发展就是要转变农业生产模式，从追求数量向追求质量效益提升，要加快建设资源节约型、环境友好型农业。④通过市场开拓发挥作用。第一，通过品牌研发、市场营销、质量管控等活动带来外部效益。第二，使上下游各环节建立紧密的利益联结关系。第三，丰富和完善农业产业链、价值链、供应链，第一、第二、第三产业融合发展，实现产品增值、产业增效、农民增收（张红宇，2016）。

第二节　农业规模经营发展基本情况：
　　　　以家庭农场为例

一　家庭农场的内涵界定

习近平总书记指出，中国"这样的资源禀赋决定了我们不可能各地都像欧美那样搞大规模农业，大机械作业，多数地区要通过健全农业社会化服务体系，实现小规模农户和现代农业发展有机衔接，当前和今后一个时期，要突出抓好农民合作社和家庭农场两类农业经营主体发展"（习近平，2022）。毫无疑问，家庭农场是农业规模经营最重要的主体。2009 年中央一号文件首次提到"家庭农场"，与"专业大户"并列①。2013 年中央一号文件把专业大户、家庭农场、农民合作社称为"新型生产经营主体"②；2016 年中央一号文件则把家庭农场、专业大户、农民合作社、农业产业化龙头企业称为"新型农业经营主体"③。2014 年和 2017 年中央一号文件分别提出，"按照自愿原则开展家庭农场登记"和"完善家庭农场认定办法，扶持规模适度的家庭农场"。

何为家庭农场？农业部于 2014 年 2 月出台的《关于促进家庭农场发展的指导意见》中提出，"家庭农场经营规模适度，种养规模与家庭成员的劳动生产能力和经营管理能力相适应，符合当地确定的规模经营标准，收入水平能与当地城镇居民相当，实现较高的土地产出率、劳动生产率和资源利用率"。这是关于"家庭农场"的官方最初定义。中央农村工作领导小组办公室、农业农村部、国家发改委、财政部等 11 部门于 2019 年 8 月提出的《关于实施家庭农场培育计划的指导意见》认为，"家庭农场以家庭成员为主要劳动力，以家庭为基本经营单元，从事农业规模化、标准化、集约化生产经营，是现代农业的主

---

① 《中共中央　国务院关于促进农业稳定发展农民持续增收的若干意见》（2009）指出，"根据新增农业补贴的实际情况，逐步加大对专业大户、家庭农场种粮补贴力度"。

② 2013 年中央一号文件指出，"向专业大户、家庭农场、农民合作社等新型生产经营主体倾斜"。

③ 2016 年中央一号文件指出，"积极培育家庭农场、专业大户、农民合作社、农业产业化龙头企业等新型农业经营主体"。

要经营方式"。

二 全国家庭农场发展概况

《第三次全国农业普查主要数据公报（第一号）》数据显示，2016 年末，全国共有 31422 万农业生产经营人员，20743 万农业经营户，其中，398 万农业规模经营户。截至 2020 年底，全国家庭农场名录系统填报达到 348.1 万个，比 2019 年增加 262.8 万个，增长了 3 倍[1]。从地域分布情况看，黑龙江省最多，有 39.42 万个。家庭农场经营类型主要包括种植业、畜牧业、种养结合、渔业和其他等 5 种，其中种植业 232.34 万个，占全部家庭农场的 66.75%；畜牧业 63.94 万个，占比 18.37%；种养结合 23.77 万个，占比 6.83%；渔业 19.05 万个，占比 5.47%。家庭农场经营土地约 46743.9 万亩。其中，耕地面积 30247.4 万亩，种粮面积 20862.91 万亩；种粮在 100 亩以下的家庭农场数量占种粮家庭农场总数的 58.5%，种粮家庭农场平均经营耕地 129 亩。2020 年，家庭农场年经营总收入 8896.3 亿元，平均每个家庭农场经营收入 25.6 万元；其中种粮家庭农场年经营总收入 4563.4 亿元，平均每个种粮家庭农场年经营收入 28.2 万元。按照经营收入划分，微型家庭农场（5 万元以下）177.9 万个，占家庭农场总数的 51.1%；小型家庭农场（5 万—20 万元）109.0 万个，占 31.3%。2020 年，各级财政扶持家庭农场资金总额 153.5 亿元，家庭农场获得贷款资金总额 173.9 亿元，77.0 万个家庭农场购买了农业保险（农业农村部政策与改革司，2021）。

三 江苏省家庭农场发展情况

截至 2021 年 6 月底，江苏全省承包土地流转面积超过 3200 万亩，流转率达 61%，其中超过七成流向家庭农场。全省纳入名录系统[2]的家庭农场接近 18 万个，经营面积达到 2150 万亩。从事种植业、渔业、畜牧业、种养结合的家庭农场分别占 64.5%、19.9%、8.2%、5%，其中从事粮食生产的家庭农场超过 9 万个、经营面积达到 1535 万亩，分别

---

① 快速增长的原因是，大量符合条件的种养大户、专业大户被纳入家庭农场名录（农业农村部政策与改革司，2021）。

② 江苏省农业农村厅于 2020 年出台《江苏省家庭农场名录管理暂行办法》，明确家庭农场名录录入的条件和程序。

占家庭农场总数和总经营面积的 51.4% 和 71.4%。家庭农场平均经营面积 126 亩，80% 的家庭农场经营面积在 50—300 亩。累计培育各级示范家庭农场超过 1.44 万个，其中省级示范家庭农场 2567 个。全省家庭农场联盟有 216 个，其中市级联盟 7 个、县级联盟 38 个。超过 5 万个家庭农场在市场监管部门注册登记，1 万多个通过农产品质量认证，4000 多个拥有注册商标（杨天水，2021）。

第三节　全国农业规模经营情况：以家庭农场为例

一　各省份家庭农场经营规模总体情况

根据农业农村部政策与改革司统计，截至 2020 年底，全国家庭农场经营耕地面积有 3.0247 亿亩，占全国耕地总面积 19.1115 亿亩的 15.83%。从分省份（含省、自治区、直辖市，下同）数据看，天津、内蒙古、黑龙江、江苏、浙江、安徽、福建、江西、湖南、新疆等省区家庭农场经营耕地面积占该地区耕地面积的比重均高于 20%；家庭农场经营耕地面积占比排在前列的省份有：浙江（31.01%）、江苏（29.75%）、福建（25.85%）、安徽（25.00%）、天津（24.99%）、黑龙江（23.31%）（见表 3-1）。

表 3-1　　　各省份家庭农场经营规模总体情况（2020 年）

地区	家庭农场数量（个）	家庭农场经营土地面积（万亩）	家庭农场经营耕地面积（万亩）	家庭农场经营水面面积（万亩）	家庭农场经营其他面积（万亩）	各地区耕地面积（万亩）	家庭农场经营耕地面积占比（%）
全国	3480624	46743.9	30247.4	1658.9	14837.6	191115.1	15.83
北京	4194	19.26	14.60	0.80	3.86	140.37	10.40
天津	11737	140.86	123.15	12.97	4.74	492.73	24.99
河北	145312	1371.67	1287.84	59.53	24.30	9017.04	14.28
山西	62909	355.54	341.70	1.85	11.99	5792.51	5.90
内蒙古	265818	12765.89	3936.11	13.32	8816.46	17246.48	22.82
辽宁	118500	813.45	714.83	80.45	18.17	7739.10	9.24
吉林	133663	1873.73	1844.12	11.17	18.44	11200.13	16.47

续表

地区	家庭农场数量（个）	家庭农场经营土地面积（万亩）	家庭农场经营耕地面积（万亩）	家庭农场经营水面面积（万亩）	家庭农场经营其他面积（万亩）	各地区耕地面积（万亩）	家庭农场经营耕地面积占比（％）
黑龙江	394151	6519.48	6005.92	29.92	483.64	25770.30	23.31
上海	3967	4.05	3.64	0.39	0.01	240.84	1.51
江苏	170520	2151.34	1818.59	283.22	49.53	6113.81	29.75
浙江	100332	771.80	595.88	65.16	110.77	1921.57	31.01
安徽	158668	2526.74	2069.96	148.15	308.63	8280.43	25.00
福建	131909	489.74	359.32	100.88	29.54	1389.92	25.85
江西	92423	1003.48	881.96	65.90	55.62	4067.72	21.68
山东	365193	1617.00	1450.08	119.99	46.93	9614.35	15.08
河南	254586	1898.01	1768.72	78.72	50.56	11232.22	15.75
湖北	169473	1129.79	874.79	167.87	87.13	7131.08	12.27
湖南	124407	1353.65	1172.08	72.28	109.29	5431.82	21.58
广东	155092	639.66	439.17	179.24	21.24	2848.08	15.42
广西	48179	205.08	174.45	13.34	17.29	4928.92	3.54
海南	20353	67.09	53.08	13.70	0.31	730.36	7.27
重庆	27353	140.16	118.93	12.69	8.54	2799.44	4.25
四川	172848	1009.18	763.24	81.01	164.94	7772.77	9.82
贵州	29286	156.85	142.61	1.98	12.26	5122.55	2.78
云南	50128	292.84	247.72	5.88	39.24	8066.92	3.07
西藏	4935	1198.58	2.58	0.17	1195.84	661.53	0.39
陕西	82189	435.81	398.04	10.34	27.43	4396.01	9.05
甘肃	30988	1799.37	207.94	0.66	1590.77	7799.18	2.67
青海	18220	1503.31	73.36	0.65	1429.30	847.56	8.66
宁夏	15615	189.96	169.51	9.01	11.44	1797.53	9.43
新疆	117676	2300.58	2193.52	17.71	89.36	10561.81	20.77

资料来源：①"各地区耕地面积"数据来自"国土调查成果共享应用服务平台"，见中华人民共和国自然资源部网站，https://gtdc.mnr.gov.cn/shareportal#/special/statisticalReport。②其他数据来自《2020年中国农村政策与改革统计年报》。

二 农林牧渔业家庭农场占比情况

农业农村部政策与改革司的统计数据显示：①种植业家庭农场占本省份家庭农场总数 70% 以上的省份有北京、辽宁、吉林、黑龙江、上海、浙江、安徽、山东、新疆，比重排名前三位的省份是黑龙江（95.96%）、吉林（89.36%）、山东（81.18%）。②畜牧业家庭农场占 30% 以上的省份有天津、河北、山西、内蒙古、重庆、四川、贵州、西藏、甘肃、青海、宁夏等，比重排名前三位的省份是西部地区的西藏（93.52%）、青海（83.00%）、甘肃（49.18%）。③渔业家庭农场占 10% 以上的省份有江苏、浙江、福建、湖北、广东、海南、重庆等，比重排名前三位的省份是东南沿海的广东（25.32%）、海南（25.21%）、福建（23.50%）。④林业家庭农场的占比都很低，占比超过 1% 的只有四个省份，分别是北京（10.44%）、山西（1.19%）、湖南（1.17%）、云南（1.06%）（见表 3-2）。

表 3-2　　　各省份分产业家庭农场占比情况（2020 年）

地区	种植业家庭农场占比（%）	林业家庭农场占比（%）	畜牧业家庭农场占比（%）	渔业家庭农场占比（%）	种养结合家庭农场占比（%）	其他家庭农场占比（%）
全国	66.75	0.27	18.37	5.47	6.83	2.31
北京	76.16	10.44	5.17	6.27	1.60	0.36
天津	51.58	0.20	33.93	9.99	3.89	0.42
河北	57.91	0.12	33.54	1.96	3.40	3.06
山西	63.04	1.19	31.81	0.30	2.88	0.77
内蒙古	51.51	0.01	31.73	0.06	16.36	0.33
辽宁	70.43	0.43	19.00	4.87	2.72	2.54
吉林	89.36	0.03	6.17	0.15	3.48	0.81
黑龙江	95.96	0.01	2.51	0.08	1.07	0.37
上海	72.83	0.00	12.93	2.07	0.83	11.34
江苏	64.62	0.24	8.14	20.03	4.76	2.20
浙江	72.12	0.63	6.17	13.55	2.93	4.61
安徽	73.13	0.19	9.98	3.77	10.21	2.73

续表

地区	种植业家庭农场占比（%）	林业家庭农场占比（%）	畜牧业家庭农场占比（%）	渔业家庭农场占比（%）	种养结合家庭农场占比（%）	其他家庭农场占比（%）
福建	55.30	0.19	8.68	23.50	7.52	4.81
江西	68.51	0.31	9.71	4.54	13.34	3.59
山东	81.18	0.17	13.66	1.11	2.15	1.74
河南	66.12	0.26	26.33	1.19	3.72	2.37
湖北	58.83	0.17	16.85	10.34	10.04	3.78
湖南	61.49	1.17	13.75	4.81	17.00	1.79
广东	43.80	0.02	17.87	25.32	6.50	6.49
广西	58.65	0.30	24.87	3.35	10.83	2.00
海南	30.24	0.00	26.27	25.21	7.39	10.89
重庆	42.00	0.50	33.80	11.33	5.83	6.54
四川	45.47	0.50	32.05	5.03	14.74	2.20
贵州	43.12	0.23	46.04	1.24	7.09	2.27
云南	60.71	1.06	28.84	1.23	6.33	1.83
西藏	5.75	0.02	93.52	0.00	0.55	0.16
陕西	61.23	0.44	23.11	0.61	11.00	3.61
甘肃	33.52	0.10	49.18	0.21	15.27	1.72
青海	10.97	0.01	83.00	0.01	3.70	2.32
宁夏	50.91	0.86	30.41	1.68	15.25	0.89
新疆	74.08	0.14	21.83	0.24	3.19	0.51

注：由于四舍五入的原因，合计有可能不完全等于 100%；下同。

资料来源：笔者根据《2020 年中国农村政策与改革统计年报》数据计算得出。

三 种粮家庭农场经营规模情况

根据农业农村部政策与改革司的统计数据计算，可以得出各省份不同经营规模种粮家庭农场占比情况（见表 3-3）。种粮家庭农场平均规模不大，全国只有 129 亩，平均规模不足百亩的省份有 14 个，占近乎一半；同时有 14 个省份规模不足 50 亩的种粮家庭农场的比例超过 50%。另外，规模 200 亩（含）以上的种粮家庭农场的比例处于前十位的省份为：天津（34.02%）、青海（27.66%）、江苏（26.03%）、安徽（25.72%）、黑龙江（25.62%）、新疆（25.52%）、浙江（22.06%）、河北（19.74%）、江西（17.58%）、湖南（15.76%）。

表3-3　　各省份不同经营规模种粮家庭农场占比情况（2020年）

地区	种粮家庭农场平均规模（亩）	不同经营规模的种粮家庭农场占比（%）						
		少于50亩	50亩（含）以上少于100亩	100亩（含）以上少于200亩	200亩（含）以上少于500亩	500亩（含）以上	200亩（含）以上	不足百亩
全国	129.0	29.09	29.41	24.87	13.50	3.13	16.63	58.50
北京	71.1	68.89	14.01	9.45	5.54	2.12	7.66	82.90
天津	268.2	22.53	22.42	21.03	20.18	13.84	34.02	44.95
河北	146.3	25.97	31.56	22.73	15.76	3.98	19.74	57.53
山西	106.1	26.48	39.77	22.98	8.10	2.67	10.77	66.25
内蒙古	156.6	13.76	23.93	47.00	12.42	2.89	15.31	37.70
辽宁	100.4	37.97	30.12	20.19	9.35	2.37	11.72	68.09
吉林	145.0	10.45	34.08	40.20	12.75	2.52	15.27	44.53
黑龙江	167.8	1.74	42.43	30.21	21.85	3.77	25.62	44.17
上海	151.9	0.45	8.72	77.61	12.79	0.42	13.21	9.17
江苏	157.9	32.64	16.35	24.99	20.90	5.13	26.03	48.99
浙江	132.0	49.80	13.90	14.23	16.51	5.55	22.06	63.70
安徽	168.8	10.20	35.34	28.74	19.88	5.84	25.72	45.54
福建	30.2	83.71	10.75	3.64	1.61	0.30	1.91	94.46
江西	128.0	27.85	31.93	22.64	13.86	3.72	17.58	59.78
山东	69.0	59.33	23.45	10.32	5.76	1.14	6.90	82.78
河南	91.1	39.71	33.54	16.13	8.64	1.97	10.61	73.25
湖北	77.0	48.84	28.83	15.16	5.83	1.34	7.17	77.67
湖南	117.7	40.45	22.77	21.02	12.48	3.28	15.76	63.22
广东	165.0	66.99	20.18	8.16	3.54	1.14	4.68	87.17
广西	32.9	79.38	13.17	5.20	2.00	0.25	2.25	92.55
海南	39.1	72.61	15.21	8.37	3.32	0.48	3.80	87.82
重庆	72.5	59.28	20.38	11.39	7.05	1.90	8.95	79.66

续表

地区	种粮家庭农场平均规模（亩）	不同经营规模的种粮家庭农场占比（%）						
		少于50亩	50亩（含）以上少于100亩	100亩（含）以上少于200亩	200亩（含）以上少于500亩	500亩（含）以上	200亩（含）以上	不足百亩
四川	54.0	75.62	11.04	7.24	4.44	1.65	6.09	86.66
贵州	19.6	92.81	3.71	1.70	1.45	0.33	1.78	96.52
云南	28.4	83.78	8.86	5.84	1.16	0.36	1.52	92.64
西藏	24.5	80.49	17.96	0.89	0.44	0.22	0.66	98.45
陕西	92.0	51.11	20.11	17.61	9.13	2.05	11.18	71.22
甘肃	86.7	55.94	21.10	12.68	7.05	3.23	10.28	77.04
青海	205.9	22.93	19.31	30.09	17.88	9.78	27.66	42.24
宁夏	157.2	53.82	19.80	11.71	7.97	6.69	14.66	73.62
新疆	205.2	20.64	24.23	29.61	17.83	7.69	25.52	44.87

资料来源：笔者根据《2020年中国农村政策与改革统计年报》数据计算得出。

四 畜牧养殖家庭农场经营规模情况

畜牧业内部细分产品包括且不限于生猪、羊、肉牛、奶牛、肉禽、蛋禽、兔等。本书仅以肉鸡和生猪养殖为例进行经营规模的数据分析。关于畜牧养殖规模经营的"标准"，可以参考各地关于家庭农场规模要求的相关规定。以山东、河南、江苏三省为例：《山东省家庭农场省级示范场认定管理办法》要求，生猪养殖规模为年出栏达到500头（含）以上，肉禽年出栏10万只（含）以上。《河南省示范家庭农场认定管理暂行办法》[①] 规定了上下限，要求生猪年出栏500（含）—5000头，肉鸡年出栏50000（含）—100000只。《江苏省家庭农场名录管理暂行办法》要求，生猪年出栏不低于200头，肉禽年出栏不低于1万只。

（一）肉鸡养殖产业的规模经营比重

肉鸡养殖的主体大体上分为五种情况。一是以家庭消费为目的的养

---

① 河南省农业厅：《河南省农业厅关于印发〈河南省示范家庭农场认定管理暂行办法〉的通知》，河南省农业农村厅网站，https://nynct.henan.gov.cn/2021/11-29/2356622.html。

殖户。二是以商品生产为主要目的的小规模养殖户。三是规模养殖户。四是公司制一体化养殖企业。五是公司主导下的紧密协作型"公司+农户"养殖模式。对于第五种情况，统计数据有可能出现重复计算问题，即公司把合作农户养殖数据统计在公司数据里，农业农村部门则把与公司合作的肉鸡养殖户（农户）的养殖数据统计在农户（或者家庭农场）数据里。

《中国畜牧兽医年鉴》按肉鸡年出栏数量（养殖规模）把养殖户（场）分为 8 个档，但没有统计不同规模养殖户（场）养殖肉鸡的数量。所以，如果要了解不同规模养殖户（场）的肉鸡养殖数量，则需要进行推算。本书具体推算办法是：取每一档的中间数作为平均规模，比如第 3 档 10000（含）—29999 只，则取 20000 只为平均规模，最后一档平均规模设为 200 万只（100 万只的两倍）。每一档平均规模乘以养殖户（场）数，即为"相应规模养殖户（场）的肉鸡养殖数量"。由此可以计算出"不同规模养殖户（场）肉鸡养殖数量占比"。

不同规模养殖户（场）肉鸡养殖数量占比＝相应规模养殖户（场）的肉鸡养殖数量/所有不同规模养殖户（场）的肉鸡养殖数量总和×100%

肉鸡养殖的规模经营下限以政府主管部门规定的家庭农场的下限为依据。兼顾各地关于家庭农场经营规模的不同规定，本书把不足 10000只作为小规模养殖户；10000 只（含）以上则视为规模化养殖，并同时包括规模养殖户（场）和大规模养殖场两类。就是说，小规模养殖户对应于《中国畜牧兽医年鉴》统计数中的两个档，即 1（含）—1999（含）只、2000（含）—9999（含）只；规模养殖户（场）对应于《中国畜牧兽医年鉴》统计数中的 4 个档；大规模养殖场对应于《中国畜牧兽医年鉴》统计数中的最后两个档。表 3-4 的数据为计算得出的"不同规模养殖户（场）肉鸡养殖数量占比"，以及小规模养殖户和规模养殖户（场）各自的肉鸡养殖数量占比。

从表 3-4 的数据可以看出，年出栏不足 2000 只的小规模养殖户所养殖的肉鸡数量占比最高，全国平均有 63.55%，有 8 个省份这一档的占比超过 90%。这部分农户饲养肉鸡用于家庭消费，或者"提篮小卖"，养殖收入不构成家庭的主要收入。年出栏 2000 只（含）以上且不足 10000 只的小规模养殖户所养殖的肉鸡数量占比最低，全国平均只有 2.22%，其原因可能是由于，这样的养殖规模处于"不上不下"的尴尬境地，很难指望其成为家庭主要收入来源。如果按照前述肉鸡养殖数量达 10000 只（含）为规模化养殖的最低要求，小规模养殖户出栏肉鸡数量占比合计为 65.77%，换而言之，规模化养殖占比为 34.23%。也就是说，中国肉鸡规模养殖大致在 1/3，包括肉鸡养殖家庭农场和肉鸡养殖公司。

表 3-4 　各省份不同经营规模养殖户（场）年出栏肉鸡数量的

占比情况（2020）　　　　　　单位：%

地区	不同规模养殖户（场）年出栏肉鸡数量的占比									
	小规模养殖户年出栏肉鸡数量的占比			规模养殖户（场）年出栏肉鸡数量的占比					大规模养殖场年出栏肉鸡数量的占比	
	1（含）—1999（含）只	2000（含）—9999（含）只	小计	10000（含）—29999（含）只	30000（含）—49999（含）只	50000（含）—99999（含）只	100000（含）—499999（含）只	小计	500000（含）—999999（含）只	100 万只（含）以上
全国	63.55	2.22	65.77	2.89	4.08	4.92	8.48	20.37	3.63	10.23
北京	21.38	1.07	22.45	1.78	2.37	6.67	7.41	18.23	0.00	59.31
天津	0.03	0.63	0.66	2.77	3.85	26.60	48.69	81.91	9.23	8.20
河北	9.41	5.43	14.84	4.50	8.36	13.44	25.54	51.84	11.75	21.58
山西	5.04	0.70	5.74	2.57	4.66	12.18	26.94	46.35	9.96	37.95
内蒙古	82.75	5.49	88.24	0.91	1.40	1.04	2.64	5.99	2.88	2.88
辽宁	3.78	1.44	5.22	6.07	9.87	12.21	24.96	53.11	15.29	26.37
吉林	15.19	7.72	22.91	10.15	5.68	5.66	12.48	33.97	6.53	36.58
黑龙江	54.69	5.39	60.08	2.10	1.37	1.99	4.78	10.24	2.48	27.21
上海	16.80	8.10	24.90	0.00	2.04	5.10	55.22	62.36	12.74	0.00
江苏	23.52	1.00	24.52	4.71	7.16	11.20	20.95	44.02	10.37	21.08
浙江	62.25	2.52	64.77	5.09	6.13	10.00	6.06	27.28	1.43	6.53
安徽	56.71	4.17	60.88	3.17	7.94	9.57	7.06	27.74	2.58	8.79
福建	39.58	1.64	41.22	1.56	1.26	2.24	7.21	12.27	1.76	44.74
江西	68.42	4.53	72.95	4.37	6.77	3.56	4.12	18.82	2.92	5.31
山东	3.27	0.73	4.00	1.45	5.13	12.41	31.45	50.44	11.92	33.65

续表

地区	小规模养殖户年出栏肉鸡数量的占比			规模养殖户（场）年出栏肉鸡数量的占比					大规模养殖场年出栏肉鸡数量的占比	
	1(含)—1999(含)只	2000(含)—9999(含)只	小计	10000(含)—29999(含)只	30000(含)—49999(含)只	50000(含)—99999(含)只	100000(含)—499999(含)只	小计	500000(含)—999999(含)只	100万只(含)以上
河南	27.06	6.10	33.16	5.38	10.58	8.56	16.61	41.13	5.89	19.82
湖北	55.41	5.40	60.81	3.45	5.06	6.45	10.09	25.05	1.77	12.36
湖南	90.23	2.25	92.48	1.35	1.82	1.25	1.20	5.62	0.79	1.10
广东	67.68	2.30	69.98	4.19	9.24	7.79	4.89	26.11	1.26	2.66
广西	86.06	2.44	88.50	4.33	2.37	1.01	1.22	8.93	1.08	1.50
海南	86.01	1.92	87.93	4.36	3.26	1.62	1.73	10.97	0.76	0.34
重庆	93.11	2.29	95.40	1.19	1.68	0.68	0.72	4.27	0.33	0.00
四川	94.34	1.29	95.63	1.38	1.14	0.81	0.92	4.25	0.05	0.06
贵州	96.23	1.18	97.41	0.49	0.25	0.23	0.60	1.57	0.11	0.90
云南	94.02	1.19	95.21	2.16	1.18	0.63	0.53	4.50	0.10	0.18
西藏	93.84	0.21	94.05	1.41	0.63	0.00	3.91	5.95	0.00	0.00
陕西	77.98	2.57	80.55	2.11	1.51	4.68	5.93	14.23	3.14	2.09
甘肃	93.07	1.28	94.35	0.67	0.33	0.31	0.80	2.11	3.54	0.00
青海	88.26	1.39	89.65	1.26	0.00	2.10	7.00	10.36	0.00	0.00
宁夏	91.86	4.53	96.39	1.94	0.73	0.29	0.65	3.61	0.00	0.00
新疆	89.22	2.04	91.26	1.31	1.25	1.19	2.10	5.85	1.40	1.49

资料来源：笔者根据《中国畜牧兽医年鉴（2021）》数据计算得出。

（二）生猪养殖产业的规模经营比重

生猪养殖的主体也可以分为五种情况，同样也会存在重复统计问题。《中国畜牧兽医年鉴》按生猪年出栏数量（养殖规模）把养殖户（场）分为9个档，同样没有统计不同规模养殖户（场）养殖生猪的数量。不同规模养殖户（场）的生猪养殖数量的估算方法，与肉鸡产业相同；计算"不同规模养殖户（场）生猪养殖数量占比"的公式也与肉鸡相同。

生猪养殖的规模经营下限参考政府主管部门规定的家庭农场的下限

标准，本书把不足 100 头作为小规模养殖户；100 头（含）以上则视为规模化养殖，并同时包括规模养殖户（场）和大规模养殖场两类。同样地，小规模养殖户对应于《中国畜牧兽医年鉴》统计数中的两个档，即 1（含）—49（含）头、50（含）—99（含）头；规模养殖户（场）对应于《中国畜牧兽医年鉴》统计数中的 5 个档；大规模养殖场对应于《中国畜牧兽医年鉴》统计数中的最后两个档。表 3-5 的数据为计算得出的"不同规模养殖户（场）生猪养殖数量占比"，以及小规模养殖户和规模养殖户（场）各自的生猪养殖数量占比。

从表 3-5 的数据可以看出，年出栏不足 50 头的小规模养殖户所养殖的生猪数量占比最高，全国平均 46.28%，有 10 个省份这一档的占比超过 50%。如果按照前述生猪养殖数量达 100 头（含）为规模化养殖的最低要求，小规模养殖户出栏生猪数量的占比合计为 51.34%。换言之，规模化养殖占比为 48.66%，其中 100（含）—10000 头养殖规模占比为 34.55%。也就是说，小户养殖和规模养殖，大致各占 1/2。

表 3-5　　　　各省份不同规模养殖户（场）年出栏生猪数量的

占比情况（2020 年）　　　　　　单位:%

| 地区 | 不同规模养殖户（场）年出栏生猪数量的占比 | | | | | | | | | | |
| | 小规模养殖户年出栏生猪数量的占比 | | | 规模养殖户（场）年出栏生猪数量的占比 | | | | | | 大规模养殖场年出栏生猪数量的占比 | |
	1（含）—49（含）头	50（含）—99（含）头	小计	100（含）—499（含）头	500（含）—999（含）头	1000（含）—2999（含）头	3000（含）—4999（含）头	5000（含）—9999（含）头	小计	10000（含）—49999（含）头	50000头（含）以上
全国	46.28	5.06	51.34	9.87	6.57	8.99	4.48	4.64	34.55	8.85	5.26
北京	1.04	0.00	1.04	0.52	1.56	10.39	12.47	35.06	60.00	38.96	0.00
天津	0.65	2.50	3.15	14.24	18.17	23.14	10.60	9.24	75.39	21.46	0.00
河北	19.41	6.82	26.23	19.29	13.06	12.95	6.49	5.36	57.15	9.67	6.94
山西	6.73	7.01	13.74	22.51	12.19	16.37	7.65	8.43	67.15	13.51	5.59
内蒙古	66.07	3.62	69.69	4.64	3.25	4.53	1.98	2.62	17.02	4.43	8.85
辽宁	25.61	12.47	38.08	21.18	11.13	11.24	4.16	5.35	53.06	4.82	4.05
吉林	27.20	10.68	37.88	22.67	10.21	10.13	5.52	3.01	51.54	6.12	4.45

地区	不同规模养殖户（场）年出栏生猪数量的占比										
	小规模养殖户年出栏生猪数量的占比			规模养殖户（场）年出栏生猪数量的占比						大规模养殖场年出栏生猪数量的占比	
	1（含）—49（含）头	50（含）—99（含）头	小计	100（含）—499（含）头	500（含）—999（含）头	1000（含）—2999（含）头	3000（含）—4999（含）头	5000（含）—9999（含）头	小计	10000（含）—49999（含）头	50000头（含）以上
黑龙江	17.81	12.80	30.61	24.38	7.09	8.09	5.02	3.88	48.46	10.09	10.83
上海	0.00	0.02	0.02	0.13	1.46	8.13	1.41	9.28	20.41	44.20	35.36
江苏	6.81	4.20	11.01	11.17	9.48	16.54	6.53	9.34	53.06	24.55	11.37
浙江	26.18	1.29	27.48	4.03	4.77	13.31	7.00	9.97	39.08	27.95	5.50
安徽	35.44	5.79	41.23	9.81	8.01	12.65	5.57	6.04	42.08	11.61	5.07
福建	4.89	0.91	5.80	4.78	7.13	18.50	11.40	15.76	57.57	30.95	5.68
江西	15.47	2.94	18.41	8.01	8.19	16.23	9.42	11.31	53.16	21.49	6.95
山东	7.91	9.06	16.97	25.80	10.64	11.87	7.75	5.95	62.01	10.74	10.28
河南	10.02	3.46	13.48	13.89	11.17	13.22	6.58	7.78	52.64	14.32	19.56
湖北	53.82	3.55	57.37	8.49	4.47	7.75	2.67	3.99	27.37	8.39	6.87
湖南	40.15	6.14	46.29	9.11	8.98	9.65	5.45	4.99	38.18	10.27	5.26
广东	9.26	4.98	14.24	15.86	13.39	21.84	7.57	6.98	65.64	14.44	5.67
广西	42.55	6.69	49.24	9.00	7.53	13.06	6.33	5.31	41.23	8.63	0.89
海南	26.78	6.28	33.06	10.24	7.40	8.88	6.35	7.24	40.11	20.38	6.44
重庆	87.02	2.08	89.10	3.25	2.03	2.42	1.09	0.98	9.77	1.14	0.00
四川	65.11	3.74	68.85	5.24	5.13	7.65	4.02	3.09	25.13	4.95	1.07
贵州	89.04	1.33	90.37	2.64	1.08	2.41	0.89	0.60	7.62	1.15	0.85
云南	80.25	5.90	86.15	3.50	1.48	2.18	1.24	1.38	9.78	2.84	1.22
西藏	92.27	0.84	93.11	0.88	0.27	1.22	1.46	0.00	3.83	3.05	0.00
陕西	44.31	6.26	50.57	12.57	5.45	7.16	4.48	5.90	35.56	9.02	4.86
甘肃	70.01	3.83	73.84	8.68	4.23	3.99	1.93	2.39	21.22	3.42	1.52
青海	83.67	5.73	89.40	4.42	1.13	1.89	0.57	1.42	9.43	1.18	0.00
宁夏	69.38	3.90	73.28	10.42	4.98	4.30	2.28	2.37	24.35	2.37	0.00
新疆	1.98	1.83	3.81	8.67	8.51	11.11	7.52	11.26	47.07	32.27	16.84

资料来源：笔者根据《中国畜牧兽医年鉴（2021）》数据计算得出。

第四节 江苏农业规模经营调研数据分析：以家庭农场为例

一 调查样本地区分布

本节研究利用南京农业大学金融学院于 2021 年 7 月开展的"江苏省金融支持家庭农场发展调研"数据。家庭农场有效样本 499 个[①]，覆盖江苏省 6 个省辖市，苏南、苏中、苏北各 2 个，每个省辖市选一个县市（含区，下同），分别是：苏南地区的无锡江阴市和镇江句容市、苏中地区的南通市海门区和泰州兴化市、苏北地区的徐州市铜山区和宿迁泗洪县。平均每个县级市的调查样本数集为 81（含）—84（含）个，占比为 16.25%（含）—16.83%（含），样本分布相对较为平衡。

样本家庭农场按产业分为种植类、养殖类、种养结合类。种植类家庭农场中析出粮食类家庭农场。从表 3-6 数据可以看出，数量最多的是种植类，其次是种养结合类家庭农场。

表 3-6　　　　　　　　按产业分类样本家庭农场

地区	样本数（个）	种植类农场		其中：粮食类农场		养殖类农场		种养结合类农场	
		数量（个）	占比（%）	数量（个）	占比（%）	数量（个）	占比（%）	数量（个）	占比（%）
全省	499	334	66.93	174	34.87	30	6.01	135	27.05
铜山	83	58	69.88	35	42.17	1	1.20	24	28.92
泗洪	84	58	69.05	44	52.38	0	0.00	26	30.95
海门	84	63	75.00	11	13.10	8	9.52	13	15.48
兴化	84	58	69.05	58	69.05	9	10.71	17	20.24
江阴	81	55	67.90	18	22.22	8	9.88	18	22.22
句容	83	42	50.60	8	9.64	4	4.82	37	44.58

注：（1）粮食类家庭农场是指在种植类农场中种植玉米、小麦、水稻的家庭农场；（2）粮食类家庭农场占比是指其在总样本农场中的所占比重。

资料来源：周月书等：《乡村振兴背景下江苏省金融支持家庭农场调研报告（2021）》，南京农业大学金融学院，2021 年 7 月。

---

① 注：本部分统计样本地区家庭农场分布时，有效样本率为 100%。但在后文具体问题分析时，由于所需具体数据的差异性，其有效样本率会下降。

二　全部样本家庭农场经营规模情况

由于部分样本数据缺失，纳入本部分分析的样本总数为478个。从表3-7显示的数据可以看出：样本家庭农场的平均土地经营面积为268.69亩。按规模分组的13组里，10—300（含）亩的4组家庭农场数占比达67.58%。其中，经营面积（100，200］亩的家庭农场最多，有106个，占22.18%；（50，100］亩的家庭农场79个，占16.53%；（10，50］亩的家庭农场71个，占14.85%；（200，300］亩的家庭农场67个，占14.02%。

表3-7　　　　　　　　2020年全部家庭农场的土地经营规模分组

规模分组（亩）	样本农场数（个）	占比（%）	经营面积均值（亩）
≤10	20	4.18	5.21
（10，50］	71	14.85	32.43
（50，100］	79	16.53	73.68
（100，200］	106	22.18	141.85
（200，300］	67	14.02	251.02
（300，400］	36	7.53	356.43
（400，500］	28	5.86	457.14
（500，600］	24	5.02	550.56
（600，700］	18	3.77	665.03
（700，800］	5	1.05	766.3
（800，900］	4	0.84	876.75
（900，1000］	5	1.05	982
>1000	15	3.14	1685.93

注：由于四舍五入的原因，合计有可能不完全等于100%，下同。

资料来源：周月书等：《乡村振兴背景下江苏省金融支持家庭农场调研报告（2021）》，南京农业大学金融学院，2021年7月。

三　种植类家庭农场经营规模情况

种植类家庭农场共有334个（见表3-8），因为有18个种植类家庭农场有数据缺失，故纳入统计分析的为326个。从表3-8显示的数据可以看出，种植类家庭农场的平均土地经营面积为275.49亩，略高于全部样本家庭农场的平均经营面积（268.69 亩）。10—300（含）亩的 4 组家庭农场数占比达 67.48%，依次分别是：经营面积为（100，200〕亩的家庭农场 74 个，占 22.70%；（10，50〕亩的家庭农场 51 个，占 15.64%；（50，100〕亩的家庭农场 49 个，占 15.03%；（200，300〕亩的家庭农场 46 个，占 14.11%。

表 3-8　　　　　2020 年种植类家庭农场的土地经营面积情况

规模分组（亩）	样本农场数（个）	占比（%）	经营面积均值（亩）
≤10	8	2.45	6.68
（10，50〕	51	15.64	31.56
（50，100〕	49	15.03	74.18
（100，200〕	74	22.70	143.06
（200，300〕	46	14.11	253.23
（300，400〕	27	8.28	352.39
（400，500〕	24	7.36	457.92
（500，600〕	19	5.83	552.63
（600，700〕	11	3.37	665.64
（700，800〕	2	0.61	751.5
（800，900〕	2	0.61	900
（900，1000〕	3	0.92	1000
>1000	10	3.07	1764.9

资料来源：周月书等《乡村振兴背景下江苏省金融支持家庭农场调研报告（2021）》，南京农业大学金融学院，2021 年 7 月。

四　粮食种植家庭农场经营规模情况分析

粮食种植家庭农场共有 174 个。从表 3-9 显示的数据可以看出，粮食种植家庭农场的平均土地经营面积为 376.35 亩，明显高于种植类家庭农场的平均经营面积（275.49 亩）。粮食种植家庭农场中，土地经营面积在 50—600（含）亩的 6 组家庭农场数占比达 85.04%，依次分别是：经营面积为（200，300〕亩的家庭农场有 39 个，占 22.41%；（100，200〕亩的家庭农场 36 个，占 20.69%；（400，500〕亩的家庭农场 20 个，占 11.49%；（300，400] 亩和（500，600] 亩的家庭农场均为 18 个，各占 10.34%；（50，100] 亩的家庭农场 17 个，占 9.77%。整体而言，调研样本的粮食种植家庭农场土地经营规模较大，明显高于农业农村部统计的江苏全省粮食生产类家庭农场平均经营面积157.9 亩的规模（见表 3-9）。

表 3-9　　　　　2020 年粮食类家庭农场的土地经营面积情况

规模分组（亩）	样本农场数（个）	占比（%）	经营面积均值（亩）
≤10	1	0.57	5
（10，50]	3	1.72	42.67
（50，100]	17	9.77	80.44
（100，200]	36	20.69	152.52
（200，300]	39	22.41	251.61
（300，400]	18	10.34	354.16
（400，500]	20	11.49	462.75
（500，600]	18	10.34	550
（600，700]	9	5.17	666.67
（700，800]	1	0.57	703
（800，900]	1	0.57	900
（900，1000]	2	1.15	1000
>1000	9	5.17	1505.44

资料来源：周月书等：《乡村振兴背景下江苏省金融支持家庭农场调研报告（2021）》，南京农业大学金融学院，2021 年 7 月。

第五节　本章小结

发展多种形式适度规模经营，可以快速提升农业装备水平、促进先进农业技术的应用、提高农业标准化程度，从而加快建设资源节约型、环境友好型农业，完善农业产业链、价值链、供应链，实现产品增值、产业增效、农民增收，并最终达到农业从追求数量向追求质量效益提升。家庭农场是农业规模经营的重要主体，是新型生产经营主体的基础性组织，是实现小规模农户和现代农业发展有机衔接的载体。本章以家庭农场为例，分析了农业规模经营发展情况。

通过收集《2020 年中国农村政策与改革统计年报》《第三次全国农业普查主要数据公报（第一号）》《中国畜牧兽医年鉴（2021）》以及农业农村部官网数据，描述统计分析了全国家庭农场的发展概况，得出如下主要结论。

第一，家庭农场数量总体情况。在全国家庭农场名录系统有填报的达到 348.1 万家。从地域分布情况看，黑龙江最多，有 39.42 万个，占全国家庭农场总数的 11.32%；山东次之，有 36.52 万个，占 10.49%；内蒙古和河南分别占 7.64%（26.58 万个）、7.31%（25.46 万个）。按照家庭农场经营类型划分，种植业 232.34 万个，占 66.75%；畜牧业 63.94 万个，占 18.37%；种养结合 23.77 万个，占 6.83%；渔业 19.05 万个，占 5.47%。家庭农场年经营总收入 8896.3 亿元，平均每个家庭农场经营收入 25.6 万元；其中种粮家庭农场年经营总收入 4563.4 亿元，平均每个种粮家庭农场年经营收入 28.2 万元。按照经营收入划分，微型家庭农场（5 万元以下）177.9 万个，占家庭农场总数的 51.1%；小型家庭农场（5 万—20 万元）109.0 万个，占 31.3%。

第二，家庭农场经营规模情况。全国家庭农场经营耕地面积有 3.0247 亿亩，占全国耕地总面积 19.1115 亿亩的 15.83%。分省份规模情况，天津、内蒙古、黑龙江、江苏、浙江、安徽、福建、江西、湖南、新疆等省区家庭农场经营耕地面积占比均高于 20%；排在前列的省份有：浙江（31.01%）、江苏（29.75%）、福建（25.85%）、安徽（25.00%）、天津（24.99%）、黑龙江（23.31%）。

第三，种粮家庭农场经营规模情况。种粮家庭农场经营面积为 2.0863 亿亩。种粮家庭农场平均规模不大，全国只有 129 亩。分省份规模情况看，种粮家庭农场平均规模不足百亩的省份有 14 个；规模不足 50 亩的种粮家庭农场的比例超过 50% 的有 14 个。规模 200 亩（含）以上的种粮家庭农场的比例处于前十的省份有：天津（34.02%）、青海（27.66%）、江苏（26.03%）、安徽（25.72%）、黑龙江（25.62%）、新疆（25.52%）、浙江（22.06%）、河北（19.74%）、江西（17.58%）、湖南（15.76%）。

41

第四，肉鸡养殖家庭农场经营规模情况。根据《中国畜牧兽医年鉴》分规模养殖数据推算，全国年出栏不足10000只的肉鸡养殖户所养殖的肉鸡数量占比为65.77%，有8个省份这一档的占比超过90%。如果按10000只作为规模化养殖的最低要求，那么中国目前规模化养殖占比为34.23%。如果按某些省份家庭农场肉鸡养殖数量不少于10000只的要求，中国目前肉鸡养殖家庭农场年出栏肉鸡数量的占比，不太可能超过1/3。

第五，生猪养殖家庭农场经营规模情况。根据《中国畜牧兽医年鉴》分规模养殖数据推算，全国年出栏不足100头的生猪养殖户所养殖的生猪数量占比为51.34%，有10个省份这一档的占比超过50%。如果按100头（含）作为生猪规模化养殖的最低要求，那么中国目前规模化养殖占比为48.66%，其中年出栏在100—10000头（含）范围内的占比为34.55%。如果按某些省份家庭农场生猪养殖数量不少于100头的要求，中国目前生猪养殖家庭农场年出栏生猪数量的占比，不太可能超过1/2。

另外，本章利用《江苏统计年鉴（2022）》、南京农业大学金融学院"江苏省金融支持家庭农场发展调研数据"、江苏省农业农村厅官网数据，对江苏省家庭农场发展情况也进行了描述性统计分析。截至2021年6月底，江苏全省承包土地流转面积超过3200万亩，流转率达61%，其中超过七成流向家庭农场。全省纳入名录系统的家庭农场接近18万个，经营面积达到2150万亩。从事种植业、渔业、畜牧业、种养结合的家庭农场分别占64.5%、19.9%、8.2%、5%，其中从事粮食生产的家庭农场超过9万个、经营面积达到1535万亩，分别占家庭农场总数和总经营面积的51.4%和71.4%。江苏省累计培育各级示范家庭农场超过1.44万个，其中省级示范家庭农场2567个。全省家庭农场联盟达到216个，其中市级联盟7个、县级联盟38个。超过5万个家庭农场在市场监管部门注册登记，1万多个通过农产品质量认证，4000多个拥有注册商标。

第四章

农产品价格风险的形成、影响因素及价格风险管理方法

第一节　引言

经济学常识告诉我们，农产品需求弹性较小，而供给弹性较大。这就意味着，对农产品需求的变动随价格变动幅度较小，而供给随价格变动变化较大。在"蛛网模型"作用下，价格波动较大，波动频繁。国内外市场融合加剧国内农产品价格波动，地缘政治和全球气候变化等因素加大了农产品价格的不确定性。新冠疫情暴发和俄乌冲突，导致许多粮食和农产品贸易大国纷纷出台限制出口措施，由此可见，全球农产品贸易体系的脆弱性和农产品市场的不确定性。在信息不对称和可能存在的游资炒作等因素的助推下，某些品类的农产品很容易形成"价格暴涨—产量激增—价格暴跌—产量骤减"循环（张峭，2022）。

农产品价格和生产成本波动等市场风险是影响农民收入的重要因素。长期以来，在以最低收购价和临时收储等政策性措施的干预下，中国主要农产品市场价格相对平稳。然而，传统的以行政干预价格为主的风险管理思路面临越来越大的制约和挑战，通过市场化工具管理农产品价格风险已成为国内外农产品价格风险管理的发展趋势和共识，中国迫切需要加快构建农产品市场价格风险管理体系（张峭，2022）。

进入 21 世纪以来，中国逐步完善农产品价格形成机制，通过推进订单农业等农业产业链工具，探索管理农产品价格风险的可能。近十年

来，不少地方试点农产品收入保险、农产品价格保险等创新型农业保险；也有越来越多的地方试点"保险+期货"模式，通过期货市场的运行机制对冲价格风险，拓宽了农产品价格风险管理的新思路。

但总体而言，现阶段中国农产品市场化程度不高，风险管理工具发育尚不充分，各类市场化风险管理工具之间衔接度不高、匹配性不强，迫切需要加快市场化风险管理工具创新、优化组合以及构建多元化市场价格风险管理新模式，以满足不同类型市场主体需求，适应不同风险管理策略的需要（张峭，2022）。比如，各地试点的"保险+期货"模式，在剥离政策红利后，存在诸多阶段性缺陷与不足，如产品设计复杂、倒向型定价、对冲磨损、资金来源不足、限制规模效应等，接下来仍然需要不断完善和创新，逐步形成政府支持为主导、风险管理为目标、多方协作市场化运行的综合金融服务模式（徐媛媛等，2022）。

第二节　农产品价格波动的影响因素与价格风险形成

一　农产品价格波动的特殊性

农产品生产与工业品生产相比，影响价格的因素更多，具有更大的不确定性，其价格波动大；某些农产品或呈周期性波动，或在短时期内暴涨暴跌。农产品价格波动大体上可以分为三种形态。

（一）短时期内暴涨暴跌

近十年来，农产品市场频繁出现短时期内暴涨暴跌的案例。例如，大蒜，2010年（价格疯涨）、2011年出现大幅"跳水"，个别产区鲜蒜在产地的售卖价格甚至一度跌破1元/公斤；2012年6月在短短20天时间内，大蒜的收购价格从每公斤不到3元上升到每公斤8元；2016年10月大蒜的批发价涨至12.5元/公斤，创出历史新高，即使在大蒜之乡山东金乡县，新鲜蒜头零售价格也达到每斤13.8元（余丰慧，2016）。张有望等（2022）的研究结果显示，中国小宗农产品大葱、生姜、大蒜价格存在泡沫现象，并且价格泡沫出现期间多伴随着价格短时期内的暴涨或暴跌。

（二）周期性波动

"猪周期"是周期性波动的典型。有研究表明，中国生猪价格大致上经历了六轮大的波动。第 1 轮价格波动持续 20 个月（1995 年 4 月至 1996 年 11 月）；第 2 轮持续 28 个月（1996 年 12 月至 1999 年 3 月）；第 3 轮持续 56 个月（1999 年 4 月至 2003 年 11 月）；第 4 轮持续 39 个月（2003 年 12 月至 2007 年 2 月）；第 5 轮持续 39 个月（2007 年 3 月至 2010 年 5 月）；第 6 轮持续 58 个月（2010 年 6 月至 2015 年 3 月）；第 7 轮持续 36 个月（2015 年 4 月至 2018 年 3 月）（王雨凡和王旭有，2021）。特别是第 6 轮，创历史亏损时间最长的纪录，最终导致养殖户资金链断裂而去产能，一大部分中小散养户退出（王雨凡和王旭有，2021）。

（三）无明显规律的价格波动

这一类波动一般原因有：一是农业生产资料等投入品价格引起的波动。二是自然灾害引发减产导致的价格波动。三是动植物疫病引起减产的价格波动。四是国际市场农产品价格波动连带导致的价格波动等。

二 农产品价格波动影响因素

农产品生产，既是自然再生产的过程，也是经济再生产的过程，受到自然风险和市场价格风险的双重影响。中国国情决定了农业以小规模生产经营为主，生产者行为容易趋同，农产品生产周期较长，产量年度之间起伏较大，在"蛛网模型"作用下，价格波幅较大、波动频繁（杨根全和李圣军，2011）。

影响国内农产品价格的因素可归纳为供求因素、货币因素、国际因素、政策因素和市场因素等方面（杨根全和李圣军，2011）。在市场经济条件下，供需是影响价格波动的基本因素。在农产品需求一定的前提下，供给波动引起均衡价格反方向波动；在供给一定的前提下，需求波动引起均衡价格同方向波动。考虑到本书是从农业生产者角度讨论农产品价格风险，在这里只是简略讨论一下影响农产品价格波动的供需因素。

（一）农产品市场信息因素

农产品市场信息不对称是农产品价格变化不可忽略的影响因素。中国农业经营者仍然以分散农户为主，农户对农产品市场信息的了解往往是不及时且片面的，容易影响到次年的种养殖计划安排。而农产品生产周期较长的特点又会进一步导致农产品供需失衡，进而引起农产品价格波动。

（二）农产品生产成本因素

农产品生产中土地、资本、劳动力、化肥及农药等生产要素的市场价格，均会影响农产品的生产成本。农业生产成本影响因素主要体现在两个方面：一是生产资料价格上涨，如种植业的化肥和农药，养殖业饲料的原料等价格大幅上涨，必然引致农产品生产成本上升。二是劳动力成本上升，园艺作物等劳动密集型产业雇工价格上升，也在一定程度上影响农产品价格。

（三）自然灾害影响因素

中国地域辽阔，自然灾害发生十分频繁，水利灌溉设施相对落后，不仅影响到农产品产量，还会影响农产品质量，引致农产品市场供给不足，进而导致农产品价格波动。

（四）农产品的国际因素

国际因素主要涉及两个方面：一是农产品进口规模因素。比如，2020年中国鸡肉进口量大幅度增加，同比2019年大增98.28%，冲击到国内肉鸡价格。二是国际农产品价格波动。农产品出口国的农产品产量情况、国际原油和大宗产品价格情况，也会影响农产品价格。诸如大豆，进口差不多占到国内消费总量的百分之八九十，国际市场大豆价格的任何风吹草动都会迅速传导到国内市场上来（张瑞雪，2019）。

三　农产品价格风险及其特点

（一）农产品价格风险

农产品价格风险是指农产品市场价格波动幅度大或者波动频繁，给农产品生产者带来市场预测的不确定性，可能造成的利益损失（张瑞雪，2019）。从农业生产者角度而言，农产品价格风险最主要的特征就是"市场不确定性"，农产品价格波动引致了农产品生产经营者收入的不确定。价格风险对农业经营者的影响比自然风险导致的农产品歉收更为显著。对于农产品生产者而言，农产品价格波动越大，意味着农产品收入的不确定性越大，农产品生产经营者面临的价格风险也越大（刘晶等，2004）。农产品价格风险是中国农产品生产经营者面临的主要风险。

（二）农产品价格风险特点

1. 农产品价格风险具有系统性

农产品价格风险属于系统性风险，这一点区别于农业自然风险。由于系统性风险对市场上所有参与者都有影响，所以农产品价格风险可能会导致所有参与者同时遭受价格下降到低于保障价格造成的经济损失。这就意味着，这种风险很难通过"大数法则"分散（张峭，2022）。正因如此，农产品价格风险不符合传统保险理论中可保风险是独立性风险的要求，意味着农产品价格风险管理需要不同于传统农业保险的管理工具。

2. 农产品价格风险在时间上具有持续性

与工业品规模化、集约化不同的是，小规模经营下的农产品生产容易发生生产者的盲目跟风行为，带来农产品供求失衡。而农产品生产的季节性，又会使得农产品生产难以在短时间内进行调节。大多数农产品的鲜活易腐性，使农产品在平抑市场价格于季间进行调节也很困难。因而，农产品价格波动具有持续性特点，农产品价格风险也在时间上具有持续性。

3. 农产品价格风险具有传导性

农产品生产的分散性、区域性，使得市场信息也更加分散，市场主体难以把握准确的市场供求信息（刘晶，2004），信息不对称问题突出。农产品从生产环节到售至消费者手中，需要经历多个环节，涉及多个市场主体。一旦某种农产品价格出现巨幅波动，将对整个农产品产业链产生影响（张瑞雪，2019）。在农产品供需方面，农产品消费是一个相对固定量，供给多一点就呈现过剩，价格就敏锐下降，少一点就出现供给紧缺，价格就急剧上涨。上述现象导致农产品价格波动的放大，加剧了农产品的价格风险（刘晶，2004）。

第三节　农产品价格风险管理方法

一　农产品价格风险管理方法概述

在农业生产过程中，市场价格、政府政策、天气等因素的不确定性会对农业产量和收益产生显著的影响，因此，风险管理就成为全世界农业生产过程中不可或缺的一部分。风险管理在本质上涉及对不同的战略和工具的选择，这些战略和工具能减轻不确定性对产量和生产者收入的影响（刘岩和于左，2008）。就本书研究的价格风险管理而言，生产者可用的战略大致可分为风险分散、风险转移和风险对冲。

第一，风险分散。根据农产品的价格趋势分多期销售，也有助于分散农产品价格风险，从而避免"一锤子买卖"可能带来的潜在损失。此外，通过种植一揽子作物、选择与价格风险相关系数较小的低风险作物、种植生长周期较短的作物、保持充分的资本流动性以及取得农业生产之外的多种收入来源等途径实现收入多样化，进而规避市场价格风险。

第二，风险转移。一是通过以纵向一体化为基础的订单农业来实现。订单农业是农户和作为收购方的企业或者合作社之间形成的一种远期合约安排。它对农产品的收购价格、质量等都提前作出了规定（Rehber，2000；郭红东，2005；Ruml and Parlasca，2022），农户在收获后就按照这些规定将粮食卖给收购方。二是通过农业保险创新来实现，比如开发农产品价格保险、收入保险等。

第三，风险对冲，主要利用期货市场套期保值。在进行价格风险管理方面，期货市场以其独特的功能发挥着重要的作用，尤其在美国等发达国家，期货市场已经与农业生产紧密结合，为农民有效利用。美国农场主对期货市场的利用主要体现在直接利用与间接利用两个方面，许多规模相对较大的农场主在规避价格风险时直接选择进入期货市场进行套期保值交易（刘岩和于左，2008）。另外，"保险+期货"也可以实现风险对冲。该模式以农产品期货价格作为保险承保和理赔依据，由保险机构向涉农主体提供价格或收入保险产品，并通过期货机构将保险产品中涉及的价格风险在期货市场进行分散。

二　通过订单农业转移农产品价格风险

农业产业链管理是农业发展到一定阶段的产物，它将农业生产资料供应、农产品生产、加工、储运、销售等环节链接成一个有机整体，并由"农业龙头企业"对其中农业劳动力、农业生产资料、农业技术以及信息等要素流动进行组织、协调与控制，以期获得农产品价值增值。

李杰义和白庆华（2006）认为，加强农业产业链管理是规避农产品价格风险的现实选择，他们提出，可以通过四条路径规避农产品价格风险。一是通过农业价值链管理提高农产品的质量，从而促进农产品竞争力的提高和产品价格的提高。二是通过农业组织链管理进行专业化、集约化和规模化生产，优化整个产业链和物流系统功能，降低生产成本和管理成本。三是通过农业信息链管理提高农业信息化水平，使农产品生产更适应市场需求，有效缓解农产品供需结构性矛盾，从而降低农产品价格风险。四是通过农业物流链管理，减少交易环节，降低交易费用，从而使农产品成本下降。

本书认为，稳定收益型"订单农业"模式是在实行农业产业链管理的过程中有效管理农产品价格风险的重要举措。"订单农业"含义很宽泛，可以是紧密型的"生产契约"模式，也可以是比较松散的"销售契约"模式。这种模式的基本要求是，农业生产者（农户）与农业龙头企业签订合同，生产者承诺按照企业的要求生产和交付产品；龙头企业以一定价格购买农产品。"订单农业"与传统的农业经营方式区别在于：传统方式都是农户先自行种养（种植和养殖）再来卖农产品，这个方式容易发生生产和销售脱节问题，导致市场价格风险的发生。在"订单农业"的模式下，农业龙头企业拥有的信息和资源远远大于普通农户，可以有效地防范小农户生产农产品的盲目性。在某些"订单农业"模式里，农业龙头企业往往还向农业生产者提供农业生产资料，乃至于农业生产工具、设施的提供等，并开展农业技术指导服务及监督生产过程，提高农产品品质。

除了粮食产业外，稳定收益型"订单农业"最常见的是在养鸡、养猪等畜牧养殖业中。自20世纪90年代以来，国内涌现出一大批养殖企业，诸如广东温氏食品集团股份有限公司、江苏立华牧业股份有限公司等。这类公司的做法大致相同。公司实行保护价制度，保证农户每只鸡（每头猪）可获得稳定收益的利润，公司承担农产品市场价格风险。在这一模式下，即使是在前几年市场价格很低的时候，龙头企业依然顶着暂时的亏损，保证养殖户的基本利益。稳定收益型"订单农业"模式，解决了传统农户单家独户、低技术、抗风险能力弱等问题，促进了传统的生产方式向有组织、高技术、抗风险的现代农业转变，提升了产业链上每个环节的生产效率。

三 通过分期销售分散农产品价格风险

分期销售是指农户采取分批分时段的方式多次销售农产品。这种销售的弹性化被认为是应对价格风险的重要策略之一（Jha and Srinivasan，1997；徐雪高，2011；Boyd and Bellemare，2020；Ricome and Reynaud，2022）。价格风险是指由农产品市场价格的波动而给规模经营户所带来的损失（Saha and Stroud，1994；Park，2006），因此在理解分期销售和价格风险管理之间的关系时，应当综合从"不确定性＋损失"，即"期望"的视角去进行分析。对于规模经营户而言，他们在管理价格风险的过程中，追求的应当是期望不低于一定的水平。与传统的当期销售相比，分期销售的优点在于规模经营户有多次机会销售农产品，即使某次农产品出售的价格偏低，下次也有机会以更高的价格来出售，从而挽回前一次的损失，这更有可能保证总体的期望不低于一定的水平。类似于金融学里的资产组合理论，分期销售等同于和买方达成了若干个不同的销售合约，并利用这些合约去进行组合投资。只要合约之间的相关性不为1，那么原本需要全部由农产品规模经营户来承担的价格风险就可以被分散掉一部分，从而平滑市场的波动（Shilpi and Umali-Deininger，2008）。

四 通过农业保险创新转移农产品价格风险

农业保险作为分散农业生产经营风险的重要手段，对推进现代农业发展、促进乡村产业振兴、改进农村社会治理、保障农民收益等具有重要作用（财政部等，2019）。农业保险是保障国家粮食安全、提升农业抗风险能力、保护农民收益的重要政策工具（宋建国和刘莉，2022）。自2007年开始对农业保险实行中央财政保费补贴以来，财政部等部门针对不同的农产品，先后推出了物化成本保险、完全成本保险、价格保险、收入保险和"保险＋期货"等政策性农业保险险种；各地结合地方优势特色产业，创新了一些农业保险品种。近年来，在党中央、国务院的领导下，各地区、各有关部门积极推动农业保险发展，农业保险持续"扩面、增品、提标"，在服务脱贫攻坚、乡村振兴和保障粮食安全等方面发挥了积极作用。随着农业现代化进程的不断加快，传统的农业保险已经难以满足农户日趋多元的风险管理需求，国家逐步建立多层次农业保险体系。特别是"水稻、小麦、玉米三大粮食作物完全成本保险和收入保险"从试点、扩面到全覆盖，标志着粮食作物保险制度全面建立。

（一）开展的主要农业保险险种情况

农产品从种养殖到出售可能遇到的风险主要是自然风险与经济风险两大类，不同的农业保险险种应对不同的风险。

1. 农产品成本保险

成本保险的保险责任涵盖当地主要的自然灾害、重大病虫害和意外事故等（张锦华和徐雯，2023）。成本保险可分为物化成本保险和完全成本保险。前者保险金额只覆盖物化成本，是低保障的成本保险；后者不仅覆盖物化成本，而且还覆盖土地成本和人工成本等，即农业生产总成本。完全成本保险是较高保障水平的农业保险。

2. 农产品价格保险

农产品价格风险属于经济风险，指由于价格波动或投入资料价格的变化导致不确定性损失的客观事实，具体而言，可理解为农产品的市场价格低于农业生产者的预期价格，从而给农业生产者带来收入损失的可能性（唐甜等，2015）。农产品价格保险是一种对农产品价格低于既定价格或价格指数造成的损失给予经济赔偿的新型险种（田辉，2016），当市场价格大幅波动使农产品市场价格低于约定目标价格或价格指数时，保险公司对投保者经济损失给予补偿的一种新型农业保险制度安排（张林和温涛，2023）。农产品价格保险又称农产品目标价格保险，当农产品市场价格低于保险保障的目标价格时，视为保险事故发生，保险公司对目标价格与市场价格之间的价差损失进行补偿（徐雪高等，2017）。

3. 农产品收入保险

农产品收入方面的风险，可能来自价格风险，也可能来自自然风险导致的农产品产量减少。农产品收入保险是在农产品成本保险和价格保险基础上发展起来的一种农业保险创新形式。收入保险以农产品累计年份的平均收入作为保险标的，在农户因农产品产量降低、价格下跌或产量与价格共同变化而遭受收入损失时提供差额赔偿。所以，收入保险体现了农产品价格和产量，覆盖农业生产产值。目前国内收入保险主要包括以涵盖农药化肥成本、人工管理成本以及农户播种、收割成本等各项农业生产成本加上特定农作物的生产产值为目标收入的单个农作物收入保险（刘妍和朱锦波，2023）。收入保险是相对于传统保物化成本的农业灾害损失险而言的，保障的是新型农业经营主体的农业生产收入，既保障价格，又保障产量，相较于保障单一风险的种植保险，收入保险的保障水平更高（王晓丽和陈盛伟，2023）。相对而言，收入保险照顾到的层面更多，保护更加全面，更加稳妥，相应的保险费用也更高。

农产品价格保险和收入保险是农产品目标价格政策体系的重要组成部分，是紧密关联的政策性农业保险形式。有学者将收入保险纳入价格保险的范畴，并把农产品价格保险分为三种类型：一是仅考虑农产品市场价格的单价格保险，保险公司按照约定产量，对市场价格低于约定目标价格所导致的经济损失进行赔偿；二是仅考虑农产品产量的单产量保险，保险公司按照约定的目标价格对农作物低于约定产量的经济损失进行赔偿；三是考虑价格和产量双保险的收入保险，保险公司对因农产品市场价格或产量变化导致农民收入小于约定收入的经济损失进行赔偿（张林和温涛，2023；肖雄等，2018）。

（二）农业保险取得的成效

自 2007 年中央财政提供保费补贴以来，中国农业保险保费收入每年保持 20% 以上的高速增长，2020 年首次超越美国，成为全球保费规模最大的农业保险市场（王克和吉利，2023）。据农业农村部计划财务司数据，"十三五"时期农业保险风险保障能力不断增强，具体表现在五个方面。一是保险品种明显增多。中央财政补贴范围包括三大粮食作物及制种、马铃薯、油料作物、糖料作物、能繁母猪、奶牛、育肥猪、天然橡胶等 16 个关系国计民生的品种；包括各地开展的地方特色优势产业保险，全国农业保险承保的农作物品种超过 270 类。二是保险覆盖面不断扩大。2019 年，水稻、小麦、玉米三大主粮作物承保覆盖面超过 65%，能繁母猪、育肥猪等生猪保险承保 4.12 亿头。三是保险规模快速增长。2019 年，农业保险全年实现年度保费收入672.5 亿元，相比 2015 年提高近 80%。"十三五"时期，农业保险累计为农业产业提供风险保障 12.2 万亿元，服务农户 8.02 亿户次。四是财政支持力度持续加大。各级财政安排保费补贴资金约占保费总收入的近八成。五是保险赔付水平逐渐提高。2019年，支付赔款560.2亿元，相比2015年提高115%，简单赔付率达到83%，受益农户4918.25万户次。

五 通过"保险+期货"对冲农产品价格风险

党的二十大报告提出，完善农业支持保护制度，健全农村金融服务体系。市场价格的波动是广泛的，一般的农业保险很难分散价格下跌的大面积风险，而期货市场提供了价格风险对冲的平台。保险公司在期货市场进行"再保险"，打通由普通农户到期货市场风险对冲的渠道，实现多方受益。"保险+期货"是由保险机构与期货机构合作开发的一款涉及价格风险的农业保险产品，主要面向农户、新型农业经营主体、农业产业链龙头企业等涉农主体。该模式以农产品期货价格作为保险承保和理赔依据，由保险机构向涉农主体提供价格或收入保险产品，并通过期货机构将保险产品中涉及的价格风险在期货市场进行对冲（赵展慧，2023）。作为金融支持农业农村的重要创新，"保险+期货"这一业务模式已连续试点多年。

（一）中央政府相关部门开展的"保险+期货"试点

"保险+期货"试点是对农产品价格风险进行市场化管理的有益探索。中央高度重视"保险+期货"试点工作，2016—2023年的中央一号文件对此作出明确部署。

财政部、农业农村部、银保监会（现为"国家金融监督管理总局"）、证监会积极研究包括"保险+期货"在内的多种农业保险产品创新，推动扩大"保险+期货"试点覆盖面。在中央和地方有关部门大力支持以及相关机构积极配合下，"保险+期货"试点取得积极进展。截至2018年末，参与试点的保险公司从初期的8家增加至12家，保障水平达到130亿元，试点品种由5个增加至7个（包括大豆、玉米、鸡蛋、棉花、白糖、天然橡胶和苹果），试点地区由12个省份扩大至23个省份，东北四省区、华北、华中、西北（新疆、甘肃）、华南（广西、海南）、西南（云南）等均开展了试点。同时，"保险+期货"试点与产业扶贫深度融合，结合贫困地区苹果、白糖、棉花、红枣等产业发展实际，为贫困地区提供了有效风险管理工具（农业农村部，

2019)。

（二）"保险+期货"试点取得的成效

"保险+期货"项目覆盖品种数量不断增多。中国期货业协会数据显示（赵展慧，2023），截至2022年4月30日，"保险+期货"共为15个涉农品种提供了风险保障，涉及现货896.18万吨、承保货值421.98亿元。从分散试点到县域覆盖，项目试点的区域越来越广，截至2022年4月30日，"保险+期货"项目已覆盖31个省份的244个地级市、703个县，覆盖农户163.77万户次、农民专业合作社975个、家庭农场682个，其他涉农企业970个。2021—2022年度"保险+期货"项目产生了一系列积极变化。一是当期共1907个项目，承保货值421.98亿元，其中，商业性项目（无期货交易所支持项目）1353个、承保货值213.1亿元，期货交易所支持项目为554个、承保货值208.9亿元。二是项目累计投入保费资金19.91亿元，其中，财政补贴资金5.54亿元，期货交易所支持资金4.92亿元，参保主体自缴保费7.9亿元。这两组数据反映了商业性项目快速发展和项目保费构成格局的多元化，说明在政府部门、交易所、期货公司等多方合力推动下，涉农主体主动参与项目的积极性不断提升，利用期货和衍生品手段抵御农业风险的意识逐步增强。2021—2022年度，"保险+期货"项目累计实现赔付金额13.4亿元。在2021—2022年度项目覆盖的703个县域中，涉及原832个国家级贫困县中的231个，包括44个国家乡村振兴重点帮扶县，"保险+期货"持续为乡村振兴提供金融助力。

另据大商所数据，自2015年项目实施以来，截至2021年底大豆"保险+期货"试点达57个，涉及种植面积880.85万亩，农户284696户，保险理赔2.94亿元，有效保障了豆农收益。2022年，大商所继续在全国8个省区立项14个大豆"保险+期货"收入保险项目，覆盖面积204万亩，约8.5万农户受益（欧阳靖雯和侯雅洁，2022）。

值得关注的是，随着2021年正式推出生猪期货，生猪品种很快成为"保险+期货"项目的主力。中国期货业协会统计数据显示，2022年1—6月，生猪类"保险+期货"项目承保货值达到49.02亿元，是排名第2位的饲料（24.17亿元）、第3位的玉米（20.81亿元）的两倍多，是排名第4位的苹果（16.96亿元）、第5位的白糖（16.53亿元）的近三倍，是鸡蛋（3.35 亿元）的近 15 倍（谷伟，2022）。

（三）江苏省开展"保险+期货"基本情况

百度资讯搜索结果表明，江苏省"保险+期货"的最早试点项目，可能是如东县的猪饲料"保险+期货"项目试点（蒋晓东和张水兰，2020）。早在 2020 年 8 月，东海期货南通营业部与中华联合财险南通中心支公司，就在如东县合作试点开展猪饲料"保险+期货"项目。具体实施内容见后续的"实践案例"。

2021 年，丰县开展了鸡蛋"保险+期货"项目试点。2021 年 9 月，锦泰期货与中国人寿财产保险公司江苏分公司合作，在徐州丰县实施的鸡蛋"保险+期货"项目，为当地 4265 吨价值超过 3700 万元的鸡蛋提供价格保险，大连商品交易所提供 50 万保费补贴的支持，以减轻养殖户购买保险的经济负担，锦泰期货负责运用场外期权进行价格风险管理。参加试点有 38 户蛋鸡养殖户，养殖户自缴 25 万元保费，风险发生后共计赔付 84.97 万元，农户自缴理赔率高达 337%。

2022 年，江苏省财政厅等部门联合开展生猪"保险+期货"项目试点。2022 年 6 月淮安市盱眙县签订的首单江苏省地方财政补贴型生猪期货价格保险落地，由此开始了以生猪"保险+期货"为抓手的生猪价格风险管理新的时期。

第四节 农产品价格风险管理的典型案例

一 江苏"立华牧业"稳定收益型"订单农业"案例

（一）江苏立华牧业股份有限公司概况

江苏立华牧业股份有限公司（简称"立华牧业"）是以优质草鸡养殖为主导产业的国家级农业产业化重点龙头企业，下设全资子公司 50 余家，覆盖江苏、安徽、浙江、山东、广东、河南、四川、湖南、贵州、江西、云南 11 个省份。公司实行契约一体化经营（俗称"订单农业"[①]），业务涉足黄羽肉鸡、生猪、肉鹅、食品加工四大板块。

---

① "江苏立华"与农户的关系"订单农业"中的"生产契约"模式。立华公司全面介入养殖的生产环节，包括生产资料供应、生产标准执行、技术指导等。

立华牧业成立于1997年，曾称常州市立华畜禽有限公司、武进市立华畜禽有限公司、江苏立华牧业有限公司。公司自创建以来，一直推行"龙头企业+农户"的发展模式，在带动广大农民致富的同时，不断壮大自身实力。

据立华牧业（证券简称"立华股份"；证券代码300761）2021年年报数据，公司在2021年全年黄羽鸡业务合作农户为6605户，商品肉鸡出栏3.70亿只；公司生猪养殖业务合作农户为213户，销售商品肉猪41.25万头。黄羽鸡及生猪合作农户结算总收入超11亿元。

（二）稳定收益型肉鸡养殖"订单农业"模式

立华牧业肉鸡产业链采用"公司+合作社+农户"模式，"内核"仍然是"公司+农户"，如图4-1所示。一是公司为农户提供产前、产中、产后的全程服务，即"八统一"管理模式[①]：统一鸡场建设规划、统一苗鸡供应、统一饲料供应、统一防疫、统一生产技术操作规程、统一技术指导、统一价格收购、统一集中产品销售。二是农户按标准建鸡舍、预付保证金、按公司统一要求防疫、饲养管理。三是公司与农户形成了紧密的利益共同体，风险共担、利益共享。公司承担价格风险和部分养殖风险，农户获得公司承诺的平均收益，承担部分饲养管理风险。当市场低迷时，公司切实保护农户的利益。引入"合作社"这一自治组织，主要作用包括：引导农户自律，在公司和农户之间起到平衡与沟通作用；管理肉鸡养殖风险基金[②]，当发生生产中的风险时，动用风险基金依规定予以补偿。

（三）稳定收益型生猪养殖"订单农业"模式

在立华牧业的稳定收益型生猪养殖"订单农业"模式中，饲料及添加剂、药品及疫苗供应，提供养殖技术指导，公司承担市场价格风险等利益机制，均与肉鸡养殖业务模式相同，但在生产模式上略有不同。

---

① "八统一"中的"统一销售"，实际上分为两个不同关系：一是公司按协议收购肉鸡，价格有明确的计算标准；二是公司按市场价格对外销售。公司大部分商品肉鸡由批发商经屠宰后通过农产品批发市场或农贸市场、商超等终端销售给消费者，一部分由全资子公司江苏立华食品自行屠宰加工成冰鲜鸡和冰冻鸡肉产品后，经下游批发商、电商、商超进行线上线下销售。

② 立华牧业针对肉鸡养殖过程中可能发生的疫病、自然灾害等非市场价格因素的风险，建立了"风险基金"。风险基金由公司与农户共同承担，由合作社管理。

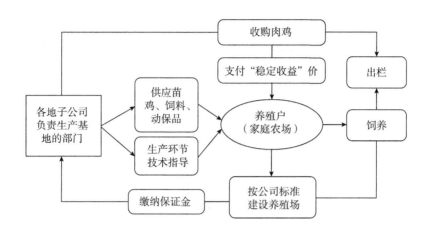

图 4-1 江苏立华肉鸡稳定收益型"订单农业"流程示意

商品肉猪饲养采取"公司+基地+农户"的合作养殖模式，即将农户集中在公司建设的大型养殖基地，公司对农户进行集中管理。一是公司负责提供猪舍、猪苗、饲料、药品疫苗等生产资料供应，制定商品肉猪饲养环节的各项管理制度和技术标准。二是合作养殖农户负责养殖，包括到公司指定地点领取物料，以及在商品肉猪养殖周期满之后交付产品。一般而言，生猪养殖的农户具有较强的经济实力，同时饲养的技术要求较高，养殖户要承担养殖风险。三是在出栏销售环节，生猪全部由公司回收，基准价格由公司总部决定，在合同签订时就已与农户确定，并且公司生产投入品也纳入了内部结算的流程价格体系。

（四）肉鸡生猪养殖农户的"稳定收益"

根据立华牧业 2021 年年报数据可以算出：一是 2021 年全年黄羽鸡养殖农户为 6605 户，商品肉鸡出栏 3.70 亿只，肉鸡养殖农户年均出栏 56018 只。二是 2021 年公司生猪养殖业务农户为 213 户，销售商品肉猪 41.25 万头，养猪农户户均出栏生猪 1937 头。三是黄羽鸡及生猪合作农户结算总收入超 11 亿元，肉鸡和生猪养殖农户为 6818 户，年户均收益 16 余万元。

据了解，农户只要有足够的责任心，严格按照公司的技术要求进行饲养管理，公司就会保证农户的平均收益，但公司不保证绝对收益和个体差异，因为每个农户责任心不同，饲养管理有差异，上市率、料比等生产指标也有差异，结算的利润也有差异。相应来讲，肉鸡养殖的投资较少，技术要求也相对较低，每批饲养 2 万—4 万只（每个棚 2 万只）效益最佳，一年可以出栏 3 批，总共 6 万—12 万只鸡。如果按每养一只鸡 3.5 元毛收益，一年的纯利润还是比较可观的。

二 福建霞浦海参分期销售案例

宁德市辖内的霞浦县地处福建省东北部，以海产养殖业闻名全国，素有"中国海带和紫菜之乡"的美誉。近年来，作为"北参南养"的主产区，霞浦县大力发展底播养殖技术，海参产业发展迅速。截至2018 年，霞浦县的海参养殖总面积已达 691 公顷，年产量 2.1 万吨，约占全国成品参总量的 30%（魏培全，2019），海参养殖已成为当地的支柱产业之一。

同其他农产品一样，海参的价格也存在季节性的波动。对于霞浦的养殖户来说，北方收购商在销售淡季的压价行为使得这一问题变得更加突出。而关于海参养殖的一些负面消息也让本就疲软的海参市场走势雪上加霜，价格的波动愈发频繁。因此，海参养殖户需要通过分期销售的方式来有效地管理价格风险。

分期销售是指农户在具备储存能力的基础上，分批次、分时段地销售农产品。从学理上来说，它可以管理价格风险（Jha and Srinivasan，1997；Park，2006；徐雪高，2011；Sun et al.，2013）。因为农户多次销售等同于和买方达成了若干个收益和风险水平不同的销售合约，因此他们可以利用这些具有异质性的合约进行组合投资，将原本需要完全由自己来承担的农产品价格风险给分散掉，进而平滑市场的波动（Shilpi and Umali-Deininger，2007）。因此，福建霞浦的海参养殖户会在收获后一个完整周期内，分多次销售海参，以分散海参价格风险并获得更高收入。但是，由于储存海参的冷藏设备价格高且流动性要求强，为了实现分期销售，养殖户普遍希望有机会获得还款期限灵活的融资。

三 上海市蔬菜价格保险案例

（一）蔬菜价格保险的发展历程

1. 蔬菜价格保险的元年（2011 年）

上海首创蔬菜价格保险（上海市农业委员会，2012）。上海市蔬菜价格保险起因于 2008 年初的雪灾给市郊蔬菜生产造成严重损失，上海市农业委员会与安信农业保险股份有限公司（简称"安信农保"）共同研究制定了蔬菜价格保险方案，使菜农在受到雪灾损失时得到生产风险保障，在灾后价格波动时得到市场价格风险保障。这个方案为以后开展蔬菜"淡季"价格保险打下了基础。2011年7月，上海在国内率先推出了绿叶菜成本价格保险，防范上海地产绿叶菜市场价格波动引发的蔬菜规模经营主体收入风险。上海绿叶菜价格保险分"夏淡"和"冬淡"两类（上海市农业委员会，2012）：

（1）"夏淡"类。从7月1日起至9月15日止，包括鸡毛菜、米苋、杭白菜、生菜和青菜五个品种。理赔依据零售价格与前三年平均价的比较，当零售市场监测价格低于前三年同期平均值时启动，理赔额度按照预先测算的成本价格乘以相应的系数。"夏淡"保险面积达14.4万亩，总计保险赔款达800万元。

（2）"冬淡"类。只有青菜一个蔬菜品种，价格保险时间段定为1月1日至2月28日。凡青菜种植面积在2亩以上且上市期间符合保险规定期限的沪郊蔬菜种植企业、农民专业合作社和种植大户，均可向"安信农保"投保冬淡青菜成本价格保险。当批发交易价格低于预先测算的成本价格时启动理赔。全市5.8万亩青菜参加了"冬淡"期间的价格保险，总计保险赔款424万元。

2."淡季"蔬菜价格保险阶段（2012—2021年）

上海市农业委员会、上海市财政局，自2012年开始，连续4年下发《"淡季"绿叶菜成本价格保险实施方案》，2016年引入"价格指数"改为《"淡季"绿叶菜成本价格指数保险实施方案》，2017年度文件改为《"淡季"绿叶菜价格指数保险实施方案》，2018年度改为《绿叶菜成本价格指数保险实施方案》。上海市农业农村委员会、上海市财政局于2019年3月5日发布了《上海市绿叶菜成本价格指数保险实施方案（2019—2021年）》。虽然从2018年度起不再用"淡季"一词，但是从具体规定内容来看，实行的仍然是"淡季"蔬菜价格保险。《上海市绿叶菜成本价格指数保险实施方案（2019—2021年）》规定，全年承保的只有青菜和杭白菜两个品种，生菜、米苋、鸡毛菜三个品种只在6—9月承保。

3. 蔬菜价格保险全面实施阶段（2022 年开始）

上海市农业农村委员会、上海市财政局于 2022 年 3 月 15 日发布了《上海市绿叶菜成本价格指数保险实施方案（2022—2024 年）》。这个方案与以往方案的最大不同在于，保险标的为 8 个地产主要绿叶菜品种：青菜、杭白菜、生菜、米苋、鸡毛菜、芹菜、菠菜、蕹菜，均为全年承保。

（二）蔬菜价格保险的产品设计

上海绿叶菜价格保险从 2011 年实施以来历经十余年，其保险产品也在不断的修订完善中。现以《上海市绿叶菜成本价格指数保险实施方案（2022—2024 年）》的最新规定为主要内容，对保险产品的要点及其变化情况进行适当介绍。

1. 保险标的

《上海市绿叶菜成本价格指数保险实施方案（2022—2024 年）》（以下简称"最新实施方案"）目前保险标的为 8 个上海市地产主要绿叶菜品种：青菜、杭白菜、生菜、米苋、鸡毛菜、芹菜、菠菜、蕹菜，均为全年承保。十多年来保险标的主要变化是：早期分"夏淡"和"冬淡"规定绿叶菜品种，《上海市绿叶菜成本价格指数保险实施方案（2019—2021 年）》规定青菜、杭白菜（全年承保），生菜、米苋、鸡毛菜在 6—9 月承保。

2. 保费补贴对象

"最新实施方案"规定，保费补贴对象为投保青菜、杭白菜、生菜、米苋、鸡毛菜、芹菜、菠菜、蕹菜 8 种绿叶菜成本价格指数保险的蔬菜生产企业、农民专业合作社和种植户。对于符合规模化、集约化生产要求的投保主体，优先给予全覆盖保障。《上海市绿叶菜成本价格指数保险实施方案（2019—2021 年）》对保费补贴对象的规定完全相同。《2018 年度绿叶菜成本价格指数保险实施方案》明确规定投保对象为"以蔬菜生产龙头企业、农民专业合作社和 10 亩及以上种植大户为投保对象，不再接受投保面积在 10 亩以下的种植户投保"。而《2017 年度绿叶菜成本价格指数保险实施方案》规定"2 亩以上的绿叶菜种植散户由所在镇、村统一组织投保"。在这之前年份的实施方案，均允许"2 亩以上的绿叶菜种植散户由所在镇、村统一组织投保"。

3. 保险面积和保险期间

"最新实施方案"规定，2022 年全市计划保险面积 15.57 万亩次，其中青菜保险面积不少于 50%、其他 7 个品种保险面积合计不高于 50%。投保按实际种植面积分时段进行，杭白菜、生菜、米苋、鸡毛菜、芹菜、菠菜、蕹菜计划面积不细分，投保时可据实调整、合并计算。2023 年、2024 年及月度计划保险面积，由市农业农村委根据市场需求和各区绿叶菜实际生产情况确定后另行发文。起保期间为本文件生效之日起至 2024 年 12 月 31 日。各品种的保险期间按实际采收期约定，其中鸡毛菜为 10 天，其他 7 个品种为 15 天。《上海市绿叶菜成本价格指数保险实施方案（2019—2021 年）》和以往年份的实施方案均有具体规定，年度之间有所不同。

4. 保险金额和保险指导费率

"最新实施方案"规定，保险金额根据各品种每亩次保险产量（即亩均产量）及亩均生产成本测算。每亩次保险产量及亩均生产成本由市农业农村委会同各区农业农村委、上海蔬菜食用菌行业协会组织测算和确定，保险指导费率为 10%。为提升蔬菜生产组织化程度，鼓励农业保险机构对投保面积达到较大规模的投保人，给予一定费率优惠。《上海市绿叶菜成本价格指数保险实施方案（2019—2021 年）》和以往年份的实施方案均有具体规定，年度之间有所不同。从表 4-1 反映 2022—2024 年保险产量、生产成本、保险金额和保费指导标准与 2012 年度的变化情况。

表 4-1　2012 年与 2022—2024 年绿叶菜成本价格指数保险金额、保费标准对比

保险品种	保险产量（公斤/亩次）		生产成本（元/公斤）		保险金额（元/亩次）		保费指导标准（元/亩次）	
	2012 年	2022—2024 年	2012 年	2022—2024 年	2012 年	2022—2024 年	2012 年	2022—2024 年
青菜	700	1575	1.58	1.65	1106	2599	110.6	260
鸡毛菜	280	713	2.52	2.38	702.8	1697	70.28	170
米苋	510	781	1.46	2.02	715.4	1578	71.54	158

保险品种	保险产量 （公斤/亩次）		生产成本 （元/公斤）		保险金额 （元/亩次）		保费指导标准 （元/亩次）	
	2012 年	2022— 2024 年	2012 年	2022— 2024 年	2012 年	2022— 2024 年	2012 年	2022— 2024 年
生菜	420	1077	2.22	1.93	932.4	2079	93.24	208
杭白菜	770	1456	1.33	1.64	1024.3	2388	102.41	238
芹菜	—	1617	—	1.86	—	3008	—	300
菠菜	—	769	—	2.69	—	2069	—	206
蕹菜	—	1295	—	1.58	—	2046	—	204

注：2012 年分为"夏淡"和"冬淡"两季，"冬淡"保险品种只有青菜和杭白菜两种。表中 2012 年数据未反映"冬淡"的数据。

5. 保费补贴标准

"最新实施方案"规定，市级财政的保费补贴比例为 50%，区级财政的保费补贴比例为 40%，投保人自缴保费比例为 10%。此前各年份市级财政保费补贴标准为 50%；多数年份规定投保人自己承担比例不低于 10%，其余由区县财政承担。《上海市绿叶菜成本价格指数保险实施方案（2019—2021 年）》规定投保人自缴保费比例在 10%—20%，具体比例由各区自行确定，其余部分由区级财政承担。

6. 理赔方法

"最新实施方案"规定，依据市（发改委）官网"价格管理—主副食品价格查询—蔬菜"栏中相关 8 个品种的价格数据确定基础理赔标准。2022 年，在此基础上增加 7%（绿叶菜综合成本指数）作为实际理赔标准。2023 年、2024 年绿叶菜综合成本指数由市农业农村委根据历年价格波动情况、农业保险机构赔付情况确定后另行发布。若在保险期间市场平均零售价低于保单约定价，则按其跌幅同比例进行相应赔付；高于保单约定价，则不发生赔付。

赔偿金额 = 保险金额 × ［保单约定价 - 保险期间市场平均零售价］/ ［保单约定价］× 保险亩数

保单约定价 = ［保险三年前同期市场价格 ×（1 + r1）×（1 + r2）×（1 + r3）+ 保险两年前同期市场价格 ×（1 + r2）×（1 + r3）+ 保险一年前

同期市场价格×（1+r3）] /3×（1+绿叶菜综合成本指数）

r1、r2、r3 由国家统计局上海调查总队公布的数据确定，其中r1 指投保两年前各月蔬菜消费价格指数，r2 指投保一年前各月蔬菜消费价格指数，r3 指投保当年各月蔬菜消费价格指数。如保险期间跨月，理赔时各品种保单约定价根据其保险起期所在月份对应的蔬菜消费价格指数计算。

（三）蔬菜价格保险的实施及效果

1. 蔬菜价格保险的实施

上海市农业农村委员会和财政部门在实施中，坚持"政府引导、政策支持、市场运作、自主自愿、协同推进"原则。上海市及各区县农业农村委员会按照"均衡种植、均衡投保、均衡上市"原则，落实各时段的播种和投保计划，明确农业保险机构、投保对象、投保品种、投保面积、种植茬口，并分解到相关乡镇和基地。分解投保计划时坚持"夏淡""冬淡"投保优先，网上投保优先，规模化投保主体优先，绿叶菜生产核心基地优先。在有效保障市场供应的前提下，要确保本区、本单位每月投保面积不低于月度计划面积的80%、不超过月度计划面积的120%；重大灾害的紧急抢种，投保面积可适当突破月度计划比例限制；全年投保面积不低于年度计划总面积的80%，不超过年度计划总面积。如超出全年投保计划总面积，市级财政不予补贴。

2. 蔬菜价格保险实施效果

上海市绿叶菜成本价格指数保险的实施，有效保护了蔬菜生产者的生产积极性，促进了绿叶菜的均衡生产和均衡供应，推进蔬菜产业继续向组织化、规模化、集约化方向发展。以保险风险控制手段介入农作物种植前端管理，确保了市场供应和价格稳定。目前，关于蔬菜价格保险的实施效果缺少有说服力的计量分析。据李聃和查贵勇（2013）测算，蔬菜生产面积和供应量都较之前提高了20%以上；蔬菜价格波动明显减弱，例如鸡毛菜的价格离差系数从 2009 年的 0.41 降低至 2011 年的0.17，波动率从 118.64%降至 51.21%。

四 江苏如东生猪"保险+期货"案例

（一）生猪"保险+期货"运行机制

生猪"保险+期货"又称生猪期货价格保险，它以生猪价格为保险标的、以生猪期货价格为计算依据，养殖场户向保险公司购买保险，保险公司向期货公司购买场外期权业务，当保险期间内约定理赔价格下跌时，按照保险合同约定保险公司向养殖场户支付赔款。从全省各地实践来看，多数试点都有政府财政的支持；有的试点项目由期货公司承担扶持资金。各地财政支持力度略有差异，一般而言，投保人承担的比例在10%—30%，最高达到50%。图4-2是生猪"保险+期货"运行机制的示意图。

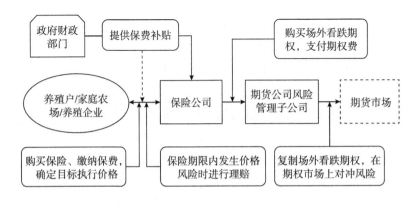

图4-2　生猪"保险+期货"模式示意

（二）如东县生猪"保险+期货"实践案例

南通市如东县是江苏省畜牧业大县之一。2021年生猪出栏64.04万头，占全省2210万头的2.90%；猪牛羊肉5.63万吨，占全省142.74万吨的3.94%[①]。随着近年来国际粮食价格逐渐走高，作为猪饲料主要原料的玉米和大豆价格持续上涨，加之防疫成本增加、猪肉价格波动大等因素，养殖企业面临的风险加大，避险意愿强烈，在政府的推动下，生猪"保险+期货"试点应运而生。由于南通市并不在江苏省财政厅开展的生猪"保险+期货"项目试点地区，所以，如东的生猪"保险+期货"没有省财政的资金支持。表4-2汇总了如东县开展生猪"保险+期货"的实践案例。

---

① 笔者根据《江苏统计年鉴（2022）》数据计算得出。资料来源：江苏省统计局网站，http：//tj. jiangsu. gov. cn/col/col87172/index. html。

表 4-2 **如东县生猪"保险+期货"实践案例汇总**

时间	名称	承保情况	保费金额	自缴保费比例	保费支持来源及比例/负责运行主体
2020 年	猪饲料成本指数价格保险	2 户养殖场（公司），6000 吨饲料，承保金额 1110.2 万元	18.83 万元	30%	东海期货 60%，中华财险 10%；东海期货联合中华财险负责试点
2022 年	生猪价格保险	52 户养殖户，1403 吨生猪提供价格保障	100 万元	30%	县财政局补贴 40%，大连交易所 30%；南华期货联合中华财险负责试点
2022 年	生猪养殖利润指数保险	2000 头生猪的 303 万余元养殖利润	不详	50%	县财政补贴 50%；南华期货联合中华财险负责试点
2022 年	生猪价格保险	中小养殖户的 12513 头生猪提供价格保险	100 万元	30%	县财政局补贴 40%，大连交易所 30%；美尔雅期货联合中华财险及国元期货共同开展试点

资料来源：笔者根据本节文字内容整理。

1. 东海期货开展的"猪饲料成本指数价格保险"试点

近些年，由于国内外贸易环境错综复杂，作为饲料重要原料的玉米和豆粕价格波动明显，导致猪饲料价格波动加剧，放大了生猪养殖的风险。为此，如东县于 2020 年尝试猪饲料"保险+期货"项目试点。该项目试点工作由东海期货[①]南通营业部与中华联合财险南通中心支公司联合进行，南通市金融办、如东县农业农村局等单位参与试点工作的协调。2020 年 8 月 11 日，江苏省首单猪饲料成本指数价格"保险+期货"项目在如东签约，如东绿源生态养殖场和南通新法伊彼得牧业有限公司成为首批保险服务对象（蒋晓东和张水兰，2020）。试点项目涉及1.5 万头生猪对应 6000 吨的饲料量，总保险金额为 1110.2 万元，总保费为 18.8333 万元。

（1）保费的分担。保费分别由养殖户（企业）、东海期货、中华财

---

① "东海期货"全称"东海期货有限责任公司"，是江苏省一家以期货经纪为核心业务的金融企业。

险承担，养殖户承担比例为30%，东海期货承担比例为60%，中华财险承担10%。

（2）保险责任。保险合同规定，在保险期间内，当约定月份生猪饲料期货合约在理赔采价期间内的理赔结算价高于目标价格时，视为保险事故发生，保险人按照合同的约定负责赔偿。保险合同还规定了，保险期间饲料价格下跌未触发理赔，保险公司将为养殖户提供4元/头的保底赔付。保底赔付金额大致上覆盖养殖户自缴保费金额。

（3）理赔情况。第一期保险期限从8月12日至9月11日。由于饲料原材料价格上涨，触发赔付，保险公司于当年10月中旬完成了理赔，"新法伊彼得牧业公司"和"绿源生态养殖场"收到中华联合财险的理赔款8.7651万元。

2. 南华期货开展的"生猪价格保险"和"生猪养殖利润指数保险"试点

南华期货①联合中华联合财产保险江苏分公司在如东开展了"生猪价格保险"和"生猪养殖利润指数保险"试点。

（1）"生猪价格保险"试点。该项目是地方政府、金融机构联手打造的支农项目，以保障广大养殖户生产经营效益为目标。该项目获得大连商品交易所的大力支持，并获得如东县财政40万元保费专项补贴，为当地52户生猪养殖户的1403吨生猪提供价格保障。试点项目于2022年7月结项，实际赔付37305.77元。

（2）"生猪养殖利润指数保险"试点。南华期货在如东县开展的"生猪养殖利润指数保险"是一项探索性试点，是"保险+期货"价格保险的新模式。"生猪养殖利润指数保险"为养殖户兜底了生猪养殖利润，弥补由于生猪价格下跌及饲料价格上涨造成的损失。养殖户投保后，一旦受到生猪、饲料任意价格因素的影响导致生猪养殖利润指数结算值低于承保约定的生猪养殖利润目标值时，即触发理赔。2022年8月，在大连商品交易所及当地政府的支持下，南华期货联合中华联合财产保险股份有限公司江苏分公司南通中心支公司开展江苏首单政策性生

---

① "南华期货"全称"南华期货股份有限公司"，是浙江省一家以期货经纪为核心业务的金融企业。

猪养殖利润指数保险项目，为如东县 2000 头生猪提供了 303 万余元养殖利润风险保障。如东县政府补贴 50% 项目保费，农户自缴 50% 项目保费。

3. 美尔雅期货开展的"生猪价格保险"试点

如东县生猪"保险+期货"价格险是大连商品交易所实施"农民收入保障计划"的一个项目。由美尔雅期货[①]联合中华联合财产保险股份有限公司及国元期货[②]一同开展试点工作。具体运行模式是，养殖户向保险公司购买保险，保险公司对生猪价格进行保障，同时保险公司向期货公司买入场外期权进行再保险，以转移生猪价格下跌风险。项目涉及保费总额 100 万元，保障期限 1 个月，为如东县中小养殖户的 12513 头生猪提供了风险保障（马爽，2022）。

（1）保费的分担。如东县财政局为项目提供 40%（40 万元）的财政资金支持，美尔雅期货及国元期货共计代大连商品交易所垫付占比 30%（30 万元）的保费支持，参保农户自缴保费降低至 30%（30 万元）。

（2）保险责任。保险合同规定，在保险期间内，当约定月份生猪期货合约在理赔采价期间内的理赔结算价低于目标价格时，视为保险事故发生，保险人按照合同的约定负责赔偿。保险所涉及的生猪期货合约价格数据以大连商品交易所发布的数据为准。

（3）理赔情况。最终总赔付金额 15.4023 万元，项目整体赔付率为 15.40%，农户赔付率为 51.33%。

第五节　本章小结

本章在分析农产品价格风险的形成与影响因素基础上，主要讨论了农产品价格风险管理的形式。从生产者角度分为风险分散、风险转移和风险对冲三大类型。一是风险分散包括选择分期销售农产品，或者选择与价格风险相关系数较小的种养殖产业，保持充分的资本流动性，进而

---

① "美尔雅期货"全称"美尔雅期货经纪有限公司"，是湖北省一家以期货经纪为核心业务的金融企业。

② "国元期货"全称"国元期货有限公司"，是北京一家以期货经纪为核心业务的金融企业。

分散价格风险。二是风险转移主要通过纵向一体化中开展订单农业等方式实现，另外，农业保险创新也有类似作用。三是风险对冲主要利用期货市场套期保值，并辅以保险支持。本章将以上统称为价格风险管理，并就中国农业规模经营户目前采取的主要形式进行了梳理，进而对典型案例进行了分析。

第一，通过订单农业转移农产品价格风险。农业产业链管理是农业内部内生的实现农产品价格风险管理的有效举措，主要路径是通过稳定收益型"订单农业"模式保障农户的基本收益。稳定收益型"订单农业"模式可能是中国最为普遍的价格风险管理措施之一。以江苏"立华牧业"为典型案例，分析了养鸡和养猪产业稳定收益型"订单农业"的运行机制。稳定收益型"订单农业"模式，改变了传统农户单家独户、低技术、抗风险能力弱等问题，促进了传统的生产方式向有组织、高技术、抗风险的现代农业转变，提升了产业链上每个环节的生产效率。

第二，通过分期销售分散农产品价格风险。分期销售是指农户采取分批分时段的方式多次销售农产品。这种销售的弹性化被认为是应对价格风险的重要策略之一。与传统的当期销售相比，分期销售的优点在于规模经营户有多次机会销售农产品，即使某次农产品出售的价格偏低，下次也有机会以更高的价格来出售，从而挽回前一次的损失，这更有可能保证总体的期望不低于一定的水平。本章介绍了福建霞浦县海参养殖户如何通过分期销售实现"高卖"，在分散农产品价格风险的同时增加收入。另外，流动性约束会导致"农产品贱卖"问题的出现，从而加深农业规模经营户的农产品价格风险。如果流动性约束得以缓解，则会使得农业规模经营户在"合适的时间"和"合适的价格"出售农产品。缓解农业经营主体的流动性约束，可以间接发挥农产品价格管理的作用。

第三，通过农业保险创新转移农产品价格风险。农业保险是提升农业抗风险能力、保护农民收益的重要政策工具。一方面，价格保险可以直接转移农产品价格风险。江苏省就开展了大蒜等小宗农产品价格保险、桃果价格保险、稻虾共作的小龙虾价格保险等。另一方面，近些年来农业保险逐步由"保生产风险"向"保收入风险"方向发展，还有一些其他农业保险创新也有助于间接转移农产品价格风险。除了已经在全国产粮大县开展的水稻种植收入保险外，江苏省还有生猪养殖收入保险、家庭农场综合保险、土地流转履约保证保险等。本章详细介绍了上海市蔬菜价格保险案例，内容包括：自 2011 年试点以来，蔬菜价格保险的发展历程、蔬菜价格保险的产品设计、蔬菜价格保险的实施及效果等内容。

第四，通过"保险+期货"对冲农产品价格风险。市场价格的波动是广泛的，一般的农业保险很难分散价格下跌的大面积风险，而期货市场提供了价格风险对冲的平台。作为金融支持农业农村的重要创新，"保险+期货"这一业务模式已连续试点多年。本章全面介绍了中国农产品"保险+期货"模式的发展情况，并以江苏省如东县为案例，讨论了生猪"保险+期货"试点项目，论述了东海期货开展的"猪饲料成本指数价格保险"试点、南华期货开展的"生猪价格保险"和"生猪养殖利润指数保险"试点、美尔雅期货开展的"生猪价格保险"等试点项目的实践做法。

第五章

价格预期、风险态度与规模经营户农产品销售方式选择

第一节　引言

长期以来，经营规模过小是阻碍中国实现农业现代化的重要原因之一（郭熙保、白松涛，2013）。经营规模的扩大有助于提高土地产出率和农业劳动生产率，克服细碎化经营的弊端（刘强等，2017），因此土地规模经营已经成为中国农业发展的必然趋势和保障粮食安全的重要途径。近年来，各级政府出台了一系列政策支持土地规模经营。2013年的中央一号文件明确提出"鼓励和支持承包土地向专业大户、家庭农场、农民合作社流转，发展多种形式的适度规模经营"。这之后，每年包括中央一号文件在内的众多政府文件都会出现类似于"鼓励适度土地规模经营"的表述（罗玉峰，2017）。在这样的背景下，中国的规模经营户①数量增长迅速，土地经营的规模稳步扩大。

规模经营户产品销售方式的选择与价格对其生产价值的实现和稳定

---

① 本章的规模经营户是指有主动转入土地，通过扩大经营规模来进行专业化农业生产的农户。之所以这样界定，是因为中国仍然是一个农村地区以小农户为主的国家。国家统计局的数据显示，2017年中国的户均耕地面积仅为0.3公顷/户，非常细碎化。正是由于上述特点，在目前有关中国农业规模经营的研究中，有两种标准来界定规模经营户。一种是直接看绝对面积的大小（许庆等，2020），另一种是根据农户是否有转入土地来进行界定（柳凌韵和周宏，2017；徐志刚等，2017；朱臻等，2021）。本章采取的标准是后者，即只要有通过转入土地来扩大经营规模就被视为规模经营户。

经营至关重要。与普通小农相比，规模经营户的经营面积大，专业化程度高，家庭对农业收入的依赖程度高（李朝柱等，2019），因此往往对农产品价格的变化较为敏感。市场价格有两个特点会影响规模经营户的销售行为，一方面，农产品价格水平的变化趋势是难以确定的，比如是否会上涨以及何时会上涨都很难提前做出准确的判断；另一方面，农产品的价格也会表现出常态化的波动，这使得潜在的价格风险可能对经营的稳定性产生直接的冲击（Saha and Stroud，1994；Isengildina and Hudson，2001；徐志刚等，2017）。因此，对于需要同时兼顾利润和风险的规模经营户而言，如何选择合理的产品销售方式来实现经济价值的最大化就显得尤为重要。

在保险、期货和产品市场不完全的条件下，中国规模经营户的销售方式选择不仅多元化，而且其对价格的预期能力以及厌恶价格风险的程度有直接的关联。一方面，中国的保险市场和期货市场还并不完全，农产品价格保险和收入保险的起步时间都不长（田辉，2016；李婷婷等，2020），期货主要的面向对象是农业加工商、贸易商等小微型企业，多数规模经营户还不具备通过保险和期货管理农产品价格风险的能力。因此，他们的销售行为决策也变得更加复杂。除了在收获后短期内集中上市销售以外，有些规模经营户可能会选择在几个月后再把农产品一次性全部卖掉；还有的规模经营户则会采取分批分时段的策略来销售。另一方面，中国的农产品市场也是不完全的，比如就粮食产业而言，一些主粮仍然在实施最低收购价政策，因此价格的波动幅度相对较小（曹慧等，2017；普蓂喆等，2019）。对于身处其中的规模经营户而言，他们的销售行为决策将首先取决于其对农产品价格水平变化趋势的预期，即认为未来农产品价格会上涨还是下跌；其次还取决于其主观的风险厌恶态度，即是否会因为厌恶价格风险而采取措施应对农产品价格的波动。

对于农户的销售行为与方式选择，学界已积累了许多文献，但专门在市场不完全条件下考察价格预期和风险厌恶态度影响土地规模经营户销售方式选择的研究还很鲜见。其一，大多数学者研究销售行为的对象是发展中国家的普通农户，即"小农"。他们发现，尽管市场上粮食等农产品经常会出现季节性的价格波动，但这些国家的普通农户似乎很少借此机会来实现跨期套利，多半在收获后就销售掉，无论他是来自肯尼亚、埃塞俄比亚等非洲国家，还是来自中国这样幅员辽阔的亚洲国家（Gabriel and Hundie，2006；柳海燕等，2011；Basu and Wong，2015；Aggarwal et al.，2018；Kadjo et al.，2018；Burke et al.，2019；Dillon，2021）。这可能与这些农户容易受到流动性约束有关，因此在家庭支出（例如子女学费、医疗账单、突发事件支出等）和信贷偿还的双重压力下，他们可能无法通过储存和延期销售来增加收入，尤其是对于穷人而言（Stephens and Barrett，2011；Sun et al.，2013）。交易成本也是影响发展中国家普通农户销售行为的重要因素。因为这些普通农户在销售农产品的过程中，需要依次寻找买家、进行谈判并及时收款。因此，他们是否在市场上出售农产品，以及选择通过何种渠道和地点来销售农产品，都将受到交易成本的直接影响（Bellemare and Barrett，2006；Woldie and Nuppenau，2009）。那些离市场距离近、基础设施条件好的农户可能更倾向于直接销售（Shilpi and Umali-Deininger，2008）。除此之外，储存条件也会直接影响发展中国家普通农户的销售行为（柳海燕等，2011；Aggarwal et al.，2018；Kadjo et al.，2018；Tesfaye and Tirivayi，2018）。其二，少部分学者对规模经营户的农产品销售行为展开了研究。这些文章主要聚焦于发达国家，因为发达国家的农业现代化水平更高，农户也以大规模居多。他们发现，规模经营户在销售农产品时会表现出处置效应。这意味着农民在价格高时会更迅速地出售他们的产品，而在价格低时会更犹豫不决（Vollmer et al.，2019）。对于那些同时种植不同品种的农产品的规模经营户而言，农产品价格溢价的季节性变化将使得其有机会调整销售策略，以获取更高的利润（Loy et al.，2015）。并且和发展中国家的普通农户相比，发达国家的规模经营户可能更有机会借助期货、期权等金融衍生品来实现套期保值，从而提高销售收入（Patrick et al.，1998；Tomek and Peterson，2001）。尽管前人对于农户的销售行为已经有诸多研究，但可能还存在以下可以进一步挖掘的空间。一是对销售方式的界定相对粗放，多是以销售时间或者销售对象作为单一的属性来界定销售方式，不能完全反映在市场不完全条件下规模经营户更加复杂的销售行为决策。二是关于规模经营户的销售行为的研究，主要聚焦的是发达国家及其金融衍生品市场，不完全适用于发展中国家；而关于发展中国家的农户销售行为的研究则主要围绕着普通农户及其要素禀赋的影响展开，忽视了农户主观的态度和价格预期能力在其中所扮演的作用。

为此，本章将以粮食产业为例，以价格预期和风险厌恶态度为视角，借助来自中国4个省的调查数据，实证研究在保险、期货和产品市场不完全的条件下，中国的规模经营户是如何选择合适的销售方式的。在本章中，粮食规模经营户的销售方式按照销售时间和销售次数被划分为三种不同的类型。本章的总体目标是了解像中国这样的发展中国家的规模经营户的异质性销售行为，这反过来会有助于政策制定者引导规模经营户有效应对农产品价格波动并提高收入。

和前人的研究相比，本章的创新点和边际贡献可能主要体现在以下两个方面：一是同时按照销售方式的不同属性——销售时间（何时卖）和销售次数（卖几次）来界定规模经营户的销售行为，区别于前人研究多仅以是否有库存作为划分标准，在对销售方式的界定上更加细致和科学。二是结合中国保险、期货与产品市场的现实情况，构建了一个市场不完全条件下的规模经营户销售决策分析框架，同时从价格预期和风险厌恶态度两个视角，揭示了规模经营户的销售决策在利润与风险之间的权衡情况，有助于深入理解其销售行为的特点。除此之外，本章还采用了实验经济学的方法来测度其中一个关键变量——规模经营户的风险厌恶态度，进一步提高了结果的可信度。

第二节　分析框架

一　粮食规模经营户的销售行为及其方式

农户销售粮食是为了满足自身的两大需要。第一种是满足家庭的各类开支。比如，农户销售粮食的所得可以用于购买柴米油盐酱醋茶等必需品，或者承担子女的教育费用，抑或是支付日常人情支出所需的现金，从而满足自身的生存、发展和社交需要。第二种是在家庭各类开支已经得到满足的情况下，谋求尽可能多的利润并确保风险可控，从而实现利润最大化和风险最小化的双重目标（徐芳，2002）。其中，前一种需要更加刚性，尤其是对于缺乏流动性的农户而言，无论粮价的高低，他们都不得不主动售卖。相较之下，后一种需要的弹性要大很多，农民可以择机而售（徐雪高，2011）。本章将主要关注在后一种需要下粮食规模经营户的销售行为特点。

对于开展土地规模经营的粮食种植户而言，实现利润最大化和风险最小化对其很重要。由于种植面积大且前期投入多，规模经营户往往很看重粮食价格的高低，希望能够谋求尽可能多的利润。但如果粮食价格出现明显的波动或者不符合预期，规模经营户的收入也会受到直接的冲击，甚至可能"血本无归"。因此，他们在追求高利润的同时，也希望能够规避粮食的价格风险。正是由于这两个目标的同时存在，规模经营户才会采取多元化的销售方式，比如在销售的次数和时间节点上更具弹性。

据此，在不考虑借助外部合约①的情况下，本章根据粮食规模经营户的销售次数以及最后一次销售的时间节点来对其销售行为进行分类。这里的销售次数是指规模经营户粮食可能卖了1次，也可能卖了多次；而销售的时间节点则是指规模经营户最后一次卖粮食可能是在收获（干燥）后即刻②，也可能是在收获（干燥）后过了一段时间。具体的分类情况如表5-1所示。

表5-1　　　　　　　　粮食规模经营户的销售方式分类

序号	总销售次数	第一次销售的时间节点	最后一次销售的时间节点	类型
1	1	收获（干燥）后即刻	收获（干燥）后即刻	单期当期销售
2	1	收获（干燥）后过了一段时间	收获（干燥）后过了一段时间	单期延期销售
3	>1	收获（干燥）后即刻	收获（干燥）后过了一段时间	分期销售
4	>1	收获（干燥）后过了一段时间	收获（干燥）后过了一段时间	分期销售

①　理论上来说，粮食规模经营户还可以借助订单等外部合约来销售粮食。但由于这些外部合约不需要规模经营户和市场直接接触，并且对当地是否有提供订单的收购商有要求，因此本章不予以关注，而只聚焦于由规模经营户自己直接将粮食卖到市场上的情况。

②　这里既包括规模经营户卖的是湿粮，也包括卖的是干粮，即在收获并干燥后才"即刻"出售粮食的情况。

如表 5-1 所示，粮食规模经营户的销售行为可以分为三种：单期当期销售、单期延期销售和分期销售。其中，规模经营户在收获（干燥）后就即刻把粮食一次性卖掉属于单期当期销售，对应于序号 1 中的情况。如果规模经营户在收获（干燥）后并没有即刻售粮，而是将所有的粮食先储存起来，过段时间再一次性全部卖掉，那么这种行为属于单期延期销售，对应于序号 2 中的情况。序号 3 和序号 4 中的规模经营户不仅储存粮食，还会将其分多次卖掉，属于分期销售。可以看出，单期延期销售和分期销售同属于延期销售，它们最主要的差别体现在销售次数上。前者的销售次数一定为一次；而后者无论在收获（干燥）后是否即刻售粮，其至少卖了两次。

二 中国不完全的市场条件

尽管中国已经成为世界第一的农业保险市场[①]，现有的农业保险体系也在被不断健全，但其主要的农业保险产品应对的还是生产环节的自然灾害风险，在农业市场价格风险方面的保障作用还相对有限。关于农产品价格保险、收入保险等险种的探索刚起步。在实际运行的过程中，这些保险也还存在约定目标价格不明确、投保门槛过高、地方政府补贴压力过大等问题。

对于规模经营户而言，中国的粮食期货市场也是不完全的。自 2014 年国务院颁布《关于进一步促进资本市场健康发展的若干意见》并明确表示要推进农产品期货市场的建设以来，中国的粮食期货市场稳步发展，目前在郑州和大连两大商品交易所已经上市了包括玉米、水稻、小麦和大豆等在内的多个粮食期货品种。但是除了部分"投机者"会参与其中外，这些粮食期货主要面向的是农业加工商、贸易商等小微型企业。尽管农户作为农产品的生产者在理论上也可以直接参与其中（夏天和程细玉，2006；廖杉杉和鲁钊阳，2013；Roussy et al.，2018），

---

① 根据中国保险行业协会发布的《中国保险业社会责任报告（2021）》，2021 年，中国农业保险实现保费收入 976 亿元，跃居全球第一，为 1.8 亿户次农户提供风险保障 4.7 万亿元，农业保险赔款成为农户灾后重建和恢复生产生活的重要资金来源。目前，中国已成为世界第一的农业保险大国。资料来源：薛瑾：《中国保险行业协会：2021 年中国农业保险保费收入 976 亿元跃居全球第一》，中证网，https://www.cs.com.cn/bx/202211/t20221117_6308762.html。

但现实中这种情况却很少见，即使对于规模经营户也是如此①（詹利娟等，2015）。这首先是因为中国的粮食期货市场起步较晚，目前还不够成熟，避险功能本身就无法得到充分的发挥。其次，无论农户的经营规模如何，有限的金融知识和较高的信息不对称程度都将制约其对期货有全面的认识。除了在特定的"保险+期货"试点地区，绝大多数农户不仅对期货一无所知，而且即便听说过，可能也意识不到它有助于管理价格风险。

除此之外，中国的粮食市场也是不完全的。比如，水稻和小麦的最低收购价格在每年播种前公布。到了收获季节，一旦市场价格低于上述价格，政府就会开始收购这些粮食作物。除了价格之外，中央政府每年还会公布全国各地的国家政策性粮食收储资格库点（市县两级）及其联系电话，规模经营户可以借此及时了解每年的粮食价格保护政策情况。不过，政策本身也具有一定的不确定性，使得粮食市场依然存在价格的波动，只是程度会比完全开放的市场要小很多。

三　市场条件不完全条件下粮食规模经营户的销售决策框架

在保险、期货和产品市场不完全的条件下，对于以利润最大化和风险最小化为目标的粮食规模经营户而言，当面对外生的价格冲击时，他们的销售行为决策是在综合考虑价格预期和风险厌恶态度后做出的。在利润最大化和风险最小化的目标下，粮食规模经营户一方面会有动机去"追涨"，即根据对粮食价格水平变化趋势的判断来调整销售的时间节点，另一方面也可能会通过调整销售次数来主动管理价格风险。具体如下②：

---

① 詹利娟等（2015）对中国山东省规模农户的调查结果显示，有43.50%的规模农户完全不了解农产品期货；其余56.50%的规模农户中有68.76%不愿意参加农产品期货交易，剩下的31.24%持观望态度。事实上，笔者在对黑龙江、河南、四川和浙江四省实地调研的过程中也没有获得直接参与期货市场的农户样本。

② 需要特别说明的是，本章在该分析框架中并没有专门考虑交易成本因素。尽管交易成本的多寡在理论上可能会影响销售次数，尤其是对于那些希望通过限制销售次数来降低交易成本的规模农户而言，但是中国的实际情况使得交易成本很难成为一个决定规模农户销售方式选择的核心因素。这一方面是因为中国农村的粮食销售非常方便，不仅有完整的多级收购服务体系，而且收购商还会主动提供其他服务，规模农户无须投入过多的劳动力和时间；另一方面，在中国的农村地区，大多数家中都有老人或者妇女，可以及时询价。因此，本章主要聚焦规模农户的价格预期和风险厌恶态度对其销售方式选择的影响。

一方面，粮食规模经营户会对价格水平的变化趋势做出价格预期。价格预期是指个人或家庭对未来价格水平的变动趋势所做出的预计。由于相比城镇家庭，粮食规模经营户的受教育水平普遍较低，加之很难完全掌握全部信息，因此有限理性的他们会首先对通过自身经验以及社会网络所获得的信息进行加工，然后做出判断，未来几个月内价格是会上涨还是下跌。这种价格预期的能力将决定粮食规模经营户能否实现利润最大化的目标。

对于规模经营户而言，尽管丰收后的价格水平变化趋势是不确定的，但采取何种销售方式来应对粮价的上涨和下跌是确定的。其理性的销售行为是在高价时再出售粮食，这也符合利润最大化的目标（柳海燕等，2011；Sun et al.，2013；Burke et al.，2019）。因此，如果规模经营户基于经验和加工过的市场信息，预期未来的粮食价格季节性上涨的话，那么他们就会选择单期延期销售或者是分期销售的方式，即将一部分粮食储存起来，等待预期的高价时机来临后再卖掉，而非进行单期当期销售。事实上，粮食价格的变化是有一定的季节性上涨的趋势的。

据此，本章提出**假说 5-1：和单期当期销售相比，规模经营户在收获后越预期粮价上涨，就越会选择分期销售或者单期延期销售的方式。**

另一方面，粮食规模经营户对价格波动的反应主要取决于其主观的风险厌恶态度。美欧日韩等主要发达国家和地区自 20 世纪 90 年代开始就积极推动农业政策从价格支持向直接补贴转变，目前已经很少使用会严重扭曲市场的政策措施（Baffes and Meerman，1998），而中国的粮食市场还在实施着价格支持政策。因此，尽管中国的粮食市场仍然存在一定程度上的价格波动，但和国际市场相比，如果不考虑价格水平的变化趋势，其整体的波动幅度要小很多（Gallagher，1978）。在这种情况下，中国的粮食规模经营户对价格波动的反应不再主要取决于他们的判断，而更多和其主观的风险态度有直接的关联，即他们到底在多大程度上厌恶风险。

在分析不同销售方式与价格风险之间的关系前，我们首先需要先理解中国规模经营户的价格风险管理行为特点。对于中国的规模经营户而言，无论采用哪种销售方式，粮食价格依然是有不确定性的。而考虑到价格风险是指由于粮食市场价格的波动而给规模经营户所带来的损失

（Saha and Stroud，1994；Isengildina and Hudson，2001；Park，2006），因此在比较不同销售方式的价格风险管理作用时，我们应当综合从"不确定性+损失"，即"数学期望"的视角去看待它。换句话说，对于厌恶风险的规模经营户而言，在风险最小化的目标下，他们追求的是"数学期望"不低于一定的水平。

不同的销售方式在价格风险管理上的作用是有差异的。其一，如第四章所述，分期销售可以分散粮食的价格风险（Flaten et al.，2005；Park，2006；徐雪高，2011）。这是因为无论是单期当期还是单期延期销售，它们都只有一次粮食的销售。规模经营户如果不想产生损失，那么他们必须保证这仅有的一次销售的粮食价格是理想的。显然，对于希望"数学期望"不低于一定水平的规模经营户而言，这两种销售方式具有"赌博"的性质。相较之下，分期销售的优点在于规模经营户有多次机会销售粮食，即使某次粮食出售的价格偏低，下次也有机会以更高的价格出售粮食，从而挽回前一次的损失，这将更加有可能保证总体的收益不低于规模经营户所希望的"数学期望"水平。因此，分期销售等同于和买方达成了若干个不同的销售合约，本质上就是利用这些具有异质性的合约去进行组合投资，将原本需要由粮食规模经营户来完全承担的价格风险给分散掉（Barrett and Dorosh，1996）。其二，单期延期销售由于只卖了一次，因此也难以分散价格风险。不仅如此，和单期当期销售相比，它的销售时间更晚，粮食价格波动的不确定性也要更高，因此选择这种销售方式的规模经营户应当承担了比单期当期销售更大的风险。综上所述，和单期当期销售行为相比，分期销售的风险更小，单期延期销售的风险更大。

正是因为上述差别，主观风险态度具有异质性的粮食规模经营户会选择不同的销售方式。由于分期销售可以分散价格风险，因此厌恶风险程度高的规模经营户会更加愿意选择这种方式。而单期延期销售有限的交易次数和未来价格波动的不确定性，使得对风险更加偏好的规模经营户才会更愿意选择这种方式。这类农户一般对自己价格预期的能力较为自信。

据此，本章提出**假说 5-2：和单期当期销售相比，规模经营户的风险厌恶程度越高，就越不会选择单期延期销售粮食，而会选择分期销售粮食。**

第三节 数据、计量经济模型与变量

一 数据

本章使用的数据来源于南京农业大学与中国农业科学院、中国人民大学于 2018 年 8 月组织的一次农户调查。该调查以问卷为基础，通过访问者和样本农户间的面对面访谈来进行。该调查采用了多阶段随机抽样和分层抽样方法。

一是在综合考虑粮食的种类、所处的地区和经济发展的情况后，选择 4 个地域跨度较大的省：浙江、河南、四川和黑龙江。这些省的粮食总产量占 2017 年中国粮食总产量的很大一部分。二是在每个样本省内，我们根据该省的地域分布和经济发展情况，随机选择 4 个样本县。三是在每个样本县中再基于同样的原则随机抽取 2 个乡镇。四是在每个乡镇中，按照户均耕地面积的 3—10 倍、10—20 倍以及 20 倍以上的标准，分层随机抽取 12 户的规模经营户[①]。由于非农就业程度较高或者少部分农户承包大量土地等原因，个别乡镇的规模经营户的数量可能原本就小于 12 户，此时我们将按照该乡镇实际的规模经营户数量来进行普查，而不再进行抽样。

在本次调查中，规模经营户指的是耕地经营面积为所在乡镇户均耕地经营面积 3 倍以上的农户，其余农户则被视为普通的粮食种植户。之所以以 3 倍为标准，是因为从 20 世纪 80 年代开始，中国原则上不再允许地方政府直接调整当地的土地分配。但因为某些原因，农户实际承包的土地面积还是会有些微的变化。比如，如果农户分家且老人过世，那么土地会留给子女；或者已经迁出农村的亲戚朋友将他们原本承包的土地直接交给农户等。这些情况可能使得部分农户原本承包的土地面积就达到了当地平均水平的 2 倍或更多，但一般很难超过 3 倍。因此，耕地

---

① 一是在正式调研前，课题组在每个省先行安排了两位研究生去各个乡镇打前站，在当地干部的协助下，把所在乡镇的规模经营户的名单全部编制出来，然后再按照户均耕地面积的 3—10 倍、10—20 倍以及 20 倍以上的标准来进行分层随机抽样。二是除了规模经营户，该调研也抽样了约 600 户普通农户，规模经营户和普通农户的样本数之比约为 3∶5。但是，因为本章的研究对象仅限于规模经营户，所以这里不作提及。

面积为户均 2 倍的有可能并不是自己主动转入土地来扩大农业规模经营的，而 3 倍及以上的通常都是有主动转入土地的行为的。以 3 倍为标准可以确保本章在实证研究中使用的规模经营户样本符合前文对规模经营户的定义。

在乡镇范围内确定规模经营户的抽样框并进行实际抽样的原因有两个。一是中国的规模经营户实际并没有那么多，如果直接在村层面抽样，那么不少行政村的规模经营户数量可能达不到抽样的标准。二是一个乡镇的不同村庄的耕地资源禀赋和人地关系尽管有差别，但并不会太大，因此以乡镇为标准来进行抽样将有助于保证规模经营户样本的数量和质量。最终，在每个乡镇大约 32 户的样本中，耕地经营面积为户均 3—10 倍的规模经营户为 5 户，10—20 倍的为 4 户，大于 20 倍的则为 3 户。

我们收集了农户 2017 年的家庭特征、土地、生产、投资、收入消费、信贷和收获后的销售行为等方面的信息，包括每个农户分别储存和销售了多少粮食，这些农户主要种植的粮食为玉米和水稻，它们也是中国产量最高的两种粮食。中国国家统计局的数据显示，两者在 2017 年的产量分别为 25907.07 万吨和 21267.59 万吨。样本农户们一般在每年的 5—6 月播种，10 月前后收获。

在剔除极个别数据缺失或者应当删除①的样本后，实际使用的种植粮食的规模经营户数量为 373 户。在这 373 户规模经营户中，种植玉米的为 194 户，种植水稻的为 179 户，占比分别为 52.01% 和 47.99%。

二 计量经济模型

为了研究市场不完全条件下粮食规模经营户的销售行为决策机制，本章设计如式（5-1）所示的计量经济模型。

$$P(sales_i = k \mid X_i) = mprobit(\alpha_{0i} + \alpha_1 priceatcp_i + \alpha_2 riskave_i + \pmb{\alpha Z}_i + \upsilon_i) \quad (5-1)$$

式（5-1）为 mprobit 模型。被解释变量为 $sales_i$，它表示第 i 个规模经营户在从 2017 年开始的一个完整市场年度内销售粮食的方式，一共有 3 个取值：1 表示单期当期销售，2 表示分期销售，3 表示单期延

---

① 如前所述，为了避免影响结果的准确性，本章在实证部分中去掉了选择通过订单农业来销售粮食的规模经营户样本。

期销售。核心解释变量为 $priceatcp_i$、$riskave_i$。其中，$priceatcp_i$ 表示第 i 个规模经营户在 2017 年收获的时候是否预期未来半年内粮食的价格上升，用于反映价格预期情况。之所以以半年为标准，是因为根据中国的现实情况（柳海燕等，2011；Sun et al.，2013；罗屹等，2020）以及课题组的调研情况，绝大部分规模经营户会在收获后的 6 个月内，即次年播种前将粮食全部销售掉，以确保有充足的现金流来用于新一年的粮食生产，而不是单纯依赖于借贷。$riskave_i$ 则表示第 i 个粮食规模经营户的风险厌恶程度，其具体测算情况详见本章的第三节。

Z_i 为一组控制变量，体现了粮食规模经营户的异质性。一是户主特征，包括了户主的年龄、户主的受教育年限、户主的知识禀赋。不同年龄、受教育程度和知识禀赋的家庭决策者可能会有不同的销售方式偏好。二是家庭特征，包括家中上学人数、流动性约束、财富、社会资本。家中上学的孩子多意味着需要负担的学费也多，这可能同流动性约束一样，使得规模经营户不得不放弃延期销售。财富多且社会资本丰富的规模经营户应对流动性压力的能力更强，因此更有可能愿意延期销售粮食。三是生产经营特征，包括了种植作物、简单仓储设施、优质仓储设施、耕地面积、是否从事养殖业。良好的仓储条件可能会使得规模经营户愿意延期销售。牲畜在中国，常常被视为农村地区的资产，可以兑现以应付流动性约束，因此同时从事养殖业的规模经营户可能提早销售粮食的动机相对较小。种植的作物以及经营的耕地规模不同的农户在选择销售粮食的方式时可能也有所差异。四是其他变量，包括对待生产风险的态度、时间偏好、所在村离乡政府距离以及黑龙江、河南和四川三省的虚拟变量。放入控制变量对待生产风险的态度，有利于核心解释变量风险厌恶程度更加准确地反映规模经营户对待价格风险的态度。规模经营户的时间偏好越强，可能就越没有耐心，越倾向于早早销售。所在村离乡政府距离和黑龙江、河南和四川三省的虚拟变量是想分别在村层面和省层面控制非观测效应，以弱化不可观测的异质性所带来的影响。

鉴于核心解释变量价格预期（$priceatcp$）可能存在内生性问题，本章为其引入滞后项"3 年前的价格预期"（$priceatcp_{i,t-3}$）作为工具变量，它表示第 i 个规模经营户在 2014 年收获的时候是否预期未来半年内粮食的价格上升。以其作为工具变量主要有两个方面的原因：一是规模经营户过去对粮食价格的预期情况应当会影响其在当期对粮食价格的预期情况。后面的弱工具变量检验的 F 值也都远大于 10，证明了该工具变量的相关性。二是规模经营户应当主要基于当前的粮食价格情况、从亲戚朋友那获得的最新信息以及过去的售粮经验来决定如何销售粮食，其在 3 年前对当时价格的预期应当不会直接影响其在 3 年后的粮食销售计划。我们在以"3 年前的价格预期"（$priceatcp_{i,t-3}$）为解释变量进行回归时也发现，无论是否放入核心解释变量，该变量都不会显著影响被解释变量。因此，在控制了诸多可能会影响粮食规模经营户销售方式选择的因素后，该变量应当与式（5-1）的残差项的关系相对较小，基本符合工具变量的外生性要求。

在此基础上，本章将采用 Roodman（2011）提出的工具变量条件混合过程估计法（Conditional Mixed Process，CMP），来处理式（5-1）mprobit 模型中可能存在的内生性问题。相对于传统的工具变量法，条件混合过程估计法可以识别出各种类型的内生解释变量和被解释变量间的因果关系，无论这两个变量是连续的、多元的还是有序离散的。具体而言，条件混合过程估计法以似不相关回归为基础，基于极大似然估计法构建递归方程组从而实现两阶段回归。该方法包含了两个方程。一个方程以内生的价格预期变量为被解释变量，以工具变量为解释变量，同时加入除价格预期外的其他解释变量。另一个方程则用于估计规模经营户的价格预期对其销售方式选择的净影响。其中，后一个方程就是本章在实证部分所关注的，也是我们会具体报告结果的。

三 关键变量测度

为了提高实证结果的准确性，针对核心解释变量 $riskave_i$，本章将通过实验经济学的方法来予以度量。在综合参考了 Tanaka 等（2010）、Liu（2013）、仇焕广等（2014）和 Mao 等（2019）的做法后，设计了如下的实验方案。

被访农户将参与一个包括三个阶段在内的抽奖游戏。在第一阶段，首先由调查员在一个不透明的袋子中放入 3 个白色的乒乓球和 3 个黄色的乒乓球。然后，由其向农户解释游戏规则：抽到白球或黄球会分别给予相应的现金奖励，并且具体的奖励方案可以由农户提前选择。在第二阶段，调查员提供 10 套游戏，每套游戏的奖励方案都包括了 A 和 B 两个选项，两个选项的风险不一样。其中，A 选项对应的是低风险的奖励方法，即无论抽到白球或黄球都支付给农户 20 元；B 选项对应的是高风险的奖励方法，即抽到白球或黄球支付的金额是不同的且抽到黄球支付的金额更多，比如抽到白球的农户可以得到 18 元、抽到黄球则是 22 元。在这 10 套游戏的奖励方案中，A 选项从始至终都维持不变，即固定支付 20 元；B 选项在前 3 套维持期望为 20 元不变但方差变化，第 4 套在方差变化的同时期望也上升为 25 元，之后的每一套和第 4 套相比都维持期望为 25 元不变但方差变化。具体情况如表 5-2 所示。然后由农户依次对 10 套游戏的奖励方案做出选择，即在每一套游戏中是按照低风险的 A 选项还是高风险的 B 选项来进行奖励。在第三阶段，先由农户在 10 套游戏中，通过抽签的方式随机选择 1 套。然后，农户按照游戏规则在调查员提供的袋子中抽取 1 个球，并根据其选择的奖励方案进行兑奖。

每位被访农户一般需要 20 分钟完成该实验。根据调查结果，所有样本村在 2017 年农忙时一天的女性雇工工价约为 113.74 元，而 20 元的期望相当于日平均工资的 17.58%。因此，本实验的奖励金额对被访农户是有一定激励的。

表 5-2   10 套游戏的奖励方案设计及其结果

游戏编号	奖励方案 A 选项（元）		奖励方案 B 选项（元）		选择 A 选项的粮食规模经营户占比（%）
	白球	黄球	白球	黄球	
1	20	20	18	22	50.67
2	20	20	17	23	57.68
3	20	20	15	25	64.15
4	20	20	15	35	35.31
5	20	20	13	37	38.54
6	20	20	10	40	43.94
7	20	20	8	42	49.06
8	20	20	7	43	50.94
9	20	20	5	45	55.53

续表

游戏编号	奖励方案 A 选项（元）		奖励方案 B 选项（元）		选择 A 选项的粮食规模
	白球	黄球	白球	黄球	经营户占比（％）
10	20	20	0	50	62.80

注：在编号为 4 的游戏奖励方案中，选择 A 选项的粮食规模经营户占比明显低于编号为 3 的游戏奖励方案。这是因为和第 3 套游戏相比，第 4 套游戏的 B 方案不仅方差改变，而且期望也明显增加了，因此在本调查中多数粮食规模经营户做出了相对理性的决策，即选择 B 选项。这样设计是考虑到投资风险一般与期望和方差两者均有关系。

根据粮食规模经营户的选择结果，本章可以计算出其风险厌恶程度。借鉴仇焕广等（2014）的做法，风险厌恶系数＝粮食规模经营户选择 A 选项的个数/10。当风险厌恶系数＝1 的时候，被访问的粮食规模经营户极端厌恶风险；当风险厌恶系数＝0 的时候，被访问的粮食规模经营户极端偏好风险；当风险厌恶系数＝0.5 时，则说明粮食规模经营户为风险中性，因为此时其恰好处于极端厌恶风险和极端偏好风险正中间。事实上，大多数粮食规模经营户的风险态度应该也是位于两者之间的。

需要特别说明的是，尽管本章对风险态度的度量方法可能并不完全针对前文所关注的价格风险，但我们认为其应当还是能够解释规模经营户对价格风险的态度和其销售方式选择之间的关系。这主要是因为：在一定程度上，同一个人在很多方面应当有相似的风险态度，比如他是否在很多事情上愿意冒险（米建伟等，2012）。尤其是在农业生产经营领域，同一个农户的"风险厌恶"可能会影响其在农业生产中的各种决策和投资（Cardenas and Carpenter，2005），厌恶生产风险的农户往往也厌恶价格风险，他们在生产经营领域天生就不愿意冒险（毛慧等，2018）。因此，即使"风险厌恶态度"变量没有完全将规模经营户对待价格风险的态度区分出来，但至少其也是能反映规模经营户对待价格风险的态度的，即该变量取值很小的规模经营户往往对价格风险也是非常厌恶的。作为本章的核心解释变量应当是可以接受的。另外，本章还放入控制变量对待生产风险的态度，以希望尽可能地让核心变量风险厌恶程度可以精准地反映规模经营户对待价格风险的态度，进一步提高实证结果的准确性。

除地区虚拟变量以外，本章主要变量的含义和描述性统计结果如表5-3所示。

表 5-3 变量说明及描述性统计

变量代码	变量名称	说明	均值	标准差
$sales$	销售方式	从2017年开始的一个完整市场年度内销售粮食的方式：1=单期当期销售，2=分期销售，3=单期延期销售	1.20	0.47
$priceatcp$	价格预期	2017年在收获的时候是否预期未来半年内粮食的价格上升：是=1，否=0	0.46	0.50
$priceatcp_{t-3}$	3年前的价格预期	2014年在收获的时候是否预期未来半年内粮食的价格上升：是=1，否=0	0.53	0.50
$riskave$	风险厌恶态度	选择A选项的个数占比，取值为0、0.1、0.2、0.3、0.4、0.5、0.6、0.7、0.8、0.9、1中间的任意一个；取值越大，粮食规模经营户越厌恶风险	0.51	0.41
age	户主年龄	户主在2017年的年龄（岁）	51.79	10.31
edu	户主受教育年限	截至2017年，户主的实际受教育年限（年）	7.17	3.10
$school$	家中上学人数	2017年家中上学的人口数量（人）	0.73	0.83
$plant$	种植作物	2017年种植的粮食作物：玉米=1，水稻=0；对于同时种植两种作物的规模经营户，取其种植面积更大的那种	0.52	0.50
$simplestorage$	简单仓储设施	2017年是否拥有简单的粮食仓储设施：是=1，否=0	0.06	0.24
$goodstorage$	优质仓储设施	2017年是否拥有良好的（防鼠、防风、防雨、带干燥设备）仓储设施：是=1，否=0	0.09	0.28
$land$	耕地面积	2017年的耕地面积（亩）	151.78	230.92
$animal$	从事养殖业	2017年是否同时从事养殖业（养鸡100只、养猪5头以上等）：是=1，否=0	0.16	0.36
$liquidity$	流动性约束	2017年是否有需要在春节前偿还的借贷：是=1，否=0	0.38	0.50
$know$	知识禀赋	2017年是否认为有办法降低因价格波动而带来的损失：是=1，否=0	0.17	0.38
$lnwealth$	财富	2017年房屋价值和活期存款金额之和（元）的对数值	11.68	1.57

续表

变量代码	变量名称	说明	均值	标准差
social	社会资本	2017 年借钱金额较大时可以借到钱的亲戚朋友数量（人）	4.45	6.45
proaverse	对生产风险的态度	若有尝试种植新品种的计划且原来的亩产为 1000 斤，会选择市场上的以下哪种：亩产 900—1100 斤范围内波动 = 1；亩产 800—1300 斤范围波动 = 2；亩产 700—1600 斤范围波动 = 3；亩产 600—1800 斤范围波动 = 4	2.62	1.39
timepre	时间偏好	同样采用实验经济学的方法来度量，取值为 0—11 的整数（包含 0 和 11）；取值越高，粮食规模经营户的时间偏好越强	3.68	3.01
distance	村离乡政府距离	所在村到乡政府的距离（公里）	5.21	4.26

第四节 实证结果与讨论

一 描述性统计

表 5-4 和表 5-5 用 t 检验比较了不同销售方式下粮食规模经营户的特征差异。

第一，在选择分期或者单期延期销售的规模经营户中，做出价格预期的样本占比分别为 62% 和 91%，均远大于其在单期当期销售规模经营户中的占比 42%，且在 1% 的水平下通过了显著性检验。可以看出，那些预期未来粮食价格水平上涨的规模经营户会更倾向于延期销售，无论最终是卖一次还是多次。

第二，选择分期和单期延期销售的规模经营户的风险厌恶系数的均值分别为 0.60 和 0.20，而选择单期当期销售的规模经营户的均值为 0.51，不仅介于两者之间，而且分别在 10% 和 5% 的水平下通过了显著性检验。这意味着，面对粮食价格的常态化波动，较为厌恶风险的规模经营户会倾向于分多次卖，以此来分散价格风险；而更加偏好风险的规模经营户则会选择过段时间一次性卖掉，以博取最高的利润。

第三，在诸多控制变量中，简单仓储设施、优质仓储设施、流动性约束、知识禀赋和对生产风险的态度变量在不同销售方式下的差异较大。其中，就简单仓储设施、优质仓储设施和知识禀赋而言，单期当期销售的规模经营户的均值远小于分期和单期延期销售的规模经营户，且均通过了显著性检验，说明有仓储条件和充足的知识禀赋是延期销售的前提。就流动性约束而言，和单期当期销售的规模经营户相比，分期和单期延期销售规模经营户的均值明显更低，且在1%的水平下显著。如果规模经营户在收获后有偿还债务的压力，那么受到流动性约束的他们就不得不选择立即把粮食全部卖掉以便于偿还贷款，而不会去考虑其他销售方式。另外，就对生产风险的态度而言，单期当期销售的规模经营户的均值位于分期销售和单期延期销售的规模经营户之间。这说明同一个规模经营户的"风险厌恶"可能会影响其在农业生产中的各种决策和投资，厌恶生产风险的农户往往也厌恶价格风险，他们在生产经营领域天生就不愿意冒险。综上所述，前文提出的假说能够在表5-4和表5-5中得到初步的验证。

表5-4 单期当期销售和分期销售方式下粮食规模经营户的
特征差异比较（t检验）

特征	单期当期销售	分期销售	差值及其显著性
储存率	0.00	51.71	−51.71***
价格预期	0.42	0.62	−0.19***
风险厌恶态度	0.51	0.60	−0.09*
户主年龄	51.97	51.10	0.87
户主受教育年限	7.10	7.52	−0.42
家中上学人数	0.76	0.56	0.20
种植作物	0.54	0.39	0.15**
简单仓储设施	0.02	0.27	−0.25***
优质仓储设施	0.03	0.42	−0.40***
耕地面积	158.11	116.34	41.77
从事养殖业	0.13	0.29	−0.16***
流动性约束	0.44	0.12	0.32***
知识禀赋	0.11	0.39	−0.27***
财富	11.69	11.68	0.01

续表

特征	单期当期销售	分期销售	差值及其显著性
社会资本	4.64	3.48	1.16
对生产风险的态度	2.59	2.94	−0.35*
时间偏好	3.81	3.12	0.70
村离乡政府距离	5.18	5.20	−0.02

注：本表格报告的结果为均值。储存率的单位为%。*、**和***分别表示在10%、5%和1%的水平下显著；下同。

表5-5 单期当期销售和单期延期销售方式下粮食规模经营户的特征差异比较（t检验）

特征	单期当期销售	单期延期销售	差值及其显著性
储存率	0.00	100	−100***
价格预期	0.42	0.91	−0.49***
风险厌恶态度	0.51	0.20	0.31**
户主年龄	51.97	50.28	1.69
户主受教育年限	7.10	7.46	−0.36
家中上学人数	0.76	0.64	0.13
种植作物	0.54	0.73	−0.19
简单仓储设施	0.02	0.09	−0.07*
优质仓储设施	0.03	0.18	−0.16***
耕地面积	158.11	140.77	17.34
从事养殖业	0.13	0.18	−0.05
流动性约束	0.44	0.09	0.35***
知识禀赋	0.11	0.73	−0.61***
财富	11.69	11.46	0.23
社会资本	4.64	3.55	1.10
对生产风险的态度	2.59	2.06	0.53*
时间偏好	3.81	2.55	1.27
村离乡政府距离	5.18	6.09	−0.91

二 回归结果及分析

表 5-6 为价格预期和风险厌恶态度影响粮食规模经营户选择销售方式的 mprobit 模型的估计结果。其中，第（1）列为没有处理内生性的估计结果，第（2）列为处理过内生性问题后的估计结果。

使用 mprobit 模型的前提是其服从 IIA 假定。就本研究而言，在给定选择分期销售或单期延期销售的条件下，规模经营户选择其中一种销售方式的条件概率与是否存在单期当期销售的选择无关。对于该假定，我们可以通过 Hausman 检验来判别是否成立，该检验的原假设为模型服从 IIA 假定。当被解释变量销售方式的取值为 2 和 3 时，豪斯曼检验的 chi^2 分别为 6.45 和 13.39，无法拒绝原假设，说明选用 mprobit 模型是合适的，因为该模型服从 IIA 假定。

另外，如果第（2）列中所使用的工具变量与内生解释变量完全不相关或者仅仅微弱地相关，那么工具变量法的估计结果就会很不准确。为进一步检验 CMP 模型中工具变量的有效性，本章参考现有文献做法（Chyi and Mao，2012），借用线性模型的弱工具变量检验方法，对第（2）列中的回归进行检验。该检验的原假设为工具变量的系数为 0。如果此检验的 F 统计量大于 10，则可以拒绝原假设，即不存在弱工具变量问题。根据表 5-6，第（2）列的弱工具变量检验的 F 统计量为62.85，且在 1% 的水平下显著，故该工具变量与内生解释变量有很强的相关性。

表 5-6　价格预期和风险厌恶态度影响粮食规模经营户销售方式
选择的 mprobit 模型估计结果

变量	（1）		（2）工具变量法	
	2＝分期销售	3＝单期延期销售	2＝分期销售	3＝单期延期销售
价格预期	0.771 * (0.394)	2.985 ** (1.331)	0.872 ** (0.368)	1.883 * (1.133)
风险厌恶态度	1.196 ** (0.492)	-3.291 ** (1.398)	1.357 *** (0.491)	-2.579 ** (1.150)
户主年龄	-0.037 (0.024)	-0.019 (0.040)	-0.027 (0.023)	-0.002 (0.033)

续表

变量	（1）		（2）工具变量法	
	2＝分期销售	3＝单期延期销售	2＝分期销售	3＝单期延期销售
户主受教育年限	0.092* (0.053)	0.151 (0.152)	0.096* (0.051)	0.095 (0.102)
家中上学人数	-0.368 (0.239)	0.170 (0.467)	-0.315 (0.233)	0.025 (0.392)
种植作物	-0.319 (0.456)	-1.070 (1.062)	-0.436 (0.440)	-0.314 (0.894)
简单仓储设施	3.563*** (0.583)	2.677** (1.209)	3.440*** (0.583)	1.798* (1.060)
优质仓储设施	2.949*** (0.521)	2.021** (0.972)	2.785*** (0.479)	1.623* (0.963)
耕地面积	-0.002 (0.002)	-0.007 (0.005)	-0.002 (0.002)	-0.005 (0.004)
从事养殖业	0.719 (0.470)	1.031 (0.993)	0.664 (0.433)	0.506 (0.849)
流动性约束	-1.525*** (0.460)	-1.582* (0.885)	-1.448*** (0.463)	-1.231* (0.725)
知识禀赋	0.834** (0.413)	3.338*** (1.145)	0.518* (0.311)	2.510** (1.050)
财富	-0.026 (0.130)	-0.226 (0.239)	-0.012 (0.132)	-0.116 (0.323)
社会资本	-0.056 (0.053)	-0.092 (0.072)	-0.053 (0.054)	-0.056 (0.061)
对生产风险的态度	0.172* (0.102)	-0.435* (0.238)	0.170* (0.102)	-0.419* (0.211)
时间偏好	-0.176** (0.070)	-0.243 (0.161)	-0.149** (0.069)	-0.119 (0.123)
村离乡政府距离	-0.021 (0.046)	0.068 (0.076)	-0.015 (0.046)	0.054 (0.061)
省虚拟变量	是	是	是	是
常数项	是	是	是	是
最大似然函数值	-88.2521		-279.3778	
弱工具变量检验 F 值	—		62.85	
Wald 检验	chi^2＝97.55		—	

变量	（1）		（2）工具变量法	
	2=分期销售	3=单期延期销售	2=分期销售	3=单期延期销售
LR 检验	—		$chi^2 = 361.02$	
观测值	373		373	

注：括号内为标准误；＊、＊＊、＊＊＊分别表示变量在10%、5%、1%的水平下通过了显著性检验；模型以 sales=1（单期当期销售）的规模经营户为基准组；下同。

一是无论被解释变量的取值如何，核心解释变量价格预期（$priceatcp$）的系数均在5%或10%的水平下正向显著。这说明规模经营户一旦根据经验和通过社会网络等获得的信息，预期粮食价格水平有季节性上涨的趋势，那么储存并延期销售粮食就将成为其理性的选择，无论最终是分多次还是一次性全部卖掉，因为这样可以谋求更多的利润。假说5-1得到了验证。二是当被解释变量的取值为2时，核心解释变量风险厌恶态度（$riskave$）的系数正向显著；而当被解释变量的取值为3时，风险厌恶态度（$riskave$）的系数则负向显著。在不完全的保险、期货和产品市场中，粮食规模经营户对价格波动的反应主要取决于其主观的风险态度，即他们是否会因为厌恶价格风险而采取专门的管理措施。风险态度具有异质性的粮食规模经营户会选择不同的销售方式来应对粮价的常态化波动。厌恶风险的规模经营户会选择卖多次，偏好风险的规模经营户则会在收获后的某个时间一次性全部卖掉。因为前者是一种可以分散粮食价格风险的方法和手段，它能在提高利润的同时降低风险；而后者则具有较强的冒险性，一旦选择销售的时间点不合理甚至可能产生不小的损失，因此只有那些极度看重利润的规模经营户才会大胆采用。假说5-2得到验证。

本章关于风险态度影响农户粮食销售行为的结果与 Isengildina 和 Hudson（2001）以及柳海燕等（2011）不一致。他们发现在不借助外部合约的情况下，农户的主观风险态度和其售粮行为之间没有明显的关系。就前一篇文章而言，这可能是因为作者关注的是金融市场更加完善的发达国家，当地的农户可以直接通过不同类型的套期保值工具来管理价格风险，这不完全符合中国这样的发展中国家的实际情况。就后一篇文章而言，这可能跟其样本同时包括了普通的粮食种植户有关。在中国，作为耕地面积较大的专业户，规模经营户的粮食经营的收入占比往往很高，所以他们会对粮食的价格风险比较敏感。而经营规模较小的普通农户大多数是兼业户，粮食的种植面积有限，其农业经营收入占家庭总收入的比重较低，非农就业收入的占比则相对较高。这使得他们的收入来源多样化，抵御收入风险的能力也相对较强，对粮食价格风险的敏感度可能就没有那么高了。因此，当在规模经营户的样本之外再加入普通农户时，"风险态度"对销售决策可能就不再有显著的影响。

控制变量的结果基本符合预期。变量简单仓储设施（simplestorage）、优质仓储设施（goodstorage）的系数正向显著。良好的仓储条件将有助于规模经营户储存粮食，从而实现分期和单期延期销售。变量流动性约束（liquidity）的系数负向显著。为了购买农资或者扩大农业生产，规模经营户可能会通过正规和非正规渠道借贷。当资金，尤其是短期资金来源于银行等正规金融机构时，规模经营户受制于其在财务结算方面的年度限制，一般会被要求在元旦前还款（柳海燕等，2011）。当资金来源于亲戚朋友等非正规渠道时，规模经营户则可能迫于中国农村地区的风俗习惯，在春节前就偿还借款（Sun et al.，2013）。因此，在收获后的1—2个月，他们可能会受到较强的流动性约束，不得不早早地出售粮食来获取用于偿还借贷的资金，而不会考虑分期或者单期延期销售。变量知识禀赋（know）的系数正向显著，说明规模经营户如果有足够的知识禀赋，即认为粮价的波动是有办法应对的，那么他才会采取特定的方式来谋求更多的利润。变量对生产风险的态度（proaverse）的系数在不同的被解释变量取值下分别正向和负向显著。这不仅使得核心变量风险厌恶态度（riskave）可以更加精准地反映规模经营户对待价格风险的态度对其销售行为的影响，而且也证明了同一个规模经营户在不同领域的风险态度往往是保持一致的。除此之外，变量户主受教育年限（edu）和时间偏好（timepre）只在被解释变量取值为2，即分期销售方式下，分别呈现正向和负向的显著影响。相比于一次卖光的单期延期销售，分期销售由于销售次数多、涉及的时间周期长，因此对规模经营户的能力要求更高，往往是那些受教育程度相对较高的规模经营户可能倾向于选择这种方式。另外，与时间偏好强的规模经营户相比，时间偏好弱的规模经营户的贴现率往往相对较低。因此，在面临幅度一致的价格上涨的情况下，对于时间偏好弱的规模经营户而言，未来价格贴现到当前的价值应当更高。此时，他将更加有动力在未来销售，因为和时间偏好强的规模经营户相比，其按照未来价格销售的现值比当前价格的领先幅度更大。据此，时间偏好越弱，粮食规模经营户越愿意分期销售。

三 稳健性检验

本章将在不放入除省虚拟变量以外的其他控制变量的情况下，确认核心解释变量的估计系数是否依然显著，并以此作为稳健性检验。估计结果如表5-7所示。

表 5-7 　　　　　　未放入控制变量的 mprobit 模型估计结果

变量	（1）		（2）工具变量法	
	2＝分期销售	3＝单期延期销售	2＝分期销售	3＝单期延期销售
价格预期	0.798*** （0.266）	1.657** （0.677）	1.090* （0.589）	0.822*** （0.295）
风险厌恶态度	0.607* （0.336）	−1.966*** （0.754）	0.611* （0.334）	−1.916** （0.747）
控制变量	否	否	否	否
省虚拟变量	是	是	是	是
常数项	是	是	是	是
最大似然函数值	−166.3175		−368.4304	
弱工具变量检验 F 值	—		62.98	
Wald 检验	$chi^2 = 47.29$		—	
LR 检验	—		$chi^2 = 158.39$	
观测值	373		373	

同表5-6一样，表5-7的第（1）列为没有处理内生性的估计结果，第（2）列为使用 cmp 命令处理过内生性问题后的估计结果。根据 IIA 检验的结果，当被解释变量销售方式的取值为2和3时，chi^2 分别为2.46和2.57，无法拒绝原假设，依然说明选用 mprobit 模型是合适的。可以看到，无论被解释变量的取值如何，无论是否处理内生性问题，在只放入省虚拟变量的情况下，核心解释变量价格预期

（*priceatcp*）和风险厌恶态度（*riskave*）的估计系数都在 1%—10% 的水平下显著，并且符号方向和表 5-6 中的结果一致。前文提出的假说 5-1 和假说 5-2 得到了进一步的验证。

第五节　本章小结

规模经营户是在价格预期的基础上，综合考虑自身的风险厌恶态度后，再选择合适的销售方式的。因此，在构建价格风险管理行为决策框架前，有必要先厘清价格预期、风险态度和规模经营户销售方式之间的关系。本章在保险、期货和产品市场不完全的条件下，以粮食产业为例，构建一个规模经营户的销售决策分析框架，揭示其不同销售方式选择的影响机理，并借助中国四省 373 户粮食规模经营户的实地调查数据和主观偏好实验测度数据，实证研究了中国的规模经营户的销售方式决策机制。研究发现：由于保险、期货和产品市场的不完全，中国的规模经营户在选择销售方式时，其对价格的预期能力与厌恶价格风险的程度会起重要决定作用。一是规模经营户粮食销售方式的选择取决于对未来价格水平变化趋势的判断。如果规模经营户预期粮食价格上涨，那么以利润最大化为目标的他们会选择延期销售粮食。二是厌恶价格风险的程度决定了规模经营户是否会采取措施来规避常态化的价格波动。一般厌恶风险的群体会倾向于分多次售粮（分期销售），因为这样可以分散粮食的价格风险，帮助其平衡好利润最大化和风险最小化的双重目标。而偏好风险的群体则会倾向于一次性卖掉（单期延期销售），因为他们对高利润极度看重、愿意冒险。和前人的研究相比，本章以土地规模经营户为研究对象，结合中国保险、期货与产品市场的现实情况，构建了一个市场不完全条件下的销售决策分析框架，具有一定的科学性和创新性。不足之处在于本章使用的是一期观察数据，难以直接控制不可观测的异质性问题，因此在实证设计上可能会有一些遗憾。

规模经营户的销售方式与价格对其生产价值实现和稳定经营至关重要。以上研究结论对于中国等发展中国家未来的农业规模化经营的发展思路有所启示。一是为规模经营户提供更多关于农产品价格方面的信息。由于受教育水平不高，很多规模经营户判断农产品价格趋势的能力有限，这会制约他们通过优化自身的销售行为决策来实现经济价值的最大化。因此，政府应当为他们提供更多关于农产品价格方面的知识和信息，使得其对未来价格变化趋势的判断能力有所提升，从而能够选择最理想的销售方式。二是为那些厌恶风险的规模经营户创造良好的、更加完善的市场条件。一方面，在不完全的市场条件下，单期延期销售和分期销售的前提是有良好的仓储设施和烘干设备。因此，政府应当考虑在财政和政策两个方面对规模经营户建造仓储设施和购买烘干设备给予一定的支持，让其有可能选择单期当期销售以外的其他销售方式。另一方面，政府还应当逐步完善保险市场、期货市场等。保险公司和期货交易所应当在政府的支持下积极创新产品，开发形式多样的价格保险、成本保险、收入保险和农产品期货，为规模经营户提供更多可以有效规避价格风险的成熟金融工具以及更加多样化的销售方式选择。

第六章

规模经营户价格风险管理决策及流动性约束的制约

第一节　引言

近年来，中国的土地规模化经营快速发展，规模经营户数量增长迅速，但是生产经营过程中的各类风险也在不断集聚，诸多现实问题被逐渐暴露出来。一方面，由于规模经营户的专业性强、农业收入占比高，传统的自然风险、价格风险和技术风险等可能带给其的绝对损失变得更大。另一方面，地租风险、雇佣劳动力风险和专用资产投资风险等一些新的风险点也日益凸显（徐志刚等，2017）。这不仅对规模经营户的正常生产经营产生了巨大的冲击（江激宇等，2016），而且也影响了粮食等农产品的稳定供应，不利于保障国家的粮食安全和食物安全。

在规模化经营的各类风险中，农产品价格风险对规模经营户的经营效益和稳定性的冲击最直接也可能最大，在市场不完全的条件下，管理价格风险对规模经营户而言非常重要。但是，中国农村地区的保险市场、期货市场和正规信贷市场还不完善，不仅能够满足农户需要的价格保险和期货工具还不够系统化（田辉，2016；李婷婷等，2020），而且也缺少条款设置灵活的信贷合约。由于规模经营户的产量较大，在这样不完全的市场中，他们实际面临的价格风险问题会更加严重。如何采取合理的销售方式来管理价格风险，对于规模经营户而言非常重要。

在现实中，不少规模经营户只是在收获后将农产品一次性销售到市场上，采用本章重点关注的风险转移（如订单农业）或者风险分散（如分期销售）方式主动管理价格风险的并不多。理论上，普通小农户耕地面积小、产品数量少，为了减少销售时间、成本投入以及储存损耗，倾向于选择一次性销售产品；而规模经营户经营面积大、产品多，进行价格风险管理应当是比较合理的选择。但现实中不少规模经营户也同样不进行价格风险管理或者采取的管理方式不合理，原因有二。一是与反映资本要素的流动性约束有关（柳海燕等，2011；Stephens and Barrett，2011；Burke et al.，2019）。规模经营户因为需要投资或者购买农资往往会在年初借款，到年底则需要偿还这些债务。这使得他们在收获后不久便面临流动性压力，无法采取某些特定的措施来应对价格的波动。二是与规模经营户的主观性偏好有关。因为不同的价格风险管理方式在收益、风险和资金占用等方面都有所差异，所以风险态度和时间偏好具有异质性的规模经营户的价格风险管理决策也不相同。厘清两方面因素背后的逻辑关系将有助于理解规模经营户的价格风险管理行为，促使规模经营户优化价格风险管理策略，增强土地规模化经营的稳定性。

如第二章所述，国内外学者对农户的价格风险管理行为已有不少研究。在中国的价格保险还不够普遍的情况下，常见的管理方式包括了订单农业和分期销售。在影响农户的价格风险管理行为的众多因素中，聚焦主观时间偏好的文章相对较少（Ruhinduka et al.，2020）。但有一些学者认为，受到的流动性约束越紧，农户越不会储存和推迟销售农产品（柳海燕等，2011；Stephens and Barrett，2011；Kadjo et al.，2018；Aggarwal et al.，2018；Burke et al.，2019），并且低支出水平的家庭会表现得更加明显（Sun et al.，2013）。上述研究对本章有所启发，但还存在有待完善的空间。一是已有文献一般不专门区分经营规模或者只是关注发展中国家普通小农的产品价格风险管理行为，很少关注规模经营户的具体情况，实际上这两者在生产经营方式的特点和自身的要素禀赋上都存在较大差异。二是对价格风险管理方式的理论分析稍显不足，大多仅限于指出有哪些方式，并未明确这些方式是分散、转移抑或是对冲了产品价格风险。三是缺乏在考虑主观性偏好的前提下，深入研究流动性约束对规模经营户价格风险管理行为决策影响的综合分析框架。

为此，本章将在第五章已经厘清规模经营户销售方式决策框架的基础上，以粮食产业为例，在市场不完全的条件下，针对规模经营户的价格风险管理行为，进一步构建一个理论分析框架，并在考虑风险与时间主观性偏好异质性的前提下，对流动性约束在其中的影响进行理论分析；利用来自中国黑龙江、河南、四川和浙江4省的调查数据进行实证研究，回答以下问题：风险态度具有异质性的规模经营户在保险、期货和信贷不完全的市场中，会采取哪些方式管理价格风险？流动性约束状况会如何限制或者影响其采用行为？时间偏好的强弱又会产生何种额外的影响？

本章可能的边际贡献在于：一是研究规模经营户的价格风险管理行为，有助于理解和识别规模经营户与小农户行为的异质性，为平稳推进中国的土地规模化经营和控制相关风险的政策制定提供依据。相比普通小农户，规模经营户种植面积大且多以农业为主要收入来源，较低的兼业程度导致非农就业的机会成本低，价格波动对其收入和经营稳定性的冲击大，其进行价格风险管理的诉求较高，条件也较好。二是通过建立一个分析框架来研究规模经营户的价格风险管理行为决策，将主观性偏好具有异质性的规模经营户的价格风险管理方式理论化，重点揭示流动性约束在其中的作用，明确背后的风险管理机制，保证了研究的一般性和科学性。

第二节　关于粮食规模经营户价格风险管理的分析框架

一　市场不完全条件下粮食规模经营户的价格风险管理决策框架

在保险、期货和信贷市场不完全的条件下，粮食规模经营户的价格风险管理决策是在综合考虑自身对价格风险的厌恶情况、时间偏好及所受到的流动性约束后做出的。如图6-1所示。

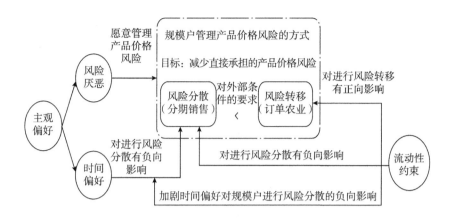

图 6-1 本章理论分析框架

其中，风险态度是指规模经营户在面对有正面或负面影响的粮食价格不确定性时，表现出的一种心智状态或者所采取的态度，即是否厌恶风险以及在多大程度上厌恶风险。时间偏好是指规模经营户在当前和未来之间更为偏好当前的"不耐心"现象（叶德珠等，2010；王稼琼等，2012），即相比于等待一段时间再售粮，其更愿意在收获后就立即出售粮食以享受资金的当前价值。借鉴柳海燕等（2011）、Sun 等（2013），本章将流动性约束界定为规模经营户在特定的时间点面临短期内有债务要偿还的情况。因为偿还债务需要额外的现金，所以规模经营户的流动性在需要偿债前的一段时间内将会受到限制。此时，短期还债压力越大，流动性约束就越紧。

风险转移和风险分散是本章在不完全的市场条件下主要探讨的两种管理价格风险的方式。前者是指在风险发生之前，通过各种交易活动把可能发生的风险转移给其他对象部分或者全部承担，减少自己因为承担风险而受到的损失；后者是指将一些不会同时发生的风险集中起来考虑，从而使得这一组合中发生风险损失的部分能够被其他未发生损失的部分补偿（Peng and Xu，2024）。结合粮食规模经营户的实际情况，在本章中，风险转移和风险分散分别指订单农业和分期销售。需要注意的是，尽管绝大多数情况下规模经营户只会选择其中一种方式，但从理论上而言，规模经营户也可能同时通过风险转移和风险分散来管理价格风险。

二 主观偏好异质性粮食规模经营户的价格风险管理行为及流动性约束的影响

（一）风险态度异质性的粮食规模经营户的价格风险管理行为

在没有跟任何人提前约定的情况下，规模经营户在收获后就将粮食一次性全部卖到市场上，这种行为可以被称为当期销售，即未对价格风险进行管理。与之相对的是，粮食规模经营户也可以通过风险转移和风险分散的方式来主动管理价格风险。

风险转移主要通过订单农业形式进行，是农户和作为收购方的企业或者合作社之间形成的一种远期合约安排。它对农产品的收购价格、质量等都提前做出了规定（Rehber，2000；郭红东，2005；Ruml and Parlasca，2022），农户在收获后就按照这些规定将粮食卖给收购方。由于买卖双方已经提前约定好了销售价格，农户不再需要直接面对粮食价格的波动，而是将风险成功转移给了收购方。并且，订单农业的这种风险转移功能会在规模经营户身上得到更好的体现。因为相比于弱势的普通农户，规模经营户对农村经纪人、合作社以及龙头企业的吸引力更大，他们属于产业链中的优质供货者。这些收购商为了与其加深联系，往往会尽可能地提供稳定的销售渠道，避免在订单中"显性违约"（Klein et al.，1978；Lajili et al.，1997）。因此，与传统的当期销售行为相比，厌恶风险的粮食规模经营户可以通过风险转移的方式来管理价格风险。

风险分散主要通过分期销售方式进行，是指农户采取分批分时段的方式多次销售粮食。如第四章所述，这种销售的弹性化被认为是应对价格风险的重要策略之一。并且相比于普通农户，分期销售的风险分散功能会在规模经营户身上得到更好的体现。因为粮食价格的变化是具有一定的周期性的，如果以收获作为价格波动周期的开始节点，那么丰收过后粮食的价格会下降一段时间，但过段时间又会慢慢上涨且会将涨势保持到次年丰收之前（Sun et al.，2013；Burke et al.，2019）。规模经营户在对过往的信息进行加工后，更容易掌握这种周期性的波动规律，从而更有能力分多次销售粮食。由此可以看出，与传统的当期销售行为相比，厌恶风险的粮食规模经营户也可以通过风险分散的方式来管理价格风险。

据此，**本章提出假说 6-1：厌恶风险的粮食规模经营户会通过风险转移或者风险分散的方式来管理价格风险。**

（二）流动性约束对粮食规模经营户价格风险管理行为的影响及时间偏好的强化效应

尽管粮食的价格风险可以被转移，但并不是所有的规模经营户都有条件采取风险转移这种方式。因为它需要有能够提供订单的收购商，因此粮食规模经营户能否进行风险转移会受到外部条件的直接影响。

在有订单农业的情况下，收购商常会以赊销的方式向规模经营户统一提供农资，以此来提高粮食品质或者推广新品种。在支付货款时，收购商则会自动扣掉赊销欠款的部分（马九杰等，2011）。因此，粮食规模经营户在收获后可能并不需要专门去还款，潜在的流动性压力减轻。这意味着不同的销售方式在减轻流动性约束的效果上可能有一定的差异，而这也会直接影响规模经营户的销售行为。由于风险转移的流动性约束相对较弱，如果当地有愿意提供订单的龙头企业或者合作社，那么容易受到流动性约束的规模经营户将会格外青睐这种方式，即更加愿意进行风险转移。

据此，本章提出假说 6-2：流动性约束越紧，粮食规模经营户就越会进行风险转移。

和风险转移相比，风险分散不受制于外部条件，更易实施。但在考虑了流动性约束和时间偏好后，粮食规模经营户反而可能不会愿意进行风险分散，主要有三个方面的原因。

第一，在风险分散方式下，规模经营户为了购买农资或者投资可能需要通过正规和非正规渠道借贷。当有短期资金来源于银行等正规金融机构时，规模经营户受制于其在财务结算方面的年度限制，一般会被要求在元旦前还款（柳海燕等，2011）。当资金来源于亲戚朋友等非正规渠道时，规模经营户则可能因为中国农村地区长期以来的风俗习惯，在春节前就要偿还借款（Sun et al.，2013）。因此，规模经营户在收获粮食后的1—2个月内可能会面临较强的流动性压力，他们不得不早早地出售粮食来获取用于偿还借贷的资金，而不会考虑分批分时段地销售。

第二，时间偏好强的粮食规模经营户也不会愿意风险分散。因为该方式最后一次售粮的时间常常与收获时间的间隔较长，所以规模经营户无法较早地获得全部的货款，有一部分货款甚至可能需要在大半年以后才能拿到。对于那些时间偏好强、重视资金当前价值的农户而言，他们会因为不愿意等待而不采用风险分散的方式来管理价格风险，反而是尽可能地在收获后就立即售粮（Ruhinduka et al.，2020）。

第三，时间偏好和流动性约束之间存在的交互影响会强化粮食规模经营户的上述决策。个体对时间的耐心程度取决于其资金状况和对应的时间形态。个体在现金流上面临的压力越大，其对当期资金流入优于未来流入的偏好也就越大（刘金山和贺琛，2018），希望尽早获得收入的意愿也就更加强烈。受到流动性约束的粮食规模经营户往往在现金流上面临较大的压力，因此时间偏好对于其分散价格风险的负面影响会被放大。相反，那些没有受到流动性约束的粮食规模经营户，因为耐心程度较高且有能力长时间地等待（Lahav et al.，2010；Shavit et al.，2013），所以时间偏好对其分散价格风险的负面影响也会相应降低。

据此，本章提出假说6-3：流动性约束越紧、时间偏好程度越高，粮食规模经营户就越不会进行风险分散，且两者的交互影响会强化粮食规模经营户的上述决策。

第三节 计量经济模型、数据与变量

一 数据

本章的数据依然来源于南京农业大学与中国农业科学院、中国人民大学在2018年8月对中国四省的粮食种植户的实地调查。关于该调查数据的抽样过程和对规模经营户的定义，这里不再赘述。

结合本章的研究主题，在剔除了应当删除以及数据缺失严重的样本后，最终实际使用的规模经营户样本为409户，和第五章略有区别。需要说明的是，这里的"应当删除"是指这样一种情况：除了风险转移、风险分散和当期销售以外，规模经营户还可以通过单期延期销售的方式来售粮，即在收获以后，过了一段时间再一次性出售全部粮食。但如第五章所述，因为这种方式不仅不具备价格风险管理的功能，反而可能使得规模经营户承担更大的风险，和本章的研究主题无关，所以不纳入讨论范围之内。为了避免影响结果的准确性，本章在实证环节也将去掉这部分样本。

二　计量经济模型

由于规模经营户可能会同时采用两种方式来管理价格风险[1]，本章通过如式（6-1）和式（6-2）共同构成的 biprobit 模型来进行实证检验。

$$
\begin{cases}
P(y_{1i}=1 \mid X_i) = \phi(\gamma_0 + \gamma_1 riskpre_i + \gamma_2 timepre_i + \gamma_3 liquidity_i + \gamma_4 timepre_i \times \\
\qquad liquidity_i + \boldsymbol{\gamma}\boldsymbol{Z}_i + \sigma_i) \qquad\qquad\qquad (6-1) \\
P(y_{2i}=1 \mid X_i) = \phi(\eta_0 + \eta_1 riskpre_i + \eta_2 timepre_i + \eta_3 liquidity_i + \eta_4 timepre_i \times \\
\qquad liquidity_i + \boldsymbol{\eta}\boldsymbol{Z}_i + \psi_i) \qquad\qquad\qquad (6-2)
\end{cases}
$$

本章使用的 biprobit 模型全称为双变量 probit 模型。在该模型中，两个方程的因变量是两种相关的选择，且误差项也是相关的。换句话说，两个方程误差项的协方差等于一个固定的常数，这意味着这两种相关选择之间是相互影响的，而不像独立的 probit 模型那样误差项的协方差为 0。其中，式（6-1）报告风险转移的结果，被解释变量 y_{1i} 表示第 i 个粮食规模经营户 2017 年是否采用风险转移的方式来管理价格风险，即是否通过订单来销售粮食。式（6-2）报告风险分散的结果，被解释变量 y_{2i} 表示第 i 个粮食规模经营户 2017 年是否采用风险分散的方式来管理价格风险，即是否分期销售粮食。

核心解释变量首先包括 $riskpre_i$ 和 $timepre_i$，它们分别表示第 i 个粮食规模经营户经过标准化处理的风险偏好程度和时间偏好程度。其次是反映流动性约束状况的变量 $liquidity_i$，它表示第 i 个粮食规模经营户 2017 年是否有通过正规或者非正规渠道获得需要在来年春节前偿还的借贷[2]。除此之外，本章还放入了 $timepre_i$ 和 $liquidity_i$ 的交互项，因为它可以分析时间偏好程度和流动性约束的交互影响与粮食规模经营户的风险分散行为之间的关系。若交互项的系数显著为负，则说明流动性约束越紧，粮食规模经营户越会因为较强的时间偏好而不进行风险分散。

---

　① 样本中有 1 户规模经营户同时采用了风险转移和风险分散的方式来管理粮食的价格风险。

　② 根据调查结果，在本章的样本中，2017 年有借贷的粮食规模经营户需要还款的时间与其收获的时间相差不大。正规信贷的还款期限基本在元旦前，非正规借贷的还款也基本在春节前。因此，粮食规模经营户在收获后不久便会面临还款的压力，流动性约束的问题突出。这样的变量设置思路也和柳海燕等（2011）、Sun 等（2013）的研究基本保持一致。

Z_i 为一组控制变量。

根据前文的假说，在式（6-1）中，本章只关注风险偏好程度变量 $riskpre_i$ 和流动性约束变量 $liquidity_i$ 的结果；在式（6-2）中，本章关注全部核心解释变量的结果。

三 关键变量及测度

对于反映主观性偏好的变量风险偏好程度（$riskpre_i$）和时间偏好程度（$timepre_i$），本章将通过实验经济学的方法来予以度量。

（一）风险偏好程度的度量

本章关于风险偏好程度度量的实验方案和第五章一致。但是，因为使用样本的差异，所以粮食规模经营户的选择情况和第五章有所差异，如表6-1所示。

表 6-1　　　　　　　游戏的奖励方案设计及其结果

游戏编号	奖励方案 A 选项（元）		奖励方案 B 选项（元）		选择 B 选项的粮食规模经营户占比（%）
	白球	黄球	白球	黄球	
1	20	20	18	22	46.45
2	20	20	17	23	39.12
3	20	20	15	25	32.03
4	20	20	15	35	61.37
5	20	20	13	37	53.06
6	20	20	10	40	48.41
7	20	20	8	42	43.28
8	20	20	7	43	40.10
9	20	20	5	45	35.94
10	20	20	0	50	28.85

注：在编号为4的游戏奖励方案中，选择B选项的粮食规模经营户占比明显高于编号为3的游戏奖励方案。这是因为和第3套游戏相比，第4套游戏的B方案不仅方差改变，而且期望也明显增加了，因此在本调查中多数粮食规模经营户做出了理性的决策。这样设计是考虑到投资风险一般同时与期望和方差有关。

同时，不同于第五章计算的是风险厌恶程度，本章计算的是粮食规模经营户的风险偏好程度，并用其表示风险态度。依然借鉴仇焕广等（2014）的做法，风险偏好程度等于粮食规模经营户选择 B 选项的个数除以 10，即 0、0.1、0.2、0.3、0.4、0.5、0.6、0.7、0.8、0.9、1 中的某一个值。当风险偏好程度为 1 的时候，被调查的粮食规模经营户极端偏好风险；当风险偏好程度为 0 的时候，被调查的粮食规模经营户极端厌恶风险；大多数粮食规模经营户的风险态度是位于两者之间的。

另外，为了便于对回归系数进行解释，本章还按照 $\dfrac{x_i - \mu}{\sigma}$ 的公式（μ 为均值、σ 为标准差），对风险偏好程度的原始取值做了标准化处理。

（二）时间偏好程度的度量

本章同样通过实验来测度粮食规模经营户的时间偏好程度。受制于调查条件和经费，在借鉴白江迪等（2016）的方法后，本章为粮食规模经营户提供了如下的场景："长期以来，为了促进粮食生产，国家财政都按照一定的标准和实际种植面积，对种粮的农户直接给予补贴。假如国家的粮食直补政策发生调整，有两种不同的备选方案。第一种是可以在年初获得固定的补贴 100 元/亩（方案 A），第二种是可以在年末获得金额不确定但不低于 100 元/亩的补贴（方案 B），请选择其中的一种方案"。

本章按照这样的方法共制定了 10 套政策，每套政策下都有 A、B 两套方案供选择，如表 6-2 所示。调查员需要记录下农户到底是从哪一套政策开始选择方案 B 的。如果农户从头到尾都选择方案 A，则记录为 11。如果有农户坚持要在年初获得 100 元/亩，则记录为 0；否则记录为 1—10 的一个数字。该数字越大，说明粮食规模经营户的时间偏好程度就越高。为了便于对回归系数进行解释，本章同样按照 $\dfrac{x_i - \mu}{\sigma}$ 的公式（μ 为均值、σ 为标准差），对时间偏好程度的原始取值，即一组 0—11 的整数做了标准化处理。

表6-2 时间偏好实验方案设计及其结果

政策编号	方案 A 年初获得（元/亩）	方案 B 年末获得（元/亩）	在该政策由 A 转 B 的粮食 规模经营户占比（%）
1	100	105	32.03
2	100	110	13.94
3	100	115	10.02
4	100	120	12.22
5	100	130	5.13
6	100	140	5.13
7	100	150	6.85
8	100	165	1.96
9	100	180	0.24
10	100	200	5.38

注：有 3 个粮食规模经营户坚持要在年初获得 100 元/亩的补贴，还有 26 个粮食规模经营户要求在年末获得 200 元/亩以上的补贴，分别占比为 0.73% 和 6.36%，故表中最右边一列的占比之和小于 100%。

本章的所有变量及其描述性统计结果如表6-3所示。

表6-3 变量说明及描述性统计

变量代码	变量名称	含义和计算方法	均值	标准差
被解释变量				
y_1	风险转移	粮食规模经营户是否通过订单销售粮食：是=1，否=0	0.10	0.30
y_2	风险分散	粮食规模经营户是否分期销售粮食：是=1，否=0	0.13	0.34
核心解释变量				
riskpre	风险偏好程度	按照 $\frac{x_i-\mu}{\sigma}$ 的公式（μ 为均值、σ 为标准差），对风险偏好程度的原始取值进行标准化处理；值越大，粮食规模经营户越偏好风险	-3.82e-08	1

续表

timepre	时间偏好程度	按照 $\frac{x_i-\mu}{\sigma}$ 的公式（μ 为均值、σ 为标准差），对时间偏好程度的原始取值进行标准化处理；值越大，粮食规模经营户的时间偏好越强	2.90e-08	1
liquidity	流动性约束	粮食规模经营户是否有通过正规或者非正规渠道获得需要在来年春节前偿还的借贷：是=1，否=0	0.50	0.50
控制变量 Z				
age	户主年龄	户主实际年龄（岁）	51.74	10.23
edu	户主受教育年限	户主实际受教育年限（年）	7.20	3.13
family	家庭人口数量	家庭户籍人口数量（人）	4.24	1.75
storequality	仓储条件	没有仓储设施=0，有简陋的仓储设施=1，有条件一般的仓储设施=2，有条件较好（可防鼠、防风、防雨）的仓储设施=3	0.32	0.87
land	耕地面积	经营的耕地面积（亩）	169.20	253.02
crop	种植作物	是否种植水稻：是=1，否=0	0.52	0.50
lecture	培训	参加农业培训的次数（次）	0.76	1.09
know	知识禀赋	是否认为有办法降低因粮食价格波动而带来的损失：是=1，否=0	0.17	0.37
priceup	价格预测	在收获时是否预测未来半年内粮食的价格会上升：是=1，否=0	0.43	0.50
lnwealth	财富	房屋价值和活期存款金额之和（元）的对数值，反映其抵御风险的能力	11.73	1.56
social	社会资本	借钱金额较大时可以借到钱的亲戚朋友数量（人）	4.50	6.28
animal	从事养殖业	是否同时从事养殖业（养鸡等禽类100只以上、养猪5头以上等情况）：是=1，否=0	0.14	0.35
distance	村离乡政府距离	所在村离乡政府的距离（公里）	5.10	4.14
villand	村耕地总面积	所在村的耕地总面积（亩）	8145.19	12262.01
vilhousehold	村总户数	所在村的总户数（户）	641.40	483.93
vilincome	村人均纯收入	所在村的年人均纯收入（元/年）	10997.02	7432.39
henan	河南省	所在省是否为河南？是=1，否=0	0.16	0.37

续表

sichuan	四川省	所在省是否为四川？是＝1，否＝0	0.25	0.43
heilong	黑龙江省	所在省是否为黑龙江？是＝1，否＝0	0.34	0.48

第四节　实证结果与讨论

一　描述性分析

表6-4展示了做出不同价格风险管理决策的规模经营户的特征差异。一是进行风险转移和风险分散的规模经营户经过标准化处理的风险偏好程度的均值分别为-0.34和-0.08，均小于未管理价格风险的规模经营户。可以看出，厌恶风险的规模经营户会倾向采取必要的方式来管理粮食的价格风险。二是仅有9.78%的粮食规模经营户进行风险转移。可能是因为样本地区能够提供粮食订单的收购商（合作社、龙头企业等）的数量有限，即使规模经营户愿意参与订单农业，也无法找到合适的供给方，这说明风险转移方式受制于外部市场条件。而那些进行风险转移的规模经营户所受到的流动性约束并没有明显紧于未管理价格风险的群体，两者的流动性约束变量的均值都为0.55。这和假说6-2所阐述的观点不符，有待实证结果来进一步验证。三是风险分散对规模经营户面临的外部市场条件没有要求，理应成为更加常见的价格风险管理方式，但事实上只有12.96%的规模经营户予以采纳，仅比进行风险转移的高出3.18%。可能的解释是，规模经营户的流动性约束会制约其进行风险分散，强时间偏好又会放大这一效应，这点可以从这两个变量的描述性统计结果看出。与未管理价格风险的规模经营户相比，采用风险分散方式的规模经营户经过标准化处理的流动性约束和时间偏好程度的均值都更小，分别仅为0.19和-0.24，表明那些流动性约束松的规模经营户才会愿意分散风险，而时间偏好弱的会更加愿意。综上所述，除假说6-2以外，前文提出的其他假说基本都能够在表6-4中得到初步的验证。除此之外，在诸多控制变量中，仓储条件变量在不同价格风险管理方式下的差别较大。未管理价格风险和进行风险转移的规模经营户的均值分别仅为0.11和0.28，明显小于进行风险分散的规模经营

户，说明良好的仓储条件是分期销售粮食的前提条件。

表6-4　不同价格风险管理方式下粮食规模经营户特征差异比较

特征	未管理价格风险	风险转移	风险分散
规模经营户的数量（户）	317	40	53
占样本的比例（%）	77.51	9.78	12.96
风险偏好程度	0.05（1.00）	-0.34（0.92）	-0.08（1.03）
时间偏好程度	0.01（1.00）	0.19（1.16）	-0.24（0.86）
流动性约束	0.55（0.50）	0.55（0.50）	0.19（0.39）
户主年龄	51.93（10.34）	51.33（9.24）	50.87（10.29）
户主受教育年限	7.09（3.20）	7.53（3.21）	7.55（2.59）
家庭人口数量	4.31（1.78）	4.08（1.76）	3.94（1.55）
仓储条件	0.11（0.53）	0.28（0.85）	1.66（1.31）
耕地面积	157.53（241.53）	328.82（367.36）	116.97（153.32）
种植作物	0.47（0.50）	0.83（0.38）	0.62（0.49）
培训	0.74（1.14）	1.08（1.08）	0.61（0.71）
知识禀赋	0.12（0.33）	0.30（0.46）	0.38（0.49）
价格预测	0.42（0.49）	0.25（0.44）	0.62（0.49）
财富	11.73（1.51）	12.16（1.34）	11.45（1.91）
社会资本	4.62（6.80）	5.15（4.64）	3.47（3.54）
从事养殖业	0.13（0.34）	0.05（0.22）	0.28（0.45）
村离乡政府距离	5.17（4.38）	4.43（2.81）	5.20（3.43）
村耕地总面积	8713.89（12799.29）	3564.34（5475.45）	8112.79（12000.49）
村总户数	653.94（530.64）	573.50（218.47）	620.96（293.58）
村人均纯收入	10186.69（6764.06）	17850.92（9562.81）	10689.89（6825.68）

注：（1）括号内的数字为标准差；（2）未标单位的特征变量的具体单位如表6-3所示；（3）因为有1户规模经营户同时采用了风险转移和风险分散方式来管理价格风险，所以表中所有情况下的规模经营户数量的累计之和为410。

二　模型结果及分析

表6-5展示了biprobit模型的估计结果。其中，式（6-1）报告粮食规模经营户的风险转移行为的结果，式（6-2）则报告风险分散行为的结果。接下来，本章将对主要变量的结果进行具体分析。

表6-5   **风险及时间偏好、流动性约束影响规模经营户价格**
风险管理行为的主回归估计结果

变量	biprobit（6-1）风险转移		biprobit（6-2）风险分散	
	边际效应	稳健标准误	边际效应	稳健标准误
风险偏好程度	−0.030**	0.013	−0.019*	0.011
时间偏好程度	−0.008	0.018	−0.021*	0.012
流动性约束	−0.002	0.028	−0.164***	0.050
时间偏好程度×流动性约束	0.035	0.023	−0.177***	0.060
户主年龄	−0.002	0.001	−4.943e−04	0.001
户主受教育年限	0.004	0.004	0.007*	0.004
家庭人口数量	0.005	0.007	−0.003	0.007
仓储条件	−0.017	0.016	0.085***	0.010
耕地面积	1.094e−04**	5.020e−05	−1.710e−05	6.870e−05
种植作物	0.037	0.038	0.030	0.030
培训	−0.008	0.009	−0.023**	0.011
知识禀赋	0.082***	0.031	0.044	0.029
价格预测	−0.020	0.026	0.060***	0.022
财富	−0.003	0.008	−0.008	0.007
社会资本	1.926e−04	0.002	−0.002	0.002
从事养殖业	−0.036	0.049	0.066**	0.030
村离乡政府距离	−0.001	0.003	−0.002	0.003
村耕地总面积	−5.210e−06	3.760e−06	1.600e−06	1.400e−06
村总户数	3.510e−05	4.780e−05	−2.590e−05	2.840e−05
村人均纯收入	4.790e−06***	1.570e−06	1.490e−06	1.820e−06
河南省	−0.055	0.062	−0.073	0.063
四川省	−0.042	0.042	0.005	0.034
黑龙江省	−0.049	0.053	0.014	0.041
Wald 检验	$chi^2 = 12.874$***			
最大似然函数值	−163.7087			
观测值	409			

注：*、**、***分别表示变量在10%、5%、1%的水平下通过了显著性检验；下同。

变量风险偏好程度（*riskpre*）的边际效应在 biprobit 模型的式（6-1）和式（6-2）中均负向显著，说明厌恶风险的粮食规模经营户会愿意通过风险转移或者风险分散的方式来主动管理价格风险。粮食规模经营户的风险偏好程度每增加一个单位，其进行风险转移的概率降低 3%，进行风险分散的概率降低 1.9%。在式（6-2）中，变量流动性约束（*liquidity*）的边际效应为负向显著，表明流动性约束越紧，粮食规模经营户越不愿意进行风险分散。变量时间偏好（*timepre*）和交互项"时间偏好度×流动性约束"的边际效应也均在式（6-2）中负向显著。这说明时间偏好程度较高的粮食规模经营户不愿意分散风险，流动性约束也会放大时间偏好对粮食规模经营户进行风险分散的抑制作用。由此，假设 6-1 和假说 6-3 得到验证。

然而，变量流动性约束（*liquidity*）的边际效应在式（6-1）中并不显著。即使面临较紧的流动性约束，粮食规模经营户也未必会愿意进行风险转移，假说 6-2 无法得到验证。尽管风险转移方式下的粮食价格是相对确定的，但收购商在进行结算的时候可能会因为资金周转的压力而选择延期支付货款。相比于现金结算，这种方式更加有利于收购商扩张经营规模、开展增值业务（蔡荣和韩洪云，2012）。但对规模经营户而言，即使延期的时间较短（不超过半个月），他们还是会在现金流上面临一定的压力，尤其是当他们在非农生产或者生活等其他方面急需用钱的时候。因此，如果收购商延期支付货款的频率较高，以至于让粮食规模经营户形成一定的预期，那么风险转移方式在缓解流动性约束方面的功能将会被抵消，流动性压力更大的规模经营户未必会主动进行风险转移。

就控制变量而言，在式（6-1）中，耕地面积（*land*）的边际效应正向显著，说明粮食规模经营户的耕地资源越丰富就越会进行风险转移。可能的解释是，土地规模较大的种植户往往是收购商重要的供货者，因此这些农户的议价能力较强，他们也更愿意借助订单农业来获取稳定的收益。知识禀赋（*know*）的边际效应也正向显著。只有当规模经营户认为粮价波动所带来的损失是可以控制的时候，他们才会采取特定的措施来管理价格风险。村人均纯收入（*vilincome*）的边际效应也正向显著。因为村人均纯收入的高低可以反映该村的经济发展水平，而经济发展较好的村庄更有可能有较多的龙头企业或者合作社为规模经营户提供订单。

在式（6-2）中，从事养殖业（animal）的边际效应正向显著。对于同时从事养殖业的规模经营户而言，风险分散方式也为其提供了将储存的粮食作为禽畜饲料的机会。仓储条件（storequality）的系数在1%的水平下正向显著，说明仓储条件更好的规模经营户会乐于将售粮的时间往后推移。此时，仓储成本和损失之和应当是小于分期销售所带来的收益和效用的，否则规模经营户应当会在权衡后放弃对价格风险的分散。价格预测（priceup）和户主受教育年限（edu）是边际效应显著为正。因为只有拥有良好知识并能够预测未来粮食价格季节性上涨的规模经营户才会愿意进行分批分时段地销售。培训（lecture）的边际效应负向显著。参加农业培训次数较多的规模经营户可能会掌握更多销售粮食的渠道，因此他们采用风险分散方式来销售粮食的诉求较低。

三 替换流动性约束变量的稳健性检验

本章将为流动性约束寻找替代变量，以判断表6-5的基础回归结果是否稳健。借鉴柳海燕等（2011）研究，按照规模经营户偿还借贷的时间节点，将流动性约束变量重新界定为"是否有通过正规或者非正规渠道获得需要在元旦前偿还的借贷"。重新界定后的流动性约束变量更加强调规模经营户在收获后1个多月内（11月前后至12月底）的流动性状况，可以更充分地反映其当下的现金流水平。

本章得到了如表6-6所示的具体结果。可以看出，在对流动性约束变量进行重新界定后，厌恶风险的规模经营户依然会通过转移或分散的方式来管理粮食价格风险。但只要受到流动性约束，无论是在当下还是在短期内，粮食规模经营户都不会愿意进行风险分散，即使它更容易实施。并且，这一作用会因为时间偏好的存在而得到强化。同时，受到流动性约束的粮食规模经营户也并未积极地进行风险转移。

表6-6　　　　替换流动性约束变量后的规模经营户价格
风险管理行为的估计结果

变量	biprobit（6-1）风险转移		biprobit（6-2）风险分散	
	边际效应	稳健标准误	边际效应	稳健标准误
风险偏好程度	-0.030**	0.013	-0.019*	0.011

续表

变量	biprobit （6-1）风险转移		biprobit （6-2）风险分散	
	边际效应	稳健标准误	边际效应	稳健标准误
时间偏好程度	-0.007	0.018	-0.020*	0.012
流动性约束	0.009	0.027	-0.165***	0.051
时间偏好程度×流动性约束	0.034	0.023	-0.181***	0.063
是否含控制变量	是		是	
Wald 检验	$chi^2 = 60.8139$***			
最大似然函数值	-163.8975			
观测值	409			

四 基于规模的异质性分析

表 6-7 展示了在不同的经营规模下，风险及时间偏好异质性粮食规模经营户的价格风险管理行为特点和流动性约束所产生的影响。本章以家庭经营的耕地面积是否大于全部 409 户粮食规模经营户的中位数为标准来划分样本，并进行分样本回归。

表 6-7　　风险及时间偏好、流动性约束影响不同规模经营户价格
风险管理行为的估计结果

变量	大规模经营户（规模小于中位数）		超大规模经营户（规模大于中位数）	
	biprobit （6-1）风险转移	biprobit （6-2）风险分散	biprobit （6-1）风险转移	biprobit （6-2）风险分散
风险偏好程度	-0.019*（0.011）	-0.022*（0.012）	-0.051**（0.023）	-0.023**（0.010）
时间偏好程度	-0.006（0.015）	-0.074***（0.024）	-0.009（0.030）	-0.018*（0.011）
流动性约束	-0.148（0.089）	-0.116***（0.035）	0.014（0.042）	-0.202***（0.055）
时间偏好程度×流动性约束	-0.137（0.098）	-0.062*（0.037）	0.064（0.039）	-0.201**（0.089）
是否含控制变量	是	是	是	是

变量	大规模经营户 （规模小于中位数）		超大规模经营户 （规模大于中位数）	
	biprobit（6-1） 风险转移	biprobit（6-2） 风险分散	biprobit（6-1） 风险转移	biprobit（6-2） 风险分散
最大似然函数值	-37.5512		-68.3806	
观测值	204		205	

注：（1）报告的结果依然是边际效应；（2）括号内为稳健标准误。

可以看出，一是无论经营面积如何，主观性偏好异质性粮食规模经营户的价格风险管理行为特点和流动性约束所产生的影响都基本一致。二是风险及时间偏好、流动性约束对超大规模经营户的价格风险管理行为基本有着更加明显的影响，表现出一定的规模偏好特征。与大规模经营户相比，同等风险厌恶程度的超大规模经营户会有更加强烈的意愿进行价格风险管理。并且，如果后者受到流动性约束且时间偏好强，那么他们会更加不愿意进行风险分散。因为农户的土地经营规模越大，往往就越依赖于农业收入。一方面，较低的兼业程度会导致其非农就业的机会成本低，价格波动对收入和经营稳定性的冲击更大。另一方面，他们为了农业生产投资而背负的债务可能较多，收获时的潜在流动性缺口更大。因此，他们的价格风险管理行为对主观性偏好和流动性约束也更加敏感。

五　对内生性问题的讨论

通常能够分期销售的规模经营户经营实力更强，更易从正规或者非正规渠道借款，因此作为被解释变量的风险分散可能会反过来影响粮食规模经营户的流动性约束状况，两者之间存在反向因果问题和内生性问题。故本章将对流动性约束变量的内生性问题进行探讨，并继续采用和第五章一样的方法来处理内生性。

在综合考虑数据可得性后，本章所选的工具变量是"本村除自己外其他规模经营户受到流动性约束的比例"。在式（6-1）和式（6-2）中，弱工具变量检验的 F 值均大于10，说明该工具变量与内生变量紧密相关。同时，在控制了诸多可能会影响被解释变量的因素后，该工具变量应当与残差项的关系较小。本村其他农户的流动性约束状况一般也不会直接影响规模经营户自己的价格风险管理行为决策。

估计结果如表 6-8 所示。在引入工具变量后，式（6-1）和式（6-2）中核心变量的边际效应的符号都与表 6-5 中的主回归结果保持一致。这进一步证明了：风险及时间偏好异质性粮食规模经营户的价格风险管理行为特点及流动性约束所产生的影响是稳健和可靠的。

表 6-8   引入工具变量后的规模经营户价格风险管理
行为的估计结果

变量	处理过内生性后的估计结果			
	biprobit（6-1）风险转移		biprobit（6-2）风险分散	
	边际效应	稳健标准误	边际效应	稳健标准误
风险偏好程度	-0.032**	0.013	-0.018*	0.010
时间偏好程度	-0.005	0.018	-0.020*	0.012
流动性约束	-0.073	0.048	-0.102**	0.045
时间偏好程度×流动性约束	0.033	0.025	-0.168***	0.056
是否含控制变量	是		是	
Wald 检验	$chi^2 = 1523.26$			
最大似然函数值	-350.8176			
观测值	409			

第五节 通过缓解流动性约束促进农业规模经营户价格风险管理

流动性约束是影响农业规模经营户效率的一个极其关键的因素，放松流动性约束能有效地提升农业规模经营户的效率。李友艺和钱忠好（2022）利用上海市松江区家庭农场数据的实证研究结果表明，以正规信贷为例，放松流动性约束提升家庭农场效率的平均幅度将达到4.64%。缓解流动性约束、优化不同期限的流动性配置，除了有助于家庭农场土地适度规模经营、增加资本投入等之外，还会有助于提高农业规模经营户的农产品价格风险管理能力，促进家庭农场长期有效经营。

如前所述，流动性约束会加深农业规模经营户的农产品价格风险。

在市场不完全的条件下，流动性约束会导致"农产品贱卖"问题的出现。换言之，如果流动性约束得以缓解，则会使得农业规模经营户在"合适的时间"和"合适的价格"出售农产品。并且，由于农产品销售的周期性特点，流动性约束非常强调农业规模经营户在短期内或者某个时点上的状态，而非通常银行贷款的一个完整年度。因此，通过缓解流动性约束促进价格风险管理，不仅强调要为农业规模经营户提供流动性，更强调要提供还款期限灵活的流动性。相比传统的银行正规贷款，商业信用和数字金融可能更符合这一要求。因此，本书接下来将会用连续两章，分别讨论农业规模经营户的商业信用和数字金融能力如何缓解其流动性约束，进而促进价格风险管理。

第六节　本章小结

随着中国土地规模化经营的发展，价格风险对规模经营户经营效益的冲击越来越大。在保险、期货和信贷市场发育还不成熟的情况下，如何管理价格风险就成为一个值得关注的问题。本章在理论分析的基础上，以粮食生产为例，对市场不完全条件下，风险及时间偏好异质性规模经营户的价格风险管理行为决策及流动性约束所产生的影响展开实证研究。结果发现：厌恶风险的规模经营户会愿意主动地管理价格风险。在不完全的市场条件下，常见的方式包括了风险转移（如订单农业）和风险分散（如分期销售）。前者受制于当地订单农业的发展水平，并不一定能被规模经营户所用。后者则不会受到外部市场条件的制约，但如果规模经营户受到流动性约束，那么他们将不会愿意借助分期销售的方式来分散价格风险。并且，时间偏好和流动性约束之间的交互影响会强化这一决策。除此之外，上述影响都会随着经营规模的增加而变得更强。和前人的研究相比，本章构建了一个完整的分析框架来深入探究主观性偏好具有异质性的规模经营户的价格风险管理行为特点及其流动性约束所产生的影响，进一步丰富、充实了相关文献。

本书的第七章和第八章也将围绕缓解规模经营户流动性约束这一问题出发，充分考虑灵活性，依次聚焦探究如何通过商业信用和数字金融能力提升来优化规模经营户的价格风险管理行为。

第七章

商业信用对规模经营户流动性约束的缓解

第一节　引言

农业适度规模经营不仅能够保障国家的粮食安全，而且也能够促进农民增收（许庆等，2011），如何推动其发展已经成为中国政府和学界关注的焦点（章元等，2017）。诸多因素会影响农户扩大经营规模，如何有效地管理农产品价格风险便是其中之一。但是，如第五章所述，在不完全的市场条件下，流动性约束问题的存在会制约规模经营户选择合理的农产品价格风险管理方式。因此，借助外部的信用来满足规模经营户对于经营的灵活的资金需求（刘婷婷，2016），缓解销售农产品时的潜在流动性约束就变得非常重要。

作为一种典型的信用形式，银行信用，即信贷资金，理应在农业规模化经营中发挥着重要的作用（赵振宗，2011）。但在现实中，中国的农村正规金融市场发育得并不完善，期限不灵活等问题严重制约着农户通过银行信用来缓解自身的流动性约束（张龙耀和江春，2011）。即使规模经营户的资金需求得到了满足，由于农业高风险、低报酬的特征与银行信用所追求的盈利性、流动性和安全性相违背（翟文华和周志太，2014），针对农业生产经营的信贷审核制度也颇为严格（罗振军等，2016），对还款期限等合约要素的要求都较高。规模经营户不仅因此面临着较大的还款压力，而且反过来也会造成其在短期内面临流动性约束，以至于无法有效地管理农产品价格风险、实现经济价值的最大化。

相比于银行信用，商业信用具有一定的比较优势。商业信用是一种以赊销和预付款为主的信用交易，供应链中的上游通常会以商品让渡的形式为下游授信。它本质上是一种实物融资。经过数百年的发展，它已经成为一种被广泛应用的短期融资形式，是各类非金融性企业资产的重要组成部分（刘民权等，2004）。不少学者从信用接受者的角度出发，探究了它作为一种融资手段的比较优势（Petersen and Rajan，1997）。他们认为在企业的生产经营中，之所以来自上游的商业信用可以替代银行信用，是因为其在信息获取、对客户的控制力、财产挽回等方面具有明显的优势，操作上也更加灵活。尤其是不同于银行信用，其可以避免在产品销售阶段造成过大的还款压力。

除了非金融性企业外，商业信用在农业生产经营中也十分常见（刘民权等，2006），经常出现在农资供应和农产品销售环节，比如规模经营户就可以在赊账的情况下从农资店获得化肥等生产资料。一些学者专门对此展开研究。Binswanger 和 McIntire（1987）指出，销售商在农户购买饲料、化肥等农资的过程中提供商业信用是最古老的农业信贷形式之一。在订单农业中，龙头企业也会为农户提供贸易信贷，这有助于缓解其面临的流动性约束（马九杰，2013）。谢小芹和简小鹰（2015）、孔祥智等（2009）分别对山东等三省和湖北等四省进行调查，发现农资赊欠现象在当地非常普遍。这是因为农资市场的竞争不断加剧，农资经销商的销售网络不断延伸（刘祚祥，2009）。张龙耀等（2018）利用江苏省 8 县 427 户农户的调研数据进行实证研究，发现农资市场上的商业信用内嵌的利率水平也能够反映出农户的风险和偿债能力。

那么，农业产业中的商业信用和银行信用相比，是否与工业企业市场中的情况类似，在缓解信息不对称、提高灵活性等诸多方面也具有明显的优势，从而有助于缓解流动性约束？如果是，这会否有助于促进农业生产经营的规模化，进而为农产品价格风险管理创造更好的条件？为了回答上述问题，本章以粮食规模经营户的化肥施用行为为例，借助来自中国四省的微观调研数据，对商业信用、流动性约束和农业规模化经营之间的关系展开实证层面的研究。之所以用化肥的投入来代表农业规模化经营的情况，主要是因为：自国务院2009年出台《关于进一步深化化肥流通体制改革的决定》以来，中国的化肥销售市场已经由原有的供销社和农业"三站"①垄断经营逐步转变为供销社、农业"三站"、农资生产企业、农资店等多种市场主体共同竞争销售的格局（彭澎，2019）。农业要素市场的垄断局面已经被打破，市场竞争也日趋激烈。在买方市场理论的作用下（Love et al.，2007；Fabbri and Menichini，2010；Giannetti et al.，2011；陆正飞和杨德明，2011），为了获得更高的市场份额，生产厂商普遍允许农资店等销售商在一定的范围内向农户赊销化肥、提供商业信用（刘祚祥，2009），而专业化程度相对较高的规模经营户则成为直接的受益者。他们在申请银行信用之外，也有了获得商业信用的可能。随着近年来农资价格的上涨（谢岚和张晓玉，2021），这样多元化且更加灵活的信用可得性将有利于规模经营户实现更合理的要素投入。因此，选择以化肥施用为代表来研究商业信用、流动性约束和农业规模化经营之间的关系具有较强的针对性。

本章可能的边际贡献体现在：以往多数文章关注的是商业信用在工业企业生产经营中的作用及其对宏观经济的影响（石晓军和张顺明，2010；陆正飞和杨德明，2011；饶品贵和姜国华，2013；陈胜蓝和刘晓玲，2018），只有不多的文章指出赊销是农户获取高效率生产性资金的重要来源（Binswanger and McIntire，1987；刘祚祥，2009；张龙耀等，2018），但也都没有阐明商业信用影响农户流动性约束及其农业生产经营行为的机理。本章结合了中国农村金融市场的现实情况，以化肥施用为例，构建了一个商业信用影响农业规模化生产经营的分析框架，并同时从资金价格和相对交易成本两个视角出发，详细揭示了商业信用缓解粮食规模经营户因银行信用无法满足而面临的流动性约束问题的机理。该研究有助于促进中国农业适度规模经营的可持续发展，优化规模经营户的价格风险管理决策。

---

① 农业"三站"是指农技站、土肥站、植保站。

第二节　理论机制分析

在农业规模化经营中，商业信用和银行信用相比，在价格和交易成本方面具有一定的比较优势，这可能会有助于缓解粮食规模经营户因银行信用无法满足而面临的流动性约束问题，从而促进农业规模化经营的实现。为此，借鉴张劲松和赵耀（2010）的设计，通过如下的理论模型展开分析。

假定某种信用的供给方有两种选择。一是将规模为 M 的资金投资于非农产业，对应的收益为 R_n。二是向拥有自有资金 N 的农户提供利率为 r 的 M 资金以帮助其实现规模经营，农户将 $M+N$ 的资金全部用于农业生产，对应的收益为 R_a（$1 \leqslant R_n$，$1 \leqslant R_a$），在获得 M 资金的过程中将付出比例为 c 的交易成本。

当 M 资金被用于农业生产时，信用供需双方的收益可能会出现以下两种情况：一是当农业生产的收益 $R_a > 1+r$ 时，农户正常还款且收益为 $R_a \times (M+N) - N - (1+r) \times M - c \times M$，信用供给方的收益为 $r \times M$。二是当农业生产的收益 $R_a < 1+r$ 时，农户无法正常还款，只能将剩余资金全部用于偿还贷款，此时其收益为 0，而信用供给方的收益为 $(R_a-1) \times (M+N)$。其中，前者发生的概率为 p，后者发生的概率为 $1-p$。p 主要取决于两个因素：一是农户规模经营的水平将直接决定其能否获得大于 $1+r$ 的收益 R_a。二是信用供需双方间的信息不对称程度也会产生直接的影响。比如，信用的供给方能否在事前通过一定的手段和方法有效地识别农户的风险水平；又能否在事后进行持续地监督，从而约束农户对信用的使用。在此基础上，信用供需双方的预期收益分别如式（7-1）和式（7-2）所示：

$$E_s = r \times M \times p + (R_a-1) \times (M+N) \times (1-p) \tag{7-1}$$

$$E_d = [R_a \times (M+N) - N - (1+r) \times M - c \times M] \times p \tag{7-2}$$

对于信用的供给方而言，只有当如下两个条件同时满足时，它才会愿意提供 M 资金给农户进行农业生产：

$$\text{Max } E_s(r) = r \times M \times p + (R_a-1) \times (M+N) \times (1-p) \tag{7-3}$$

$$s.t.\ r \times M \times p + (R_a-1) \times (M+N) \times (1-p) \geqslant R_n \times M \tag{7-4}$$

同理，对于农户而言，只有当如下两个条件同时满足时，他才能顺利进行农业生产：

$$\text{Max } E_d(r) = [R_a \times (M+N) - N - (1+r) \times M - c \times M] \times p \qquad (7-5)$$

$$s.t. [R_a \times (M+N) - N - (1+r) \times M - c \times M] \times p \geq (R_a - 1) \times N \qquad (7-6)$$

本式主要关注变量利率 r 和交易成本 c。首先，假设利率 r 存在最优解 r^*，根据式（7-3）至式（7-6），可以得到：

$$\frac{R_n M - (R_a - 1) \times (M+N) \times (1-p)}{M \times p} \leq r^* \leq \frac{(R_a - 1) \times (M+N) \times p - (R_a - 1) \times N - c \times M \times p}{M \times p}$$

$$(7-7)$$

因此，信用的供给方能接受的最低利率为 $\dfrac{R_n M - (R_a - 1) \times (M+N) \times (1-p)}{M \times p}$；农户能够接受的最高利率为 $\dfrac{(R_a - 1) \times (M+N) \times p - (R_a - 1) \times N - c \times M \times p}{M \times p}$。

在商业信用和银行信用下，信用供给方要求的最低利率之间的差别可以表示为：

$$\begin{aligned} r_{ts}^* - r_{bs}^* &= \frac{R_n \times M - (R_a - 1) \times (M+N) \times (1-p_t)}{M \times p_t} - \frac{R_n \times M - (R_a - 1) \times (M+N) \times (1-p_b)}{M \times p_b} \\ &= \frac{R_n \times M \times (p_b - p_t) - (R_a - 1) \times (M+N) \times (p_b - p_t)}{M \times p_t \times p_b} \\ &= \frac{(p_b - p_t) \times [R_n \times M - (R_a - 1) \times (M+N)]}{M \times p_t \times p_b} \end{aligned} \qquad (7-8)$$

农户能够接受的最高利率之间的差别则可以表示为：

$$\begin{aligned} r_{td}^* - r_{bd}^* &= \frac{(R_a - 1) \times (M+N) \times p_t - (R_a - 1) \times N - c \times M \times p_t}{M \times p_t} - \\ &\quad \frac{(R_a - 1) \times (M+N) \times p_b - (R_a - 1) \times N - c \times M \times p_b}{M \times p_b} \\ &= \frac{(R_a - 1) \times N}{M \times p_b} - \frac{(R_a - 1) \times N}{M \times p_t} \\ &= \frac{(R_a - 1) \times N}{M} \times \frac{p_t - p_b}{p_b \times p_t} \end{aligned} \qquad (7-9)$$

和银行信用相比，商业信用解决了以下两个重要的问题。一是商业信用能够缓解赊销前后的信息不对称问题，有效控制借款人的行为。一方面，作为农村社区中的一部分，农资店等通常在当地有一定的营销网络，能够相对快速和全面地掌握与农业生产经营有关的信息，其经营者也能够凭借着丰富的社会资本和充足的信息来识别出低风险的优质规模经营户，缓解赊销前的信息不对称。另一方面，在赊销后，农资店等会不定期地为农户提供一些资料和施肥技术上的指导，将农资的成分说明及技术资料等发给农户。这是对技术与知识的普及。并且在这个过程中，它们能够及时地了解赊购化肥的规模经营户的实际经营情况，降低赊销后双方的信息不对称程度。相较之下，银行不仅对农业生产的实际状况缺乏了解，而且其提供的贷款也可能被农户挪用（Burkart and Ellingsen，2004）。二是商业信用使得粮食规模经营户的还款行为受到约束。一方面，主要收入来源为农业生产经营的粮食规模经营户不会轻易赖账，否则他们以后可能就无法获得任何信用。另一方面，作为乡村社区中的一员，粮食规模经营户如果赊购赖账，其声誉将受到严重的负面影响。他们除了需要应对债权人直接上门讨债以外，还可能会损失大量的社会资本（彭澎、孙顶强，2023）。因此，对于商业信用的供给方而言，农户正常还款的概率 p_t 要高于银行信用 p_b，即 $0<p_b<p_t<1$，即 $p_b-p_t<0$。

对于式（7-8）而言，由于 $(R_a-1)\times(M+N)$ 是农户无法正常还款时的信用供给方的收益，而 $R_n\times M$ 是信用供给方投资于非农产业的正常收益，故 $R_n\times M-(R_a-1)\times(M+N)>0$，所以 $r_{ts}^*-r_{bs}^*<0$。

对于式（7-9）而言，由于 $R_a-1\geq0$，所以 $r_{td}^*-r_{bd}^*\geq0$。

综上所述，$r_{ts}^*-r_{bs}^*<0$ 且 $r_{td}^*-r_{bd}^*\geq0$，即商业信用的供给方能够接受的利率比银行信用的供给方要低，而农户能够接受的商业信用的利率反而高于银行信用。在上述两种影响的共同作用下，农户为商业信用真正支付的资金价格应当低于银行信用。又因为化肥的实际价格是其名义价格（化肥的正常售价）与资金价格（利率）之和，所以在名义价格相同的情况下，那些有资金需求的粮食规模经营户就有可能因为商业信用较低的资金价格而得以缓解流动性约束。由此，商业信用可以通过价格机制来缓解流动性约束，从而实现农业规模化经营。

另外，假设交易成本 c 存在最优解 c^*，根据式（7-5）和式（7-6），可以得到：

$$c^* \leqslant \frac{(R_a-1) \times (M+N) \times p - (R_a-1) \times N - r \times M \times p}{M \times p} \qquad (7-10)$$

因此，农户能够接受的最高交易成本为 $\dfrac{(R_a-1) \times (M+N) \times p - (R_a-1) \times N - r \times M \times p}{M \times p}$。

在商业信用和银行信用下，农户能够接受的最高交易成本之间的差别则可以表示为：

$$\begin{aligned}
c_{td}^* - c_{bd}^* &= \frac{(R_a-1) \times (M+N) \times p_t - (R_a-1) \times N - r \times M \times p_t}{M \times p_t} - \\
&\quad \frac{(R_a-1) \times (M+N) \times p_b - (R_a-1) \times N - r \times M \times p_b}{M \times p_b} \\
&= \frac{(R_a-1) \times N}{M \times p_b} - \frac{(R_a-1) \times N}{M \times p_t} \\
&= \frac{(R_a-1) \times N}{M} \times \frac{p_t - p_b}{p_b \times p_t}
\end{aligned} \qquad (7-11)$$

同理式（7-9），可得：$c_{td}^* - c_{bd}^* \geqslant 0$，即农户能够接受的商业信用的交易成本比银行信用要来得高。如果农户实际为商业信用花费的时间和交通成本等较低，那么我们就可以认为商业信用的"相对交易成本"[①] 要低于银行信用，其在资金价格之外还具有其他优势。

事实上，在银行信用中，由于借贷双方的合约关系显性且正规化，其交易费用往往较高（殷浩栋等，2017）。比如还款期限就相对固定，即使可以展期，也需要按照完整的流程提前一定的工作日进行申请。对于有资金需求的农户而言，商业信用的交易费用一般低很多，还款机制也更加灵活。一方面，农资店等销售商可以将化肥直接送到农户所在的社区，以节约其时间成本和交通成本（刘祚祥，2009）。另一方面，无法按时还款的农户通常无须通过烦琐的流程，而是可以直接和化肥销售商进行协商，以适当延长还款期限。如果因为发生自然灾害而导致血本无归，那么化肥销售商不仅不会催缴欠款反而会主动给农户延期，因为

---

① 本章的相对交易成本是指农户实际承担的交易成本/他能够接受的最高交易成本。

他们的行为在一定程度上受到了农村社区中风险共担的隐性合约的约束（刘祚祥，2009）。这意味着商业信用本身的交易费用就很有限。又因为相比于银行信用，粮食规模经营户能够接受的商业信用的交易成本要更高，因此商业信用的"相对交易成本"要明显低于银行信用。对于那些受到流动性约束的粮食规模经营户而言，在资金价格之外，他们还有可能因为相对交易成本而愿意获取商业信用，以助推规模化经营的实现。

据此，本章提出如下三个假说。

假说7-1： 商业信用促进有资金需求的粮食规模经营户增加对化肥的投入，从而实现农业的规模化经营。

假说7-2： 和银行信用相比，商业信用因为其更低的资金价格而缓解粮食规模经营户的流动性约束。

假说7-3： 和银行信用相比，商业信用因为其更低的相对交易成本而缓解粮食规模经营户的流动性约束。

第三节　数据、计量经济模型与变量

一　数据来源

本章的数据依然来源于南京农业大学与中国农业科学院、中国人民大学在2018年8月对中国四省的粮食种植户的实地调查。关于该调查数据的抽样过程和对规模经营户的定义，这里不再赘述。需要特别说明的是，本章之所以以粮食产业为研究对象，主要是因为：一是粮食的产业链相对完整，有条件提供各类信用。粮食产业链分为生产、流通加工和消费三个环节（寇光涛、卢凤君，2016；何官燕，2008），农户不仅在购买生产资料时可以获得商业信用，而且也能通过产业链获得银行信用和民间信用。二是相比于其他作物，商业信用在粮食种植中更为常见。和经济作物相比，全国经营粮食种子的企业数量要明显更多。截至2017年，中国经营玉米、水稻和小麦种子的企业分别为1264家、971家和1170家；而经营油菜和花生种子的企业则分别为329家和239家（农业农村部种业管理司等，2018）。前者的企业数量更多，市场竞争也更加激烈。因此，较低的赊销成本和激烈的市场竞争将使得商业信用在粮食种植中更为常见，以粮食产业为研究对象也更具有代表性（彭澎，2019）。

本章是按照如下的思路来构建非平衡面板数据集的。一是在剔除了异常值较多的样本后，有效的粮食规模经营户样本共有419户。二是在获取每个粮食规模经营户的地块信息时，本章分别选择其自有地和转入地中面积最大的一块，然后对这两个地块的化肥施用情况进行详细的调查。三是由于农户可能对同一个地块施用多次化肥，本章以粮食规模经营户的序号为i、该户不同地块合计后的施肥次数为t，构建了一个"规模经营户i×施肥次数t"[①] 的非平衡面板数据集合。四是因为本章关注的重点是不同的信用形式和流动性约束以及农业规模化经营之间的关系，所以在实际研究时剔除了不需要信用，即没有任何资金需求的样本。最终，本章实际使用的观测值为915个，其中不同地块合计后的施肥次数t为8、粮食规模经营户的数量为254[②]。

二 模型设定与变量设置

为了研究商业信用、流动性约束和农业规模化经营间的关系，本章首先设计了如式（7−12）所示的模型以验证假说7−1，观测值共计915个。

$$Chem_{it} = \alpha_0 + \alpha_1 Trade_{it} + \alpha_2 Bank_i + \boldsymbol{\alpha} \boldsymbol{Z}_{it} + \mu_{it} \qquad (7-12)$$

其中，$Chem_{it}$是因变量，表示第i户第t次施用的化肥的折纯量。在解释变量中，$Trade_{it}$为虚拟变量，表示第i户第t次施用的化肥是否通过商业信用（赊购）获得的；$Bank_i$同为虚拟变量，表示第i户当年是否有向银行贷款用于购买化肥等农资。如果$Trade_{it}$对应的系数α_1显著为正且$Bank_i$的系数α_2不显著地比α_1大，那么就可以认为农业规模化经营的确有资本化的特点，并且商业信用相比银行信用更能缓解流动性约束、促进农业生产。$\boldsymbol{Z}_{it}$为一组涵盖了施肥、地块和地区三个层面的控制变量，包括耕地面积、耕地质量、户主的年龄和家庭人口数量等

---

① 本章对同一户不同地块的施肥次数连续编号。如果某规模经营户的自有地和转入地各一块，并且在自有地上共施肥2次、转入地上共施肥3次，那么其在自有地上的第1次施肥计为$t=1$、第2次施肥计为$t=2$，转入地上的第1次施肥计为$t=3$、第2次施肥计为$t=4$、第3次施肥计为$t=5$，以此类推。

② 部分规模经营户经营的土地全部为自有地或者全部为转入地。

（马骥，2006；巩前文等，2008；Marenya and Barrett，2009；田云等，2015；张永强等，2018）。需要特别说明的是，由于使用固定效应可能会使得解释变量 $Bank_i$ 和一些控制变量没有估计结果，本章依次选用混合 OLS 估计和随机效应模型来完成全部的回归。

本章还设计了如式（7-13）、式（7-14）所示的模型，来探究商业信用相比于银行信用更能缓解流动性约束、促进农业规模化经营的关键机制。式（7-13）、式（7-14）只保留了所有化肥为赊购或者获得了用于购买农资的银行贷款的样本，观测值共计 443 个。

$$Chem_{it} = \beta_0 + \beta_1 Tradebankprice_{it} + \boldsymbol{\beta Z}_{it} + \delta_{it} \qquad (7-13)$$

$$Chem_{it} = \gamma_0 + \gamma_1 Termflexibility_i + \boldsymbol{\gamma Z}_{it} + \sigma_{it} \qquad (7-14)$$

其中，式（7-13）用于验证假说 7-2 所描述的机制。核心解释变量为 $Tradebankprice_{it}$，即商业信用与银行信用的价格比，计算方法为：

$$\frac{\text{第 } i \text{ 户第 } t \text{ 次施用的化肥的赊购年利率}}{\text{当年用于购买化肥等农资的银行贷款的年利率}}$$

本章预期 $Tradebankprice_{it}$ 的估计系数 β_1 显著为负。另外，有两点需要特别说明：一是因为粮食规模经营户当年可能只通过一种信用方式来获得购买化肥所需要的资金，所以很多观测值会缺少商业信用或银行信用的价格。对此，本章用所在村的平均值来替代。二是当第 i 户第 t 次施用的化肥超过 1 种时，本章将按照该次不同种类化肥的折纯量的占比来构造加权后的商业信用价格。

式（7-14）用于验证假说 7-3 所描述的机制。限于数据，本章用还款的灵活度来反映粮食规模经营户在不同的信用形式下所需要承担的相对交易成本。还款的灵活度越高，粮食规模经营户需要承担的相对交易成本就越低。因此，核心解释变量设定为 $Termflexibility_i$，即商业信用与银行信用的还款灵活度之差，计算公式为：$\frac{\text{第 } i \text{ 户所有 } t \text{ 次施用的化肥中最长的赊购期限}}{\text{第 } i \text{ 户所有 } t \text{ 次施用的化肥中最短的赊购期限}} - 1$。其中，减号前后分别表示商业信用与银行信用的还款灵活度，默认展期难度较大的银行信用还款期限一般不变，因此其最长和最短的还款期限之比近似等于 1。对于没有赊购或者只赊购了 1 次化肥的观测值，该变量的取值为 0。由于该变量的取值越大，商业信用的相对交易成本就越低，本章预期 $Termflexibility_i$ 的估计系数 γ_1 显著为正。

但是，式（7-12）至式（7-14）的核心解释变量可能存在逆向因果的问题，粮食规模经营户的化肥施用量会反过来影响其能否以较低的价格和相对交易成本来获得商业信用。这种潜在的内生性问题可能会导致结果存在一定的偏误。鉴于此，本章为式（7-12）至式（7-14）的内生变量 $Trade_{it}$、$Bank_i$、$Tradebankprice_{it}$、$Termflexibility_i$ 依次引入工具变量 $Avtrade_{it}$、$Avbank_i$、$Avtradebankprice_{it}$、$Avtermflexibility_i$。其中，$Avtrade_{it}$、$Avbank_i$ 为所在村除自己以外取值为 1 的占比；$Avtradebankprice_{it}$、$Avtermflexibility_i$ 为所在村除自己以外的平均值。这样设定的原因是：一是这组工具变量与内生变量紧密相关。本村其他粮食规模经营户使用商业信用和银行信用的情况会直接影响该户自己的行为决策。二是在控制了诸多可能会影响被解释变量 $Chem_{it}$ 的因素后，该工具变量应当与残差项的关系较小。三是在进行弱工具变量检验后，本章发现 F 统计量的取值大于 10。以内生变量 $Tradebankprice_{it}$ 为例，F = 96.22[①]，这进一步验证了该工具变量的有效性。

式（7-12）至式（7-14）的所有变量的含义及描述性统计的结果如表 7-1 所示。

表 7-1 　　　　　　　　　　模型所涉及变量

变量代码	变量名称	计算方式或取值	均值	标准差
$Chem_{it}$	化肥折纯量	第 i 户在第 t 次施用的化肥的折纯量（斤/亩）	26.10	17.20
$Trade_{it}$	商业信用	第 i 户在第 t 次施用的化肥是否为赊购的：是 = 1，否 = 0	0.39	0.49
$Bank_i$	银行信用	第 i 户当年是否有向银行贷款用于购买化肥等农资：是 = 1，否 = 0	0.15	0.35
$Tradebankprice_{it}$	商业信用与银行信用的价格比	$\dfrac{\text{第 } i \text{ 户第 } t \text{ 次施用的化肥的赊购年利率}}{\text{当年用于购买化肥等农资的银行贷款的年利率}}$，其中化肥的赊购年利率 = $\dfrac{\text{化肥赊购的价格} - \text{不赊购的价格}}{\text{不赊购的价格} \times \text{赊购期限}} \times 12$[②]	0.58	3.85

① 限于篇幅，其他弱工具变量的检验不再一一汇报。

② 第一，问卷中"赊购期限"的单位为月。第二，在问卷中有专门设置一道问题"根据您的了解，如果不赊购，那么化肥价格应当是多少元/斤"。

续表

变量代码	变量名称	计算方式或取值	均值	标准差
$Termflexibility_i$	商业信用与银行信用的相对交易成本之差	$\dfrac{\text{第}i\text{户所有}t\text{次施用的化肥中最长的赊购期限}}{\text{第}i\text{户所有}t\text{次施用的化肥中最短的赊购期限}}-1$	0.17	0.61
$Chemkind_{it}$	施用化肥的种类数	第i户在第t次施用的化肥种类的数量（种）	1.20	0.44
$Chemhow_{it}$	施肥方式	第i户在第t次施用化肥的方式：1＝机器，0＝人工	0.39	0.49
$Chembase_{it}$	是否为底肥	第i户在第t次施用的化肥是否为底肥：是＝1，否＝0	0.50	0.50
$Land_{it}$	土地面积	第i户在第t次所施地块的面积（亩）	23.90	50.50
$Quality_{it}$	土壤肥力	第i户在第t次所施地块的土壤肥力：好＝1，中＝2，差＝3	1.60	0.61
$Basic_{it}$	基本农田	第i户在第t次所施地块是否为基本农田：是＝1，否＝0	0.68	0.47
$Distohome_{it}$	离家距离	第i户在第t次所施地块离家的距离（里）	4.15	26.50
$Transferin_{it}$	产权性质	第i户在第t次所施地块是否为转入地：是＝1，否＝0	0.54	0.50
$Relabor_i$	民间信用	第i户是否在当年有向亲戚朋友借款：是＝1，否＝0	0.46	0.50
$Henan_i$	河南省	第i户是否来自河南省：是＝1，否＝0	0.13	0.34
$Heilongjiang_i$	黑龙江省	第i户是否来自黑龙江省：是＝1，否＝0	0.45	0.50
$Sichuan_i$	四川省	第i户是否来自四川省：是＝1，否＝0	0.18	0.38

第四节　实证结果与讨论

一　描述性统计

表7-2展示了不同类型的信用形式与粮食规模经营户所施化肥的折纯量之间的关系。其中，获得商业信用的观测值为355个，占全部样本的38.80%，化肥折纯量的均值为28.90斤/亩。相较之下，有资金需求但无信用、获得银行信用的施肥水平要低一些，分别为24.81斤/亩、23.32斤/亩。可以看出，商业信用使得粮食规模经营户能够获得更多的化肥，不仅缓解了流动性约束，而且也有利于农业规模化经营的开

展。那么造成这一现象的关键机制是什么呢？本章拟根据表7-3、表7-4的结果来做出初步判断。

表7-2 不同信用形式与粮食规模经营户施用化肥的折纯量之间的关系

施肥情况 信用形式	观测值数量	均值（斤/亩）	标准差
有资金需求但无信用	472	24.81	15.94
商业信用	355	28.90	18.79
银行信用	88	23.32	15.64

注：只有那些只获得银行信用的观测值在表7-2中才被归类为银行信用。对于同时获得银行信用和商业信用的观测值，在表7-2中将其归类为商业信用。因为在有赊购化肥的情况下，粮食规模经营户有可能是用银行信用购买种子、农药等其他农资产品。

表7-3展示了不同信用形式的价格之间的关系。一是样本规模经营户赊购化肥的年利率的均值为0.04，即4%；从银行获得的用于购买化肥等农资的贷款年利率的均值为0.08，即8%。二是根据单边检验的结果，商业信用价格的均值小于银行信用价格的均值在1%的水平下通过了显著性检验，说明商业信用的价格要明显低于银行信用的价格。此外，核心解释变量商业信用与银行信用的价格比小于1也在1%的水平下通过了显著性检验，进一步证明了在农业规模化经营中，商业信用相比于银行信用具有明显的价格优势。

表7-3　　　　　　　不同信用形式的价格之间的关系

施肥情况 信用形式	均值	标准差	单边检验	
			商业信用价格< 银行信用价格（均值）	价格比<1
商业信用价格	0.04	0.29	-3.84*** (0.0001)	—
银行信用价格	0.08	0.02		
商业信用与 银行信用的价格比	0.58	3.85	—	-3.28*** (0.0005)

注：括号内为P值；*、**、***分别表示变量在10%、5%、1%的水平下通过了显著性检验；下同。

表7-4为在获得信用的443个观测值中，商业信用与银行信用的价格比处于不同水平的粮食规模经营户的化肥施用情况。一是从观测值的数量来看，样本地区的粮食规模经营户赊购化肥的利率普遍比从银行等正规金融机构获得的农业贷款的利率要低，进一步证明了利用商业信用赊购化肥的价格是要低于通过银行信用来购买化肥的。二是当商业信用与银行信用的价格比小于1时，化肥折纯量的均值为28.19斤/亩；当商业信用与银行信用的价格比大于等于1时，化肥折纯量的均值为26.51斤/亩。综合表7-3的结果，本章初步发现，当赊购的利率低于银行贷款时，粮食规模经营户有能力施用化肥、促进农业规模化经营，这可能是因为商业信用的价格优势缓解了粮食规模经营户的流动性约束。

表7-4　　　"商业信用与银行信用的价格比"和粮食规模
经营户施用化肥的折纯量之间的关系

商业信用与银行信用的价格比　　施肥情况	观测值数量	均值（斤/亩）	标准差
小于1	378	28.19	15.24
大于等于1	65	26.51	18.38

表7-5反映了信用的相对交易成本与粮食规模经营户施用化肥的折纯量之间的关系。对于享受到商业信用高灵活度的观测值而言，其化肥折纯量的均值为33.92斤/亩。相比之下，未享受到商业信用高灵活度的观测值仅为27.40斤/亩。商业信用的还款灵活度越高、相对交易成本越低，粮食规模经营户的流动性约束就越能被缓解，其所施用化肥的折纯量也就越高。具体的情况还有待计量结果作进一步验证。

表7-5　　　"商业信用与银行信用的还款灵活度之差"和粮食规模
经营户施用化肥的折纯量之间的关系

商业信用与银行信用的相对交易成本之差　　施肥情况	观测值数量	均值（斤/亩）	标准差
0	407	27.40	18.10

续表

商业信用与 银行信用的相对交易成本之差	施肥情况	观测值数量	均值（斤/亩）	标准差
大于 0		36	33.92	39.18

二 商业信用、流动性约束与农业规模化经营的结果分析

表 7-6 以粮食规模经营户的化肥施用行为为例，展示了商业信用、流动性约束与农业规模化经营的估计结果。无论采用何种模型以及是否放入控制变量，核心解释变量商业信用 $Trade_{it}$ 的系数都在 1% 或者 5% 的水平下正向显著，银行信用 $Bank_i$ 的系数都不显著。如果粮食规模经营户某次施用的化肥为赊购的，那么其每亩所施化肥的折纯量将会多出 3.030 斤。商业信用的确有利于缓解粮食规模经营户的流动性约束，从而实现农业的规模化经营。相较之下，银行信用并没有明显发挥积极作用，甚至可能表现出消极的影响。可能的解释：银行对农业贷款一般不会非常严格地限定用途，因此受到流动性约束的粮食规模经营户在进行资金配置时，可能会优先把钱用于农业生产经营和投资中的其他方面。本章提出的假说 7-1 得到证实。

表 7-6　商业信用、流动性约束与农业规模化经营的估计结果

变量	混合 OLS 估计（7-12）		随机效应（7-12）		随机效应（7-12）	
	估计系数	标准误	估计系数	标准误	估计系数	标准误
$Trade_{it}$	3.203***	0.972	4.783***	1.764	3.030**	1.430
$Bank_i$	-2.239	1.384	-4.677	2.917	-3.026	2.350
$Chemkind_{it}$	8.258***	1.058	—	—	6.907***	1.018
$Chemhow_{it}$	5.527***	1.180	—	—	5.801***	1.455
$Chembase_{it}$	12.586***	0.955	—	—	9.940***	0.722
$Land_{it}$	-0.016	0.010	—	—	-0.016	0.011
$Quality_{it}$	0.064	0.766	—	—	0.591	0.917
$Basic_{it}$	-0.508	1.074	—	—	-0.133	1.666

续表

变量	混合 OLS 估计（7-12）		随机效应（7-12）		随机效应（7-12）	
	估计系数	标准误	估计系数	标准误	估计系数	标准误
$Distohome_i$	-0.014	0.018	—	—	0.007	0.018
$Transferin_{it}$	0.753	0.945	—	—	0.397	0.701
$Relabor_i$	-1.826*	0.989	—	—	-1.570	1.615
$Henan_i$	14.599***	1.780	—	—	13.982***	2.696
$Heilongjiang_i$	3.532***	1.354	—	—	4.563**	2.276
$Sichuan_i$	7.688***	1.522	—	—	9.569***	2.504
常数项	3.063	2.331	28.513***	1.293	5.465*	2.956
观测值	915		915		915	
F 值	41.88		—		—	
Wald chi^2 值	—		13.81		422.68	

三 对价格机制的检验

表 7-7 以粮食规模经营户的化肥施用行为为例，展示了商业信用缓解流动性约束并促进农业规模化经营的价格机制的估计结果。核心解释变量商业信用与银行信用的价格比 $Tradebankprice_{it}$ 的系数负向显著。商业信用相比于银行信用的价格越低，规模经营户的流动性约束就越会被缓解，就越有能力购买化肥以开展农业规模化经营。

买方市场理论能够对此做出解释。在化肥生产厂商的授权下，为了应对市场竞争，那些具有较强信息获取能力的农资销售商会为当地的粮食规模经营户主动提供商业信用。而这些被卖方"争夺"的农户则处于相对强势的地位，他们用较低的成本就能够购买到化肥。这一方面降低了他们的农业生产成本，另一方面也缓解了潜在的流动性约束，从而使得他们有能力购买，以促进农业生产的规模化经营。相较之下，中国的农村正规金融市场属于卖方市场，农户获得银行信用往往需要付出较高的利息，因此实际支付的化肥价格也要高于商业信用。本章的假说7-2得证。

表 7-7 　　商业信用缓解流动性约束并促进农业规模化经营的
价格机制的估计结果

变量	混合 OLS 估计（7-13）		随机效应（7-13）		随机效应（7-13）	
	估计系数	标准误	估计系数	标准误	估计系数	标准误
$Tradebankprice_{it}$	-0.654***	0.240	-0.515*	0.299	-0.537**	0.247
$Chemkind_{it}$	9.624***	1.409	—	—	9.714***	1.390
$Chemhow_{it}$	3.469**	1.720	—	—	4.746**	2.247
$Chembase_{it}$	12.747***	1.333	—	—	10.730***	1.041
$Land_{it}$	-0.016	0.036	—	—	-0.013	0.036
$Quality_{it}$	-0.574	1.106	—	—	0.972	1.370
$Basic_{it}$	-0.324	1.471	—	—	-0.721	2.170
$Distohome_i$	-0.009	0.026	—	—	0.008	0.026
$Transferin_{it}$	0.693	1.390	—	—	0.173	1.077
$Relabor_i$	-3.985***	1.430	—	—	-3.609*	2.174
$Henan_i$	26.448***	2.628	—	—	26.080***	3.851
$Heilongjiang_i$	3.594*	1.965	—	—	3.775	3.105
$Sichuan_i$	12.738***	1.992	—	—	13.943***	3.220
常数项	3.768	3.137	30.638***	1.500	2.434	3.966
观测值	443		443		443	
F 值	29.64		—		—	
Wald chi² 值	—		0.52		274.35	

控制变量的结果与表 7-6 基本相同。但在随机效应式（7-13）中，变量民间信用 $Relabor_i$，即向亲戚朋友借款的结果有所变化。该变量的系数在 10% 的水平下负向通过了显著性检验。可能的解释是，不同于式（7-12）和式（7-13）的所有观测值都至少获得了一种信用，因此他们的施肥决策会更加慎重，也更有可能受到来自家庭层面的因素的影响。民间信用是一种常见的融资方式，并且借出方为了体现"人情味"

往往会把利率定得很低，甚至可能是零息借款。这意味着如果单纯考虑资金成本，通过民间信用购买化肥的价格要比通过商业信用赊购化肥的价格低。但是，民间信用的特殊之处在于其充分展现了农村地区基于地缘、血缘和亲缘的人情交换。这种人情交换尽管有利于双方互通有无、交流感情、增强关联，但也会赋予借款方强烈的亏欠感（杨华，2008）。通过民间信用购买化肥的粮食规模经营户需要承担很高的人情成本，比如在亲戚朋友有需要的时候提供无条件的帮助、"份子钱"的金额变高等。而在农村地区的人情支出不断上涨的情况下（杭斌，2015；周广肃和马光荣，2015），人情来往本身的不平衡性和延续性又会进一步强化上述效应（陈辉，2012）。因此，尽管民间信用的利率相对较低，但其总的成本可能会高于商业信用。对于那些向亲戚朋友借款的粮食规模经营户来说，其理性的决策应当是将这些成本较高的资金主要用于更加紧急的用途上，未必会用于农业规模化经营。相比之下，商业信用内生于农业产业链之中，农户不仅处于相对强势的地位，而且交易双方不存在"求人办事"的问题（彭澎，2019）。

四　对相对交易成本机制的检验

表7-8以粮食规模经营户的化肥施用行为为例，展示了商业信用缓解流动性约束并促进农业规模化经营的相对交易成本机制的估计结果。控制变量的结果和表7-7基本相同。核心解释变量商业信用与银行信用的相对交易成本之差 $Termflexibility_i$ 的系数在1%的水平下正向通过了显著性检验。商业信用的还款灵活度越比银行信用高，粮食规模经营户的流动性约束就越会被缓解，就越有能力购买化肥以开展农业规模化经营。

相比于银行贷款延长还款期限可能需要办理展期等一系列手续，赊购的还款灵活度要高得多。粮食规模经营户，尤其是优质的粮食规模经营户，常常只需要和农资收购商口头约定即可实现，其需要承担的相对交易成本也更低。而在银行信用下，粮食规模经营户的刚性还款压力和面临的金融风险要更大。因此，商业信用有可能通过相对交易成本机制来缓解规模经营户的流动性约束，促进其实现农业规模化经营。综上所述，假说7-3也同样得到证明。

表 7-8 商业信用缓解流动性约束并促进农业规模化经营的
相对交易成本机制的估计结果

变量	混合 OLS 估计（7-14）		随机效应（7-14）		随机效应（7-14）	
	估计系数	标准误	估计系数	标准误	估计系数	标准误
$Termflexibility_i$	8.204***	0.881	6.799***	2.074	7.948***	1.515
$Chemkind_{it}$	8.224***	1.597	—	—	7.491***	1.646
$Chemhow_{it}$	3.807*	2.000	—	—	4.531*	2.558
$Chembase_{it}$	14.378***	1.542	—	—	13.244***	1.316
$Land_{it}$	−0.015	0.042	—	—	−0.015	0.043
$Quality_{it}$	−0.903	1.269	—	—	0.565	1.569
$Basic_{it}$	0.436	1.688	—	—	−0.077	2.333
$Distohome_i$	−0.011	0.030	—	—	0.007	0.032
$Transferin_{it}$	0.620	1.602	—	—	0.276	1.359
$Relabor_i$	−2.691	1.683	—	—	−2.767	2.408
$Henan_i$	25.099***	3.034	—	—	24.541***	4.106
$Heilongjiang_i$	4.004*	2.267	—	—	4.113	3.286
$Sichuan_i$	11.999***	2.296	—	—	13.070***	3.355
常数项	4.255	3.613	30.563***	1.507	3.843	4.415
观测值	443		443		443	
F 值	28.97		—		—	
Wald chi^2 值	—		10.74		245.10	

五 对内生性问题的讨论

表 7-6 至表 7-8 报告的实证结果是没有处理内生性问题的，但式（7-12）至式（7-14）的核心解释变量都存在逆向因果的问题。因此，为了避免潜在的偏误，本章还为三个计量经济模型引入了工具变量，并进行了 G2SLS 回归，估计结果如表 7-9 所示。

变量商业信用 $Trade_{it}$、商业信用与银行信用的相对交易成本之差 $Termflexibility_i$ 的系数分别在 G2SLS 式（7-12）和式（7-14）中以 10% 的水平正向显著。变量商业信用与银行信用的价格比 $Tradebankprice_{it}$ 的系数则在 G2SLS 式（7-13）中以 5% 的水平负向通过了显著性检验。

银行信用 $Bank_i$ 的系数在 G2SLS 式（7-12）中不显著。上述变量的符号方向和显著性与表 7-6 至表 7-8 报告的结果没有差异。但是在 G2SLS 式（7-12）和式（7-13）中，核心变量 $Trade_{it}$ 与 $Tradebankprice_{it}$ 的估计系数的绝对值都有所增加，这可能和个体处理效应异质性所导致的局部平均处理效应有关（潘爽等，2020）。

综上所述，无论是否处理内生性，商业信用都会缓解规模经营户的流动性约束，促进农业规模化经营。不同于其他信用，这背后起到关键作用的是商业信用的价格优势及其在相对交易成本上的优势。假说 7-1 至假说 7-3 都再次被验证。

表 7-9　　　　　　　　　处理内生性问题后的估计结果

变量	G2SLS（7-12）		G2SLS（7-13）		G2SLS（7-14）	
	估计系数	标准误	估计系数	标准误	估计系数	标准误
$Trade_{it}$	5.328*	3.023	—	—	—	—
$Bank_i$	-6.682	6.456	—	—	—	—
$Tradebankprice_{it}$	—	—	-1.734**	0.776	—	—
$Termflexibility_i$	—	—	—	—	5.920*	3.420
常数项	4.876	3.239	2.733	3.977	3.726	4.392
是否包含控制变量	是		是		是	
观测值	915		443		443	
Wald chi² 值	428.48		266.89		221.70	

六　稳健性检验

限于数据，本章拟通过子样本来完成稳健性检验。在综合考虑了四省所处的地区和经济发展水平的代表性后，本章保留了黑龙江（东北）、四川（西部）和浙江（东部沿海）三省的观测值作为子样本，并在处理内生性后进行如式（7-12）至式（7-14）所示的回归。估计结果如表 7-10 所示。

表 7-10　　　　　　　　　　　稳健性检验的估计结果

变量	G2SLS（7-12）		G2SLS（7-13）		G2SLS（7-14）	
	估计系数	标准误	估计系数	标准误	估计系数	标准误
$Trade_{it}$	5.916**	2.840	—	—	—	—
$Bank_i$	-5.544	6.107	—	—	—	—
$Tradebankprice_{it}$	—	—	-1.917**	0.893	—	—
$Termflexibility_i$	—	—	—	—	5.568*	3.292
常数项	6.687**	3.132	5.174	3.980	6.462	4.438
是否包含控制变量	是		是		是	
观测值	794		401		401	
Wald chi^2 值	341.13		186.56		157.95	

即使只使用子样本，核心解释变量商业信用 $Trade_{it}$ 的系数依然在式（7-12）中以 5% 的水平正向通过了显著性检验，银行信用 $Bank_i$ 则不显著。核心解释变量商业信用与银行信用的价格比 $Tradebankprice_{it}$、商业信用与银行信用的相对交易成本之差 $Termflexibility_i$ 的系数则分别在式（7-13）和式（7-14）负向和正向显著。这一结果和表 7-6 至表 7-9 所示的主回归的结果保持一致，证明本章的实证结果是基本稳健的，商业信用的确会有效缓解规模经营户的流动性约束，有助于农业规模化经营的实现。

第五节　本章小结

农业适度规模经营需要较强的流动性，因此外部的信用支持非常重要。本章以粮食规模经营户的化肥施用行为为例，利用来自四省农户调研的非平衡面板数据，对表现为赊销赊购的商业信用和流动性约束以及农业规模化经营之间的关系展开理论和实证层面的分析。研究结论如下：一是根据买方市场理论，商业信用在化肥市场中也很常见，在农资价格上涨的背景下，它有利于规模经营户缓解流动性约束，从而实现农业的规模化经营。二是相比于常见的银行信用，商业信用在价格方面具有明显的优势。它能够降低信息不对称程度且约束农户的还款行为，因此其资金价格和需要农户实际支付的金额都更低。这会缓解那些有资金需求的规模经营户的流动性约束,助推其实现农业规模化经营。三是商业信用的另一个优势是较低的相对交易成本,比如还款机制要更加灵活,它同样会使得受到流动性约束的规模经营户有能力扩大农业经营规模。

和前人的研究相比,本章以化肥施用为例,不仅构建了一个商业信用影响流动性约束和农业规模化经营的分析框架,而且借助特殊的非平衡面板数据集,对其背后的机理进行了详细的实证分析,为相关研究提供了一个新的视角。更为重要的是,本章验证了相比于银行信用,商业信用在还款期限等灵活性方面的优势,证实了其有助于避免规模经营户在销售农产品时面临较大的还款压力,从而制约其选择合适的价格风险管理方式。

第八章

数字金融能力对规模经营户流动性约束的缓解

第一节　引言

2024 年的中央一号文件提出"构建现代农业经营体系","以小农户为基础、新型农业经营主体为重点、社会化服务为支撑","提升家庭农场和农民合作社生产经营水平"。适度规模经营是现代农业经营体系的重要内容,而流动性约束是制约规模经营户做出合理的价格风险管理决策的重要因素,因此有必要探究缓解规模经营户流动性约束的方法。尽管商业信用已经被证明可以在短期内提供有效的流动性补充,但是规模经营户仍然需要中长期的流动性支持,以缓解自身的流动性约束、放松每年初的债务偿还压力。

然而,根据农业农村部印发的《新型农业经营主体和服务主体高质量发展规划（2020—2022 年）》,很多规模经营户即使能够获得贷款,融资期限也不够灵活,中长期贷款的占比较低。因此,关注规模经营户的流动性约束缓解,尤其是正规中长期信贷的可得性问题,不仅有助于改善目前规模经营户在发展中遇到的短板以及制约、优化其农产品价格风险管理决策,而且对于实现农业适度规模经营的高质量发展、早日建成"农业强国"同样具有较高的借鉴价值。

规模经营户的数字金融能力可能会对其面临的流动性约束问题发挥缓解作用。在实践中,规模经营户是在传统农户的基础上通过扩大经营发展而来，户主自身原本的金融素养与数字技能水平不高。而越来越多的正规金融机构开始加速数字化改革，加之金融科技公司也不断推陈出新，创新推出农村数字信贷模式，还款期限要比传统的银行贷款更加灵活。但是，这种银行采用的线上与线下相结合的贷款服务方式也对规模经营户的金融素养与数字技能水平提出了更高的要求，因此规模经营户的数字金融能力的高低将会影响其在多大程度上能够利用数字技术和服务来提高自身的正规中长期信贷可得性，进而缓解流动性约束。

虽然现在已经有不少学者探究数字普惠金融发展以及数字金融的使用等对于农业经营主体的影响，但尚未有学者从"能力"的视角将农业经营主体的数字金融素养、数字金融经验以及数字金融风险的应对等因素纳入同一框架，构建数字金融能力指数，探究其对于规模经营户的流动性约束缓解的影响。基于"可行能力"以及"核心能力"的理论基础（阿马蒂亚·森，2002），本章认为数字金融能力是指：个人或家庭拥有一定的数字金融素养、具备数字金融经验并且能够合理应对数字金融风险的能力，这一能力作为数字化时代的一种人力资本有助于规模经营户更好地获取、管理和使用数字化金融产品服务。

基于此，本章利用江苏省六县（市、区）499个家庭农场的实地调查数据，探究数字金融能力能否提高规模经营户的正规中长期信贷可得性，缓解其流动性约束。本章的边际贡献在于：一是构建了"数字金融能力"指标，并且从数字金融相关的"能力"的微观视角探究影响规模经营户流动性约束缓解的因素，这一微观视角更能够真实反映流动性约束对于规模经营户的经营与发展所发挥的作用。二是验证并讨论了数字金融能力的不同维度对于规模经营户流动性约束缓解的异质性影响，并且探究了数字金融能力对于不同经营收入水平的规模经营户流动性约束缓解的异质性影响。上述研究将有助于在商业信用之外，进一步探讨缓解规模经营户流动性约束的办法，进而促进其优化农产品价格风险管理决策。

第二节 文献综述与研究假说

一 文献综述

(一) 规模经营户正规信贷可得性的影响因素

以家庭农场为例,对于影响规模经营户正规信贷可得性的因素,国外学者进行了广泛的研究。家庭农场的管理技能、成本结构、财务管理、融资安排、非农业股权资本的利用和营销技能等被认为对其获得正规信贷具有重要作用 (Blezek and Post, 1989)。强大的价值链、与价值链重要成员的战略联盟,以及有利的地理、气候和价格条件,也被认为有助于家庭农场进入正规金融部门并获得信贷。除此之外,年收入、距离、农场规模和以往贷款状况也均有利于金融机构向家庭农场提供更大规模的正规借贷 (Oboh and Kushwaha, 2009)。

以家庭农场为例,国内学者同样对规模经营户正规信贷可得性的影响因素进行了研究。汪艳涛等 (2015) 认为,由于家庭农场缺乏专业的财务管理人员,因此其正规信贷可得性受到约束。林乐芬和法宁 (2015) 认为,家庭农场的经营规模、融资的金额要求和期限要求不利于其获得正规信贷,而通过的资质认定和审批资料、完整的财务报表信息有利于家庭农场获得信贷。张朝华 (2018) 则认为,首先,家庭农场的经营类别会对其正规信贷可获性产生影响;其次,家庭农场的社会资本以及金融资本中的流动性较强的资产同样会对其正规信贷可得性产生影响。

(二) 数字金融对于农业经营主体信贷可得性的影响

关于数字金融对农业经营主体的信贷获得的影响,已有研究大多基于数字金融的发展,即采用数字普惠金融指数探究其对于农业经营主体信贷可得性的影响。陈晓芳和杨建州 (2021) 认为,数字普惠金融通过提高金融知识和增强社会互动来促进农户家庭正规信贷获得。黄卓和王萍萍 (2022) 认为,数字普惠金融发展通过降低交易成本、缓解信息不对称和降低抵押品要求提高了农业经营主体的正规信贷可得性。Xu 等 (2022) 认为,相比于传统农村金融,数字普惠金融更能够解决农村金融市场信息不对称的问题,从而促进农村信贷供给总量的边际增加。

而在数字金融的微观层面，已有研究主要基于数字金融产品和服务的使用探究其对于农业经营主体的信贷获得的影响。杨波等（2020）、潘爽等（2020）以及杨明婉和张乐柱（2021）认为，数字金融使用提升了农村家庭正规信贷获得的可能性。较为一致的观点认为，数字金融产品和服务的使用能够提升农户正规信贷获得的原因主要在于交易成本的降低和信息不对称的缓解。

纵观现有文献不难发现，目前很少有学者就规模经营户在获取金融资源时所需的金融以及数字能力如何影响其流动性约束展开探究。已有研究表明，金融能力的提高有助于农户获得正规信贷（谭燕芝和彭千芮，2019），并且也有学者认为数字能力的提高能够帮助农户更好地使用数字融资工具，适应传统信贷的数字化转型，从而提高其信贷可得性（单德朋等，2022；翁辰等，2022）。通过观察微观行为还可以发现，在数字化时代下，人们的数字能力和金融能力正处在深度交融的过程中（罗煜和曾恋云，2021）。基于此，本章将综合考虑规模经营户的数字能力和金融能力，并将两者纳入"数字金融能力"的度量框架内，以正规中长期信贷可得性为视角，探究数字金融能力对于规模经营户流动性约束的影响。

二 研究假说

数字金融能力能提高规模经营户正规中长期信贷可得性、缓解流动性约束。

第一，具备高数字金融能力的规模经营户能够凭借其较好的数字金融素养提高正规中长期信贷可得性。一方面，在当前数字经济的时代背景下，数字金融素养的提高能够帮助规模经营户改善自身的金融素养和数字技术能力不足的难题，从而使其更加愿意去申请正在数字化转型中的各类信贷产品，缓解正规信贷的需求约束。而且相比于传统的信贷产品，规模经营户数字金融素养的提高更有助于降低金融机构的交易成本，从而增强正规金融机构向其提供中长期服务的主动性，缓解其正规信贷供给约束（潘爽等，2020）。另一方面，数字金融素养的提高也会使规模经营户能够通过数字化渠道获取更多有益的经济金融方面的信息，并且具有处理所获信息的能力，这将会使其对信贷产品有更加理性的认识，缓解正规信贷的需求约束。同时，具备高数字金融素养的规模经营户往往还款能力以及还款意愿更强,信贷违约风险更低(孙光林等,2017)。基于此,正规金融机构会更加愿意为其发放中长期贷款,缓解供给约束。

第二,具备高数字金融能力的规模经营户能够凭借其丰富的数字金融经验提高其正规中长期信贷可得性。数字金融经验的积累有助于规模经营户金融素养和数字技术能力的提高,使其能够更加熟练地使用数字化的正规信贷产品。同时,数字金融经验的积累也是规模经营户积累经济和金融信息的过程,随着信息的不断沉淀,其对于中长期正规信贷的获取也更为便利。

第三,具备高数字金融能力的规模经营户能够凭借其对于数字金融风险的有效应对提高正规中长期信贷可得性。具有较强数字金融风险应对能力的规模经营户,往往能够很好地处理可能遇到的信息安全和资金安全问题,增强自身使用中长期金融产品的信心,从而缓解流动性约束。基于以上三个维度的讨论,本章提出:

假说8-1:数字金融能力能够提高规模经营户的正规中长期信贷可得性、缓解其流动性约束。

信息不对称引发的道德风险和逆向选择问题是影响规模经营户正规信贷可得性的重要因素(Stiglitz and Weiss,1981)。尽管目前许多规模经营户缺乏信用记录,但其在日常生活以及农业经营中的电商交易买卖记录、支付宝以及微信的收付款使用、数字信贷、数字理财以及数字保险产品的购买记录,均可积累信用(黄卓和王萍萍,2022)。例如,规模经营户利用淘宝、京东等电商平台进行农产品销售或者线下销售时,采用支付宝和微信进行收款,这些销售方式所保留的记录均能够反映规模经营户主营业务的经营状况和盈利状况,可以作为金融机构评估其信用状况的参考。一方面,数字金融能力较强的规模经营户能够利用自身素养使用数字金融产品和服务,从而留下"数字足迹"。另一方面,规模经营户积累数字金融经验的过程实际也是沉淀"数字足迹"的过程,以往生产经营中的数字收付款、数字理财、数字保险等的使用记录均能够留下"数字足迹"。另外,应对数字金融风险的能力能够使规模经营户合理处理各类信息、保障资金安全,避免发生负面的行为(遭遇网络诈骗或个人信息泄露等),从而提高其"数字足迹"的质量以及可靠性。因此，数字金融能力较强的规模经营户更有可能积累较多的信用记录。当规模经营户申请期限相对较长的贷款时，金融机构能够基于这些信用记录，利用大数据、云计算等新技术，对其进行更加精准地画像，进而缓解信息不对称的问题，提高规模经营户的正规中长期信贷可得性。基于以上讨论，本章提出：

假说 8-2：数字金融能力能够通过缓解信息不对称提高规模经营户的正规中长期信贷可得性、缓解其流动性约束。

数字金融能力能够提高规模经营户的收入水平。一是具备较强数字金融能力的规模经营户拥有参与农产品电商所需的数字设备以及信息甄别能力，可以丰富自身销售农产品的渠道（罗磊等，2024）。这有助于降低规模经营户获取商品信息和市场信息的成本，使其通过互联网更为便利地销售农产品（Mary George et al.，2016），从而增加规模经营收入（秦芳等，2022）。二是数字金融能力较强的规模经营户能够通过互联网和移动支付终端快速完成农产品销售的收款，从而能够及时填补下阶段农业生产的资金缺口，确保生产经营活动的正常进行。三是数字金融能力较强的规模经营户能够通过数字支付、数字理财、数字保险和数字信贷等产品增加转移性收入和财产性收入（罗煜和曾恋云，2021），从而间接提升其中长期正规信贷可得性。一方面，规模经营户收入水平的提升能够使农场主更加有信心扩大当前的生产经营规模，从而刺激其中长期正规信贷需求。另一方面，规模经营户收入水平的提升表明其经营状况良好、盈利能力较强，银行等金融机构在评估其借贷申请时也会更加愿意为其发放期限灵活的贷款，提高其正规中长期信贷可得性（刘西川等，2014；彭克强等，2017）。基于以上讨论，本章提出：

假说 8-3：数字金融能力能够通过提升收入水平提高规模经营户的正规中长期信贷可得性、缓解其流动性约束。

第三节　数据与实证研究策略

一　数据来源

本章研究样本来源于南京农业大学金融学院于 2021 年 7 月开展的

"江苏省金融支持家庭农场发展"调查。家庭农场是一种非常典型的农业规模经营户。本次调查选择江苏省徐州铜山、南通海门、泰州兴化、镇江句容、宿迁泗洪和无锡江阴6个县（市、区），每个县（市、区）选取4—6个样本镇，每个样本镇约选取20个家庭农场，共获得499个家庭农场数据。问卷主要是对各个家庭农场2020年的发展情况进行调研，内容包括农场主特征、家庭农场基本信息、土地利用、生产经营情况、资产生计、家庭开支、资金往来、金融素养、数字素养等。

本次调查数据具有一定的代表性。一是本次调查从江苏省的苏南、苏中以及苏北地区各选择了两个县（市、区），而苏南、苏中以及苏北地区的数字金融以及家庭农场的发展水平能够代表江苏省的总体水平。二是选用江苏省的调查数据能够很好地代表中国较高发展水平地区的数字金融以及家庭农场的相关情况。一方面，江苏省从省到地方各级均十分重视农业生产投资，积极践行中央一号文件对于粮食安全的要求。根据《江苏统计年鉴（2022）》公布的数据，2021年江苏省农林水支出为1107亿元，同比增长1.4%。为保障粮食安全，2021年江苏财政统筹省级以上资金超233亿元，推进落实"藏粮于地、藏粮于技"的国家战略。另一方面，作为长三角地区的经济强省，江苏省的数字金融发展水平一直处于全国前列。根据北京大学数字普惠金融指数，江苏省2020年的数字金融发展水平位居全国第四。

二 变量设置

（一）被解释变量

本章以家庭农场为例，以正规中长期信贷可得性为视角，研究数字金融能力对规模经营户的流动性约束缓解情况。对于被解释变量流动性约束，借鉴郭红东等（2011）和汪昌云等（2014）研究，按照"有无"和"多少"两个标准，分别包括：正规中长期信贷是否可得以及得到的金额。其中，"得到的金额"具体是指规模经营户于2020年所获得的借款期限在一年期以上的正规贷款金额。正规贷款包括由农村商业银行以及其他各类商业银行发放的符合期限要求的贷款。

（二）核心解释变量

联合国教科文组织对于数字能力的定义主要包括以下五个领域：信

息和数据素养、沟通与协作、数字内容的创造、预防数字风险、问题解决（Law et al.，2018）。在具备基本的数字方面的知识、技能以及风险意识之后，用户便具备了使用数字服务的能力，但如果要享受金融服务，那么还需要具备基本的金融能力。由此，数字金融能力可以视为数字能力的下一步。Xiao 等（2015）认为，无论是金融素养还是金融行为，都是金融能力的重要组成部分，因此，将金融能力定义为具有一定的金融知识水平、展现适宜的金融行为，有助于获得金融福利。世界妇女银行认为，数字金融能力是指使一个人能够积极使用数字金融服务的知识、态度和技能，包括对数字金融产品的了解、对于数字金融产品的信任以及使用数字金融产品的技术能力。罗煜和曾恋云（2021）认为，除了数字金融素养外，数字金融能力更着重强调数字金融行为的实现，因此应当包括：合理使用数字金融产品、合理应对数字金融风险以及合理维护自身权益。

结合数字能力、金融能力以及数字金融能力的定义，本章将数字金融能力界定为：规模经营户拥有一定的数字金融素养、具备数字金融经验并且能够合理应对数字金融风险的能力，这一能力作为数字化时代的一种人力资本有助于规模经营户更好地获取、管理和使用金融产品服务。根据该定义，数字金融能力主要涵盖三个维度：一是具备基本的数字金融素养。数字金融素养主要包括数字素养、金融素养以及关于数字金融产品的知识。数字金融素养在提高数字金融包容性方面发挥着最重要的作用，这一作用与金融素养对于金融包容性的提升作用相同（Cohen and Nelson，2011），而为了满足自身经济利益，人们需要借助于数字金融的包容性获得更多的金融产品和服务。二是具备数字金融经验。数字金融经验主要指有享受过采用数字技术的金融服务，如使用过数字收付款、数字信贷、数字理财以及数字保险等。三是合理应对数字金融风险。数字金融风险的应对主要包含对于信息安全风险和资金安全风险的应对能力。这一维度主要强调规模经营户在使用金融产品和服务时能够合理应对可能出现的各种数字化风险。

数字金融能力各维度的具体衡量指标以及说明见表8-1。

表 8-1　　　　　　　　　　　数字金融能力的衡量框架

一级指标	二级指标	主体指标	均值	标准差
数字金融素养	数字素养	您是否会使用智能手机的一般功能？	0.96	0.21
		您是否会对电脑的简单应用进行正确操作？	0.73	0.44
		您上网进行信息搜寻或者知识学习的频率？	3.09	1.22
		您是否会利用线上平台进行直播？（包括直播销售）	0.11	0.32
		您是否会使用微信的一般功能？	0.96	0.20
	金融素养	利率计算是否正确？	0.80	0.78
		通货膨胀计算是否正确？	0.80	0.73
		投资风险计算是否正确？	0.58	0.88
		您对银行等正规金融机构推出的传统信贷业务了解程度？	1.20	0.83
	数字金融产品的知识	您对银行等正规金融机构推出的数字信贷业务了解吗？	0.40	0.64
		您对支付宝、微信等网络平台推出的线上贷款业务了解吗？	0.50	0.67
数字金融经验	数字收付款的使用	您和您家人在购物（包括网购）时是否会使用移动支付？	0.96	0.21
		在您全年的生产经营支出中，通过手机支付的比例约为多少？	0.48	0.40
		您使用支付宝、微信进行日常支付的频率？	4.07	1.08
		是否进行线上销售？	0.10	0.31
	数字信贷业务的使用	您是否向银行等正规金融机构申请过数字信贷业务？	0.11	0.31
		您是否向支付宝、微信等网络平台申请过线上贷款业务？	0.13	0.33
	数字理财产品的使用	您是否通过互联网渠道购买过理财产品？	0.10	0.30
	数字保险产品的使用	种植业保险是否通过线上投保？	0.05	0.20
		养老保险是否通过线上投保？	0.10	0.28
		医疗保险是否通过线上投保？	0.11	0.30
数字金融风险的应对	合理应对信息安全风险	您使用网上银行、支付宝等互联网金融工具时，是否采取措施（如绑定手机号、动态验证码等）维护账号及密码等信息的安全？	0.90	0.29

续表

一级指标	二级指标	主体指标	均值	标准差
数字金融风险的应对	合理应对资金安全风险	您使用网上银行、支付宝等互联网金融工具时，是否采取措施（如动态口令和交易码、人脸识别、指纹识别等）维护线上交易的资金安全？	0.86	0.40

本章将以表8-1所列的所有问题为基础，采用因子分析的方法对数字金融能力进行综合分析。一是样本数据的KMO检验值为0.75，说明变量之间存在相关性；Bartlett球形检验的概率为0.00，小于显著性水平，据此样本数据符合因子分析的要求。二是对样本数据通过主成分分析进行因子提取，本章依据特征值大于1的标准提取了8个公因子。三是对变量进行因子旋转，以各因子的方差贡献率分别除以累计贡献率，得出各因子的权重，将权重乘以相应的因子得分加和得到数字金融能力指数。

表8-2　　　　　　　　　旋转后各成分的因子载荷矩阵

具体指标	因子1	因子2	因子3	因子4	因子5	因子6	因子7	因子8
智能手机使用	0.856	0.055	0.043	0.040	0.064	-0.026	0.074	-0.045
电脑使用	0.400	0.345	0.310	0.222	0.196	-0.076	0.001	0.116
信息搜寻	0.399	0.410	0.309	0.221	0.158	-0.139	0.039	0.140
直播销售能力	-0.022	0.018	0.162	0.103	-0.027	0.213	0.052	0.716
微信使用	0.878	0.008	0.062	0.028	0.007	-0.031	0.086	-0.017
利率计算	0.115	0.098	0.762	0.023	0.014	0.091	-0.001	-0.030
通货膨胀计算	0.106	0.085	0.786	0.079	0.027	0.034	0.100	0.044
投资风险计算	0.032	0.013	0.597	-0.011	0.224	-0.015	0.037	0.218
了解传统信贷	0.116	0.071	0.091	0.171	0.105	-0.128	0.830	0.075
历史信贷	-0.001	0.142	0.007	0.101	0.075	-0.047	0.837	-0.024
了解正规数字信贷	0.072	0.064	0.156	0.875	0.138	0.042	0.152	0.048
了解网络数字信贷	0.128	0.019	0.120	0.139	0.847	0.058	0.115	0.093
移动支付使用	0.654	0.231	0.052	-0.001	0.028	0.050	-0.010	0.059
手机支付比例	0.306	0.311	-0.079	0.091	-0.104	0.067	0.086	0.252

续表

具体指标	因子1	因子2	因子3	因子4	因子5	因子6	因子7	因子8
手机支付频率	0.701	0.288	0.118	0.085	0.181	0.036	-0.071	0.147
线上销售行为	0.057	0.044	-0.019	-0.029	0.076	-0.125	0.012	0.785
正规数字信贷使用	0.033	0.014	-0.066	0.911	0.057	0.109	0.074	-0.007
网络数字信贷使用	0.044	0.093	-0.022	0.082	0.837	0.224	0.076	-0.058
数字理财使用	0.007	0.093	0.149	0.075	0.380	-0.257	-0.239	0.139
线上种植保险	0.106	-0.058	0.056	-0.027	0.028	0.534	0.105	0.003
线上养老保险	-0.030	0.083	0.013	0.150	0.130	0.802	-0.140	0.042
线上医疗保险	-0.038	-0.047	0.068	0.074	0.165	0.795	-0.095	-0.012
信息安全风险	0.146	0.835	0.061	0.053	-0.007	0.013	0.113	-0.003
资金安全风险	0.101	0.842	0.070	0.008	0.105	0.017	0.100	0.034

本章按照同样的方法对数字金融能力包含的三个维度进行了因子分析，得到了数字金融素养指数、数字金融经验指数以及数字金融风险应对指数。具体的因子载荷情况，因为篇幅限制，这里就不再加以展示。

（三）控制变量

本章参考其他学者的做法（张朝华，2018；周月书等，2019），选取家庭农场主特征、家庭农场特征以及地区特征三个方面作为影响家庭农场流动性约束缓解的控制变量。家庭农场主特征主要包括农场主的年龄、性别、受教育程度、职业教育培训情况、健康情况。家庭农场特征主要包括家庭农场经营年限、离银行网点的距离、离县政府的距离、政府补贴情况、家庭农场示范情况、家庭农场认证情况、家庭农场组织形式、家庭农场的总资产。地区特征主要是县域虚拟变量。

（四）中介变量

一是本章用家庭农场"2020年的种植业和畜牧业总收入水平"并取对数来衡量其2020年的总体收入水平。二是借贷双方之间的信息不对称和风险控制问题是制约金融机构发放贷款的主要因素（王景富，2002；张龙耀和袁振，2022）。基于此，本章将通过"数字金融能力能否更有利于家庭农场获得信用贷款"来侧面验证数字金融能力对于家庭农场与金融机构之间信息不对称的缓解作用。

三 描述性统计

本章主要变量的描述性统计结果如表8-3所示。

表8-3 主要变量的描述性统计结果

变量名称	变量符号	变量说明	均值	标准差
流动性约束缓解	$Liquidity_i$	若能够获得正规中长期借款，则家庭农场流动性约束得到缓解，赋值为1，否则赋值为0	0.15	0.36
流动性约束缓解程度	$Lnloan_i$	家庭农场获得的正规中长期信贷金额（元），取对数	1.86	4.51
数字金融能力	DFC_i	采用因子分析法进行度量	2.00	0.36
数字金融素养	DFL_i	采用因子分析法进行度量	2.00	0.50
数字金融经验	DFE_i	采用因子分析法进行度量	2.00	0.59
数字金融风险的应对	DFR_i	采用因子分析法进行度量	2.00	1.00
家庭农场收入	$Earn_i$	种植业和畜牧业总收入水平（元），取对数	13.26	1.50
正规信用贷款是否可得	$Credit_i$	如果正规信贷的获得方式是信用，则赋值为1，否则赋值为0	0.28	0.45
正规信用贷款获得额	$Lncredit_i$	以信用方式获得的正规贷款金额（元），取对数	3.50	5.63
经营年限	$Year_i$	家庭农场至今成立年限（年）	6.51	3.64
性别	$Gender_i$	家庭农场主的性别：男=1；女=0	0.88	0.33
年龄	Age_i	家庭农场主年龄为30岁及以下赋值为1；31—40岁赋值为2；41—50岁赋值为3；51—60岁赋值为4；60岁以上赋值为5	3.27	0.96
职业教育培训情况	$Training_i$	是否受过非农职业教育或培训，或农业技术教育或培训，是=1，否=0	0.92	0.27
受教育程度	Edu_i	学历程度：1=没上过学；2=小学；3=初中；4=高中/中专/技校/职高；5=大专；6=本科；7=硕士及以上	3.64	1.01
健康状况	$Health_i$	自我认定的健康状况：1=丧失劳动能力；2=差；3=中；4=良；5=优	4.71	0.54
离银行网点的距离	$Bank_i$	离最近银行网点的距离是多少（公里）	2.72	2.22

变量名称	变量符号	变量说明	均值	标准差
离县政府的距离	$Gover_i$	离县政府的距离是多少（公里）	23.18	14.19
政府补贴情况	$Subsidy_i$	当年政府补贴的总收入（万元）	6.45	5.17
家庭农场示范情况	$Demon_i$	何种示范农场：1＝不是示范农场；2＝县级；3＝市级；4＝省级；5＝其他	1.80	1.10
家庭农场的总资产	$Lncapital_i$	家庭农场的农业机械等固定资产、金融资产、房产总和（元），取对数	13.30	1.80
家庭农场认证情况	$Identify_i$	家庭农场产品是否通过以下认证的任一种：无公害农产品认证、绿色食品认证、有机食品认证、农产品地理标志等；是＝1，否＝0	0.24	0.50
家庭农场组织形式	$Form_i$	1＝个体工商户（非法人）；2＝个人独资企业；3＝合伙制（无限责任）；4＝公司制（有限责任）	1.27	0.61
县域控制变量	$County_i$	按照所在县设置地区虚拟变量	—	—

四 实证模型

(一) 基础模型

流动性约束是否缓解是典型的二元变量，采用是否获得正规中长期信贷进行度量，取值为 0 或 1。流动性约束缓解程度则是限制型变量，采用正规中长期信贷金额进行度量，取值应当大于等于 0。因此，本章借鉴金烨和李宏彬（2009）、汪昌云等（2014）的做法，分别使用 Probit 模型和 Tobit 模型来估计数字金融能力对家庭农场流动性约束缓解和缓解程度的影响。对流动性约束缓解的估计模型设定如式（8-1）：

$$Pr[Liquidity_i = 1 \mid x] = \Phi(\beta_0 + \beta_1 DFC_i + \beta_2 Control_i) \qquad (8-1)$$

式（8-1）中，$Liquidity_i$ 为流动性约束是否缓解，即是否获得正规中长期信贷，$Pr[Liquidity_i = 1 \mid x]$ 表示家庭农场流行性约束得到缓解的概率，DFC_i 是家庭农场的数字金融能力水平，$Control_i$ 是由控制变量构成的向量，下标 i 代表家庭农场个体。

同时，本章使用 Tobit 模型来估计数字金融能力对家庭农场流动性约束缓解程度的影响，因为样本中大量家庭农场的正规中长期信贷可得数量为 0，对于这类数据，如果直接采用 OLS 模型得到的估计值是不准确的。对流动性约束缓解程度的估计模型设定如式（8-2）：

$$\log(Loan_i^* + 1) = \varphi_0 + \varphi_1 DFC_i + \varphi_2 Control_i \qquad (8-2)$$

$$Loan_i = \begin{cases} Loan_i^* & if \quad Loan_i^* > 0 \\ 0 & if \quad Loan_i^* \leq 0 \end{cases}$$

式（8-2）中，$Loan_i^*$ 是真实的流动性约束缓解程度，即正规中长期信贷可得数量，取对数是为了使得变量的分布更加接近正态分布，更好满足回归模型的假设。$Loan_i$ 是观测到的流动性约束缓解程度，即观测到的正规中长期信贷可得数量，DFC_i 是家庭农场的数字金融能力水平，$Control_i$ 是由控制变量构成的向量，下标 i 代表家庭农场个体。

（二）中介效应模型

本章通过中介效应模型来研究"数字金融能力—收入水平提升—流动性约束缓解"这一机制。模型如式（8-3）至式（8-5）所示：

$$Liquidity_i = \alpha + \beta DFC_i + \gamma Controls_i + \varepsilon_i \qquad (8-3)$$

$$Earn_i = \alpha_1 + \beta_1 DFC_i + \gamma_1 Controls_i + \varphi_i \qquad (8-4)$$

$$Liquidity_i = \alpha_2 + \beta_2 DFC_i + \lambda Earn_i + \gamma_2 Controls_i + \mu_i \qquad (8-5)$$

其中，$Earn_i$ 为机制变量，它分别是式（8-4）的被解释变量和式（8-5）的核心解释变量。第一步，基于式（8-3）进行回归，如果系数显著，则继续下一步，否则停止中介效应检验。第二步，对式（8-4）和式（8-5）进行回归，如果 β_1 和 λ 显著，则表明间接影响显著。第三步，对式（8-5）进行回归，如果 β_2 显著，则表明直接影响显著。如果 β_1 和 λ 至少有一个不显著，则需要对其进行 Sobel 检验，来判断是否存在中介效应。

第四节　实证结果与分析

一　基准回归

本章使用 Probit 模型实证检验了数字金融能力与家庭农场流动性约束缓解之间的关系，结果如表 8-4 的第（1）列和第（2）列所示。第（1）列为不放控制变量的结果，第（2）列为放控制变量的结果。当不放控制变量时，核心解释变量数字金融能力的回归系数正向显著；在放入控制变量后，家庭农场的数字金融能力同样能够显著缓解其流动性约束，在1%水平通过显著性检验，并且边际效应为0.1756。

同时，本章还使用 Tobit 模型实证检验了数字金融能力与家庭农场流动性约束缓解程度之间的关系，结果如表8-4的第（3）列和第（4）列所示。第（3）列为不放控制变量的结果，第（4）列为放控制变量的结果。核心解释变量数字金融能力的回归系数正向显著；加入控制变量后，数字金融能力同样能够显著提升对于家庭农场流动性约束的缓解程度，在1%水平通过显著性检验，并且边际效应为0.8963。

综上所述，以正规中长期信贷为例，数字金融能力能够缓解家庭农场等规模经营户的流动性约束，假说8-1得证。

表8-4　　数字金融能力与家庭农场流动性约束缓解的
实证回归结果（边际效应）

变量	流动性约束是否缓解		流动性约束缓解程度	
	（1）	（2）	（3）	（4）
DFC	0.1478 ***	0.1756 ***	0.8329 ***	0.8963 ***
	（0.0417）	（0.0465）	（0.2589）	（0.2985）
Year		0.0069 *		0.0379
		（0.0040）		（0.0235）
Gender		0.0217		0.0714
		（0.0438）		（0.2795）
Age		−0.0544 ***		−0.3569 ***
		（0.0173）		（0.1098）
Training		−0.0183		−0.2998
		（0.0634）		（0.3644）
Edu		−0.0347 **		−0.1483
		（0.0164）		（0.1100）
Health		−0.0122		−0.0945
		（0.0247）		（0.1675）
Bank		0.0154 **		0.0996 **
		（0.0063）		（0.0429）
Gover		−0.0003		−0.0019
		（0.0011）		（0.0070）

续表

变量	流动性约束是否缓解		流动性约束缓解程度	
	（1）	（2）	（3）	（4）
Subsidy		−0.0067**		−0.0357*
		（0.0031）		（0.0193）
Demon		0.0266**		0.2352***
		（0.0126）		（0.0886）
Lncapital		−0.0032		−0.0113
		（0.0088）		（0.0546）
Identify		0.0627*		0.4047*
		（0.0351）		（0.2283）
Form		−0.0732**		−0.2686*
		（0.0302）		（0.1505）
县域控制变量	控制	控制	控制	控制
LR chi^2 值	—	—	10.40	92.14
Wald chi^2 值	12.71	67.77	—	—
观测值	499	499	499	499

注：***、**、*分别表示估计结果在1%、5%、10%的水平下显著；括号内为标准误；下同。

二　影响机制检验

（一）信息不对称机制

由于数据可得的限制，本章对"数字金融能力—信息不对称—家庭农场流动性约束缓解"这一核心机制并未采用中介效应模型进行检验，而是通过分别探究数字金融能力对家庭农场"正规中长期信用贷款可得性"和"正规中长期抵押贷款可得性"的影响差异来从侧面验证这一核心机制。

根据表8-5的第（1）列和第（3）列，数字金融能力对家庭农场正规中长期信用贷款可得性以及正规中长期抵押贷款可得性均发挥显著的正向促进作用，但是，数字金融能力对家庭农场正规中长期信用贷款可得性的边际效应为0.0995，对正规抵押贷款可得性的边际效应为0.0675，即相比于正规抵押贷款，数字金融能力更能够促进家庭农场获得正规信用贷款。对于第（2）列和第（4）列，同样可以得出，相比于正规抵押贷款，数字金融能力更能够促进家庭农场获得更多的正规信用贷款额。鉴于借贷双方之间的信息不对称和风险控制问题是制约金融机构发放信用贷款的主要因素（王景富，2002；张龙耀和袁振，2022），本章认为数字金融能力缓解了家庭农场与正规金融机构之间的信息不对称，从而提高了其正规中长期信贷可得性，缓解了其流动性约束。

表 8-5   信息不对称机制检验结果（边际效应）

变量	正规信用贷款可得性		正规抵押贷款可得性	
	是否可得	可得额	是否可得	可得额
	（1）	（2）	（3）	（4）
DFC	0.0995***	0.5504***	0.0675*	0.2595
	（0.0295）	（0.1818）	（0.0375）	（0.2298）
控制变量	控制	控制	控制	控制
LR chi² 值	—	40.24	—	73.52
Wald chi² 值	39.82	—	60.37	—
观测值	499	499	499	499

（二）收入机制

由表 8-6 可知，数字金融能力能够显著提升家庭农场的收入水平，这一结果在 1% 水平下显著。在引入了中介变量后，对于第（3）列的回归结果而言，核心解释变量以及中介变量对于正规中长期信贷是否可得的影响均显著。同样，对于第（6）列而言，核心解释变量以及中介变量对于正规中长期信贷金额的影响均显著。因此，总体而言，数字金融能力能够通过提升家庭农场的收入水平进而对其正规中长期信贷可得性产生正向影响，缓解家庭农场的流动性约束。

表 8-6   收入机制检验结果（边际效应）

变量	是否可得	收入	是否可得	可得额	收入	可得额
	（1）	（2）	（3）	（4）	（5）	（6）
DFC	0.1756***	0.5959***	0.1677***	0.8963***	0.5959***	0.8300***
	（0.0465）	（0.2192）	（0.0471）	（0.2985）	（0.2192）	（0.3002）
Earn	—	—	0.0260*	—	—	0.1146*
			（0.0139）			（0.0659）

变量	是否可得	收入	是否可得	可得额	收入	可得额
	(1)	(2)	(3)	(4)	(5)	(6)
控制变量	控制	控制	控制	控制	控制	控制
LR chi^2 值	—	—	—	92.14	—	95.17
Wald chi^2 值	67.77	—	73.96	—	—	—
观测值	499	499	499	499	499	499

三 异质性分析

(一) 收入阶层

由表8-7的第 (1) 列至第 (4) 列可知，相比于高收入组而言，数字金融能力更有助于提高低收入组家庭农场的正规中长期信贷可得性，缓解其流动性约束。收入水平较低的家庭农场因为支出少、现金交易较多，往往缺乏足够的信用信息。并且，由于这类主体的金融风险难以识别、风险承受能力相对较差，为其提供金融服务的成本偏高，金融机构更不愿意为其提供正规金融信贷（吴国华，2013）。数字金融能力的提高则能够帮助这类家庭农场缓解信息不对称，降低金融机构为其服务的成本，从而提高正规中长期信贷可得性，缓解流动性约束。

表8-7　　　　　　　　　收入阶层异质性分析（边际效应）

变量	低收入组		高收入组	
	是否可得	可得额	是否可得	可得额
	(1)	(2)	(3)	(4)
DFC	0.2067***	1.0902***	0.1284*	0.6329
	(0.0034)	(0.3343)	(0.0762)	(0.5113)
控制变量	控制	控制	控制	控制
LR chi^2 值	—	34.60	—	64.97
Wald chi^2 值	43.61	—	57.75	—
观测值	250	250	249	249

(二) 数字金融能力不同维度

由表8-8可知，一是数字金融素养和数字金融经验均对家庭农场

"正规中长期信贷是否可得"以及"正规中长期信贷可得额"产生显著的正向影响。二是就效果而言,无论是对"正规中长期信贷是否可得"还是对"正规中长期信贷可得额"的影响,数字金融素养的效用均最大,数字金融经验均次之,数字金融风险的应对均最小。因此,为提高家庭农场的正规中长期信贷可得性,缓解其流行性约束,在培养家庭农场的数字金融能力过程中,应该注重对其数字金融素养以及数字金融经验的培育。

表 8-8   数字金融能力不同维度的异质性分析(边际效应)

变量	正规中长期信贷是否可得			正规中长期信贷可得额		
	(1)	(2)	(3)	(4)	(5)	(6)
DFL	0.1140***			0.5489***		
	(0.0348)			(0.2098)		
DFE		0.0584**			0.3452**	
		(0.0307)			(0.1709)	
DFR			0.0315			0.1324
			(0.0242)			(0.1015)
控制变量	控制	控制	控制	控制	控制	控制
LR chi^2 值	—	—	—	89.96	87.19	84.80
Wald chi^2 值	64.69	64.15	66.10	—	—	—
观测值	499	499	499	499	499	499

四　内生性问题处理

局限于所使用的调查数据,本章前面部分在回归时可能遗漏了一些重要的解释变量,如自我认知偏差和从众心理等,并且解释变量与被解释变量之间也可能存在互为因果的关系。因此,本章引入"家庭农场所拥有的可以上网的智能手机和电脑的数量(Net_i)"作为工具变量 1,引入"同一乡镇内按受访家庭农场主年龄分组后的数字金融能力的平均水平(age_DFC_i)"作为工具变量 2。

对于工具变量 1(Net_i)而言,一方面,可以上网的智能手机以及电脑是家庭农场在当前接触金融服务的必要工具,有助于家庭农场数字金融能力的提高，满足工具变量的相关性条件。另一方面，家庭农场可以上网的智能手机以及电脑的数量仅能说明其数字工具的拥有情况，应当不会对家庭农场的流动性约束的缓解产生直接影响，满足工具变量的外生性要求。工具变量1（Net_i）的均值为5.07，标准差为2.46。

对于工具变量2（age_DFC_i）而言，数字金融能力与农场主年龄存在较大的相关性。而数字金融能力会受到同乡镇同年龄段数字金融能力平均水平的影响，但是，该平均水平往往不会直接影响家庭农场的流动性约束。其中，年龄分组为30岁及以下、31—40岁、41—50岁、51—60岁、60岁以上共5组。工具变量2（age_DFC_i）的均值为2.00，方差为0.23。

对于家庭农场主而言，在受到同乡镇同年龄段其他农场主的数字金融能力的平均水平影响之后，会先产生对于金融产品和服务的需求，但这一需求的满足需要家庭农场具备基本的数字工具（可以上网的智能手机和电脑等）。而在得到数字工具后，家庭农场便能够通过使用金融产品和服务促进自身数字金融能力的提高。

基于此，本章采用工具变量1（Net_i）与工具变量2（age_DFC_i）的交互项（Net_DFC_i）作为内生性处理的唯一工具变量。该工具变量也同样满足相关性和外生性要求。该工具变量的均值为10.31，方差为5.48。

对于可能存在的内生性问题，本章采用IV-Probit、IV-Tobit方法进行检验。表8-9的第一阶段回归结果表明，本章所使用的工具变量（DN_i）与核心解释变量（DFC_i）之间存在较强的相关性，在1%水平下显著，并且第一阶段的F值大于10，通过了弱工具变量的检验。

表8-9   基本回归的内生性处理结果（边际效应）

变量	第一阶段	第二阶段	
	数字金融能力	流动性约束是否缓解	流动性约束缓解程度
	（1）	（2）	（3）
DN	0.0171***	—	—
	(0.0029)		
DFC	—	0.5056***	9.8127***
		(0.1679)	(3.7340)

续表

变量	第一阶段	第二阶段	
	数字金融能力	流动性约束是否缓解	流动性约束缓解程度
	（1）	（2）	（3）
控制变量	控制	控制	控制
LR chi^2 值	—	—	—
Wald chi^2 值	—	77.37	45.40
第一阶段 F 值	14.64	—	—
内生性检验	—	5.24	4.53
P 值	—	0.0221	0.0333
观测值	499	499	499

关于第二阶段的回归结果，一是就流动性约束是否缓解而言，处理内生性之后，数字金融能力对于家庭农场流动性约束是否缓解依然发挥正向作用，在1%水平下显著，回归系数为0.5056，并且 Wald 内生性检验的 P 值为0.0221，通过了内生性检验。二是就流动性约束缓解程度而言，数字金融能力对于家庭农场流动性约束缓解程度同样发挥正向作用，在1%水平下显著，回归系数为9.8127，Wald 内生性检验的 P 值为0.0333，同样通过了内生性检验。综上所述，处理内生性之后，数字金融能力依然能够对家庭农场等规模经营户的流动性约束缓解产生正向显著影响，并且边际效应值也未发生较大变化。

五　稳健性检验

（一）更换核心解释变量

本章将数字金融能力各个问题的回答得分直接进行加总得到每个家庭农场的总分，此分值即为家庭农场的综合数字金融能力（dfc_i）。该得分的均值为17.48，标准差为5.6193。表8-10的结果表明，在更换核心解释变量之后，综合数字金融能力（dfc_i）对家庭农场的正规中长期信贷可得性以及正规信用贷款可得性均正向显著，且均通过5%的显著性检验。这表明前述的实证结果是稳健的，数字金融能力能够缓解家庭农场等规模经营户所面临的流动性约束。

表 8-10   更换核心解释变量的稳健性处理结果（边际效应）

变量	正规贷款		正规信用贷款	
	是否可得	可得额	是否可得	可得额
	（1）	（2）	（3）	（4）
dfc	0.0083**	0.0446**	0.0048**	0.0247**
	(0.0033)	(0.0198)	(0.0020)	(0.0120)
控制变量	控制	控制	控制	控制
LR chi^2 值	—	88.15	—	35.21
Wald chi^2 值	62.35	—	35.99	—
观测值	499	499	499	499

（二）更换模型

本章将 Probit 模型更换为 Logit 模型、将 Tobit 模型更换为 OLS 模型进行回归。表 8-11 的回归结果显示，无论是第（1）列还是第（2）列，数字金融能力回归系数均为正，并且在 1% 水平下通过显著性检验。这再次验证了本章的实证结果是稳健的。

表 8-11   更换模型的稳健性处理结果（边际效应）

变量	Logit 是否可得	OLS 可得额
	（1）	（2）
DFC	0.1714***	1.8643***
	(0.0460)	(0.5957)
控制变量	控制	控制
R^2	—	0.1686
Wald chi^2 值	64.83	—
观测值	499	499

第五节　本章小结

本章利用江苏省 6 个县（市、区）499 个家庭农场的调查数据，以正规中长期信贷可得性为视角，实证研究了数字金融能力对于规模经营户的流动性约束的影响。研究发现：数字金融能力能够显著提高规模经营户的正规中长期信贷可得性，缓解其流动性约束。数字金融能力能够通过缓解规模经营户与金融机构之间的信息不对称以及提升规模经营户的收入水平，来提高其正规中长期信贷可得性。相比于高收入水平的规模经营户，数字金融能力更能缓解低收入规模经营户所面临的正规信贷约束，提高其正规中长期信贷可得性。在数字金融能力的三个维度中，数字金融素养维度对提高规模经营户的正规中长期信贷可得性、缓解其流动性约束发挥最重要的作用。

与已有研究相比，本章不仅创新性地构建了数字金融能力这一指标，而且从微观层面的"能力"视角出发，以家庭农场为例揭示了数字金融能力对规模经营户的流动性约束的影响及其作用机制。这对促进农业规模经营户优化价格风险管理决策、实现农业规模化经营的高质量发展，具有重要的现实意义。

第九章

新型农业保险江苏实践及实施效果
——规模经营户价格风险管理角度

第一节　引言

政策性农业保险是中国农业保险的主要形式（庹国柱和张峭，2018）。政府从2007年开始对农业保险实行中央财政保费补贴，由此政策性农业保险的试点推广逐渐递进，大致可以分为三个阶段。

第一，直接物化成本保险。2007年首次在6个省份开展政策性农业保险试点，为农业经营主体在生产过程中的直接物化成本提供风险保障，并于2012年将其覆盖范围扩展至全国。由于实行"低保障、广覆盖"的原则，保障水平不高，三大粮食作物每亩约400元的保额与每亩1000元以上的生产成本仍有较大差距（柴智慧和张晓夏，2023）。

第二，农业大灾保险。随着农业生产经营形势的变化，农业保险产品不适应的问题也逐步显现。由于保险金额不能完全覆盖生产成本，保障不能有效化解价格风险，特别是规模经营户的风险保障需求不能得到有效满足。鉴于此，2017年4月国务院决定，2017—2018年在13个粮食主产区选择200个产粮大县，以水稻、小麦、玉米三大粮食作物为标的，在面向全体农户的基本险基础上，针对种田大户、家庭农场等适度规模经营主体试点保障金额覆盖"直接物化成本＋土地租金"的专属农业大灾保险产品。试点范围于2019年扩大至500个产粮大县。由于2022年起三大主粮作物的完全成本保险和收入保险政策试点地区开始逐步推广，农业大灾保险的保险范围由完全成本保险和收入保险所替代，为此自 2022 年起取消农业大灾保险。

第三，完全成本保险和收入保险。中央为进一步提升农业保险保障水平，促进农业保险转型升级，探索健全以市场为导向的农业生产风险分担机制，2018—2020 年在 6 个省份[①]的 24 个产粮大县，针对规模经营户和小农户，开展水稻、小麦、玉米三大主粮作物的完全成本保险和收入保险政策试点。2021 年将试点地区扩大至 13 个粮食主产区的产粮大县；2023 年扩大稻谷、小麦、玉米三大粮食作物完全成本保险和种植收入保险实施范围至全国所有产粮大县，为农户和农业生产经营组织提供覆盖农业生产完全成本或种植收入的保险保障。

2019 年 9 月，中央全面深化改革委员会第八次会议审议并原则同意，财政部、农业农村部、银保监会、林草局发布的《关于加快农业保险高质量发展的指导意见》中提出，要"推进稻谷、小麦、玉米完全成本保险和收入保险试点，推动农业保险'保价格、保收入'，防范自然灾害和市场变动双重风险。稳妥有序推进收入保险，促进农户收入稳定"，"收入保险成为我国农业保险的重要险种"。从上述政策性农业保险的试点推广的历程和现状来看，政府目前力推的农业保险主要险种是三大主粮作物的完全成本保险和收入保险。此外，"保险+期货"试点也是目前政府着力推广的农业保险险种。

为了区分早期试点的政策性农业保险，本书把最近几年政府力推的农业保险险种称为"新型农业保险"。"新型农业保险"的提法可以从农业农村部网站中搜索到，诸如："将保障水平更强的产值保险、价格保险和收入保险等新型农业保险险种纳入财政补贴范畴"（缪建民，2017）"探索开展制种保险等新型农业保险产品"（农业农村部，2020）等。

本书第四章对"通过农业保险创新转移农产品价格风险"进行了初步探讨，分析了不同的农业保险险种对应的农业风险，回顾了农产品成本保险、农产品价格保险、农产品收入保险的内涵，分析了农产品价格保险和收入保险之间的关系，进而描述了中国开展的主要农业保险险种情况与农业保险取得的成效。本章就新型农业保险的制度演变、江苏

---

① 内蒙古、辽宁、安徽、山东、河南、湖北。

省开展新型农业保险的基本情况，以及新型农业保险对规模经营户价格风险管理的影响进行分析。

第二节　新型农业保险的政策梳理

一　中央一号文件文本中农业保险的规定

（一）概述

2004 年的中央一号文件是 21 世纪第一个中央一号文件，迄今已经连续 21 年，除了 2011 年外，每个文件都就农业保险问题做出规定。由此可见，中央对农业保险问题的高度重视（见表 9-1）。

2004 年中央一号文件提出要"加快建立政策性农业保险制度，选择部分产品和部分地区率先试点"，文件对于农户的保费补贴没有给出具体政策，只是要求有条件的地方"可对参加种养业保险的农户给予一定的保费补贴"。此后的 2005 年和 2006 年中央一号文件，继续要求"扩大农业政策性保险的试点范围""稳步推进农业政策性保险试点工作"，但对中央财政支持农业保险仍然没有提出明确要求。

2007 年是中国农业保险政策的转折点，中央一号文件明确提出了，按照"政府引导、政策支持、市场运作、农民自愿"的原则，建立完善农业保险体系。文件要求"各级财政对农户参加农业保险给予保费补贴"，从而明确了包括中央财政在内的各级财政"保费补贴"的责任义务。正是从 2007 年开始，从中央到省市县，各级财政出台了对农业保险的保费补贴政策，推出覆盖物化成本的种养业保险产品。2008 年中央一号文件要求在"认真总结各地开展政策性农业保险试点的经验和做法"基础上，"稳步扩大试点范围"。

2009 年和 2010 年中央一号文件提出，要"加快发展政策性农业保险，扩大试点范围、增加险种""积极扩大农业保险保费补贴的品种和区域覆盖范围""加大中央财政对中西部地区保费补贴力度"。自 2012 年起，我国通过政策引导和增加补贴的形式推动农业保险快速发展（易福金等，2023）。到 2014 年，中央财政提供农业保险保费补贴的品种有玉米、水稻、小麦、棉花、马铃薯、油料作物、糖料作物、能繁母猪、奶牛、育肥猪、天然橡胶等，共计 15 个。中央财政农业保险保费补贴政策覆盖全国；中央财政对种植业保险中西部地区补贴 40%、东部地区补贴 35%；对能繁母猪、奶牛、育肥猪保险，中西部地区补贴 50%，东部地区补贴 40%（农业部产业政策与法规司，2014）。地方可自主开展相关险种。

表 9-1　21 世纪以来中央一号文件关于"农业保险"的规定

年份	农业保险相关规定
2004	• 加快建立政策性农业保险制度，选择部分产品和部分地区率先试点，有条件的地方可对参加种养业保险的农户给予一定的保费补贴
2005	• 扩大农业政策性保险的试点范围
2006	• 稳步推进农业政策性保险试点工作，加快发展多种形式、多种渠道的农业保险
2007	• 积极发展农业保险，按照政府引导、政策支持、市场运作、农民自愿的原则，建立完善农业保险体系。扩大农业政策性保险试点范围，各级财政对农户参加农业保险给予保费补贴
2008	• 认真总结各地开展政策性农业保险试点的经验和做法，稳步扩大试点范围，科学确定补贴品种 • 支持发展主要粮食作物的政策性保险 • 建立健全生猪、奶牛等政策性保险制度
2009	• 加快发展政策性农业保险，扩大试点范围、增加险种，加大中央财政对中西部地区保费补贴力度
2010	• 积极扩大农业保险保费补贴的品种和区域覆盖范围，加大中央财政对中西部地区保费补贴力度。鼓励各地对特色农业、农房等保险进行保费补贴
2011	无相关规定（中央一号文件《关于加快水利改革发展的决定》）
2012	• 扩大农业保险险种和覆盖面，开展设施农业保费补贴试点，扩大森林保险保费补贴试点范围，鼓励地方开展优势农产品生产保险
2013	• 健全政策性农业保险制度，完善农业保险保费补贴政策，加大对中西部地区、生产大县农业保险保费补贴力度，适当提高部分险种的保费补贴比例。开展农作物制种、渔业、农机、农房保险和重点国有林区森林保险保费补贴试点
2014	• 探索粮食、生猪等农产品目标价格保险试点 • 提高中央、省级财政对主要粮食作物保险的保费补贴比例，逐步减少或取消产粮大县县级保费补贴，不断提高稻谷、小麦、玉米三大粮食品种保险的覆盖面和风险保障水平。鼓励保险机构开展特色优势农产品保险，有条件的地方提供保费补贴，中央财政通过以奖代补等方式予以支持。扩大畜产品及森林保险范围和覆盖区域
2015	• 积极开展农产品价格保险试点 • 加大中央、省级财政对主要粮食作物保险的保费补贴力度。将主要粮食作物制种保险纳入中央财政保费补贴目录。中央财政补贴险种的保险金额应覆盖直接物化成本。加快研究出台对地方特色优势农产品保险的中央财政以奖代补政策

年份	农业保险相关规定
2016	• 扩大农业保险覆盖面、增加保险品种、提高风险保障水平。积极开发适应新型农业经营主体需求的保险品种。探索开展重要农产品目标价格保险，以及收入保险、天气指数保险试点。支持地方发展特色优势农产品保险、渔业保险、设施农业保险 • 稳步扩大"保险+期货"试点
2017	• 持续推进农业保险扩面、增品、提标，开发满足新型农业经营主体需求的保险产品，采取以奖代补方式支持地方开展特色农产品保险。鼓励地方多渠道筹集资金，支持扩大农产品价格指数保险试点。探索建立农产品收入保险制度 • 稳步扩大"保险+期货"试点
2018	• 探索开展稻谷、小麦、玉米三大粮食作物完全成本保险和收入保险试点，加快建立多层次农业保险体系 • 稳步扩大"保险+期货"试点，探索"订单农业+保险+期货（权）"试点
2019	• 按照扩面增品提标的要求，完善农业保险政策。推进稻谷、小麦、玉米完全成本保险和收入保险试点。扩大农业大灾保险试点和"保险+期货"试点。探索对地方优势特色农产品保险实施以奖代补试点
2020	• 推进稻谷、小麦、玉米完全成本保险和收入保险试点 • 优化"保险+期货"试点模式
2021	• 扩大稻谷、小麦、玉米三大粮食作物完全成本保险和收入保险试点范围，支持有条件的省份降低产粮大县三大粮食作物农业保险保费县级补贴比例 • 将地方优势特色农产品保险以奖代补做法逐步扩大到全国 • 发挥"保险+期货"在服务乡村产业发展中的作用
2022	• 探索开展糖料蔗完全成本保险和种植收入保险 • 实现三大粮食作物完全成本保险和种植收入保险主产省产粮大县全覆盖 • 优化完善"保险+期货"模式
2023	• 逐步扩大稻谷、小麦、玉米完全成本保险和种植收入保险实施范围 • 实施好大豆完全成本保险和种植收入保险试点 • 发挥多层次资本市场支农作用，优化"保险+期货"
2024	• 扩大完全成本保险和种植收入保险政策实施范围，实现三大主粮全国覆盖、大豆有序扩面 • 鼓励地方发展特色农产品保险 • 推进农业保险精准投保理赔，做到应赔尽赔 • 完善巨灾保险制度

资料来源：摘自各相关年份中央一号文件（《历年中央一号文件汇总》），白鹿智库网，http://www.bailuzhiku.com/hot/detail/c1489d18e4f945de814eb48ef93ec1c7.html。

2018年中央一号文件提出，"探索开展稻谷、小麦、玉米三大粮食作物完全成本保险和收入保险试点，加快建立多层次农业保险体系"，从此开启了覆盖农业生产总成本的新型农业保险，保险金额不仅覆盖物化成本，而且还覆盖土地成本和人工成本等，实现了较高保障水平。此后，2019—2024 年的中央一号文件对"稻谷、小麦、玉米三大粮食作物完全成本保险和收入保险"提出了不同的要求。

中国农业保险，从 2007 年玉米、能繁母猪等 6 个品种到种植业、养殖业、林业、地方优势特色农业等数十种农产品，从 6 个省份试点到覆盖全国，从"保物化成本"到"保完全成本或保种植收入"，农业保险在不断扩面、增品、提标的同时，农业保险体系逐步理顺，初步走出了一条中国特色农业保险发展之路。

（二）中央一号文件关于开展农产品完全成本保险和收入保险的规定

2016 年中央一号文件首次提到探索开展重要农产品收入保险试点。此后，连续 7 年的中央一号文件均提及"收入保险"。2017 年中央一号文件明确"探索建立农产品收入保险制度"。2018—2024 年的中央一号文件均明确，"稻谷、小麦、玉米三大粮食作物完全成本保险和收入保险"，不同年份的提法略有差别。2018 年中央一号文件强调"探索开展试点工作"；2019 年中央一号文件要求"推进稻谷、小麦、玉米完全成本保险和收入保险试点"；2020 年和 2021 年中央一号文件提出扩大试点范围；2022 年中央一号文件要求"实现主产省产粮大县全覆盖"；2023 年和 2024 年中央一号文件要求在全覆盖基础上"扩大实施范围"。此外，2020 年提出"探索开展糖料蔗完全成本保险和种植收入保险"，2023 年提出"实施大豆完全成本保险和种植收入保险试点"（见表 9-1）。

（三）中央一号文件关于开展农产品价格保险的规定

近十年来，国家为稳定农产品价格，促进农民增收和增强抵御市场价格风险的能力，越来越重视农业生产过程中市场价格风险的防范，试点农产品价格保险。2014—2017 年连续 4 年的中央一号文件都提出要"探索建立农产品价格保险制度"。2014 年中央一号文件提出，探索粮食、生猪等农产品目标价格保险试点；2015 年中央一号文件要求积极开展农产品价格保险试点；2016 年中央一号文件再一次要求，探索开展重要农产品目标价格保险试点；2017 年中央一号文件则鼓励地方多渠道筹集资金，支持扩大农产品价格指数保险试点（见表 9-1）。

（四）中央一号文件关于开展"保险+期货"的规定

"保险+期货"试点是对农产品价格风险进行市场化管理的有益探索。中央高度重视"保险+期货"试点工作，2016—2023年的中央一号文件都对此作出明确部署。2016—2019年中央一号文件提出扩大"保险+期货"试点；2018年中央一号文件还提出，探索"订单农业+保险+期货（权）"试点；2020年中央一号文件要求优化"保险+期货"试点模式；2021年中央一号文件强调要发挥"保险+期货"在服务乡村产业发展中的作用；2022年和2023年中央一号文件要求优化完善"保险+期货"模式。

二 国家有关部门关于农业保险的政策规定

2007年以来，中国实施了农业保险保费补贴政策，并不断加大支持力度，推动农业保险"扩面、提标、增品"，取得了显著成效。但是，随着农业现代化发展，农业保险在经营过程中也出现了一些新情况、新问题，具体表现在保障水平仍以直接物化成本为主，与生产成本的实际情况有较大差距。现实情况呼唤着新的保险政策的出台。

自2014年中央一号文件提出"探索粮食、生猪等农产品目标价格保险试点"以后，各地开展了一些农产品价格保险试点，但一直没有系统的政策方案出台。对于农业政策性保险来说，2017年是继2007年中央财政实施农业保险保费补贴政策之后另一个重要时点。2017年5月，中共中央办公厅、国务院办公厅印发的《关于加快构建政策体系培育新型农业经营主体的意见》中提出，积极开展天气指数保险、农产品价格和收入保险、"保险+期货"、农田水利设施保险、贷款保证保险等试点。自此，全面性的农产品价格和收入保险试点得以开启，尤其是收入保险从开展试点到扩大试点，再到实现全覆盖。

2018年8月20日，财政部、农业农村部、银保监会印发《关于开展三大粮食作物完全成本保险和收入保险试点工作的通知》，决定从2018年起，用3年时间在内蒙古、辽宁、山东、河南、湖北、安徽6个省份，每个省份选择4个产粮大县，开展水稻、小麦、玉米三大粮食作物完全成本保险和收入保险试点。文件的下发表明中国农业保险实行从"保成本"向"保收入"转变，极大地提高了农业经营主体参保的积极性，也提高了农业经营主体抗风险的能力，为推动乡村振兴，加快农业农村现代化发展提供了有力的保障。

2019年9月19日，财政部、农业农村部、银保监会、林草局四部门共同印发的《关于加快农业保险高质量发展的指导意见》提出，到2022年，三大主粮作物保险覆盖率达到70%以上，收入保险成为中国农业保险的重要险种；到2030年，农业保险持续提质增效转型升级，总体发展基本达到国际先进水平。

2021年6月24日，为进一步提升农业保险保障水平、推动农业保险转型升级，财政部、农业农村部、银保监会印发《关于扩大三大粮食作物完全成本保险和种植收入保险实施范围的通知》，提出将三大粮食作物完全成本保险和种植收入保险的实施范围扩大到13个粮食主产省份①的产粮大县，2021年将近60%的产粮大县（约500个）纳入补贴范围，2022年实现实施区域产粮大县全覆盖。在补助比例上，中央财政对中西部和东北地区的补助比例由40%提高到45%，不再硬性规定农民自缴和市县补助，主要以全体农民受益为主要目的，并将适度规模经营的农户和规模较小的农户纳入保障范围（王越，2023）。

2022年5月7日，财政部、农业农村部、银保监会联合下发文件，决定在广西壮族自治区开展糖料蔗完全成本保险和种植收入保险，在黑龙江、内蒙古两省份共选择10个县启动大豆完全成本保险和种植收入保险试点，将完全成本保险和种植收入保险从三大粮食作物向其他主要农作物拓展（农业农村部，2022）。

2023年7月7日，财政部、农业农村部、国家金融监督管理总局印发《关于扩大三大粮食作物完全成本保险和种植收入保险实施范围至全国所有产粮大县的通知》，扩大水稻、小麦、玉米三大粮食作物完全成本保险和种植收入保险实施范围至全国所有产粮大县，为农户和农业生产经营组织提供覆盖农业生产完全成本或种植收入的保险保障，进一步提升了中国农业保险保障水平和农户种粮积极性。

上述政策的出台和落地，有力提升了中国农业保险特别是三大主粮作物保险的风险保障水平。调研数据显示：完全成本和收入保险的保额

---

① 河北、内蒙古、辽宁、吉林、黑龙江、江苏、安徽、江西、山东、河南、湖北、湖南、四川。

都在物化成本保险的 2 倍以上，2022 年与 2021 年相比，全国三大主粮作物保险亩均保额由 549.5 元提高到 763.5 元，增长了 39%，其中小麦保险增幅最大，从 548.7 元提高到 838.8 元，增长了 53%（王克和吉利，2023）。

三 江苏省农业保险的政策规定

（一）政策概述

与全国相同，江苏省实行财政补贴的农业保险试点也始于 2007 年。试点以来，农业保险品种逐年增加，保障水平稳步提高，从试点初期水稻、小麦等 5 个主要种植业保险，扩展到其他种植业、养殖业、农业机械、渔船渔民等 67 个险种，保险责任基本覆盖种植业、养殖业中的自然灾害、病虫害和动植物疾病、疫病等。其中，省级以上财政给予农户保险费补贴的险种已达到 51 个（李忠峰和朱彬彬，2021）。

江苏自 2007 年起就开展了水稻、小麦、玉米等品种的直接物化成本保险，保障水平不高于直接物化成本，分 400 元/亩、550 元/亩、700 元/亩三个档次，农户自主选择投保。2017 年，根据政策要求，江苏在 14 个产粮大县开展了三大粮食作物农业大灾保险试点，2019 年扩大至 35 个产粮大县，保障水平覆盖直接物化成本和土地成本。2020 年，选择 33 个年产量 10 亿斤以上的产粮大县开展水稻收入保险试点，保障水平原则上不低于前 3 年相应品种种植收入水平（李忠峰和朱彬彬，2021）。

为了强化农业保险政策落实，由财政厅牵头建立农业保险工作小组协调机制，定期召开联席会议和专题会议，统筹规划、协同推进全省农业保险工作。近年来，江苏省财政厅会同江苏省农业农村厅、江苏银保监局（现为"国家金融监管总局江苏监管局"）、江苏省林业局、江苏省地方金融监督管理局五部门[①]，制定出台了《关于加快农业保险高质量发展的实施意见》（苏财金〔2020〕51 号）和《江苏省推进农业保险高质量发展三年工作行动方案（2023—2025）》（苏农险〔2023〕3 号）。这是有关农业保险的两个最主要的政策文件。

《关于加快农业保险高质量发展的实施意见》提出，要推动农业保

---

① 该文件于 2020 年 5 月经江苏省委全面深化改革委员会第十二次会议审议并原则通过。

险"保价格、保收入"，防范自然灾害和市场变动双重风险。开展水稻、小麦、玉米等主要粮食作物完全成本保险和收入保险试点，对年产量10亿斤以上产粮大县全面试行水稻收入保险并推广到全省。水稻、小麦、玉米三大主粮作物农业保险覆盖率达到80%以上，收入保险成为农业保险的重要险种，农业保险深度（保费/第一产业增加值）达到1%，农业保险密度（保费/农业从业人口）达到550元/人以上。同时提高生猪保险保额、扩大保险规模，鼓励开展并扩大生猪价格保险试点。到2030年，农业保险持续提质增效，总体发展达到国际先进水平。

《江苏省推进农业保险高质量发展三年工作方案（2023—2025）》提出，到2025年底，全省总体实现农业保险深度1.3%，农业保险密度达到750元/人，水稻、小麦、玉米三大粮食作物农业保险覆盖率达到85%以上，政策性农业保险险种经办机构县级分支机构覆盖率达到100%。以保障粮食安全为目标，持续推动全省产粮大县（区）扩大水稻、小麦、玉米完全成本保险和玉米种植收入保险。鼓励推动非产粮大县（区）提高风险保障水平，实施三大粮食作物完全成本保险。探索开展水稻优质品种收入保险试点。切实维护种粮农户收益，保护农户种粮积极性，提升粮食作物保险保障水平。

本章前面已有所述，江苏省没有被列入2018—2020年"三大粮食作物完全成本保险和收入保险试点工作"的6省份之中。江苏省于2020年开始主动探索水稻、小麦、玉米三大粮食作物完全成本保险。2021年，财政部、农业农村部、银保监会决定扩大三大粮食作物完全成本保险和种植收入保险实施范围，在13个粮食主产省份开展试点，江苏正式被纳入试点范围。2021年，在33个产粮大县（市、区）开展三大粮食作物完全成本保险和收入保险试点。2022年实现全省56个产粮大县（市、区）①全覆盖。2023年7月，江苏金融监管局（国家金

---

① 南京市江宁区、六合区、溧水区；无锡市宜兴市；徐州市贾汪区、铜山区、丰县、沛县、睢宁县、新沂市、邳州市；常州市金坛区、溧阳市；苏州市常熟市、张家港市；南通市通州区、海门区、海安市、如东县、启东市、如皋市；连云港市海州区、赣榆区、东海县、灌云县、灌南县；淮安市淮阴区、淮安区、洪泽区、涟水县、盱眙县、金湖县；盐城市亭湖区、盐都区、大丰区、响水县、滨海县、阜宁县、射阳县、建湖县、东台市；扬州市江都区、宝应县、仪征市、高邮市；镇江市丹阳市、句容市；泰州市姜堰区、兴化市、靖江市、泰兴市；宿迁市宿城区、宿豫区、沭阳县、泗阳县、泗洪县。

融监督管理总局江苏监管局）联合江苏省农业农村厅印发了《关于做好银行业保险业支持粮食安全工作的意见》，提出保险机构要发挥保险保障作用，稳步扩大农业保险覆盖面，全面落实中央关于农业保险"扩面、增品、提标"要求，深入推动三大粮食作物完全成本保险和种植收入保险发展。2023 年 9 月 20 日，江苏省财政厅、江苏省农业农村厅、江苏金融监管局联合印发《关于印发江苏省深入推进三大粮食作物完全成本保险和种植收入保险工作方案的通知》，强调推动三大粮食作物完全成本保险的重要意义，将实施范围扩大至产粮大县各类农业经营主体，增加省级财政对完全成本保险的支持力度，加强科技赋能，全面提高农业保险服务质效。

（二）江苏省三大粮食作物完全成本保险政策

江苏自 2021 年试点三大粮食作物完全成本保险以来，严格执行国家三大粮食作物完全成本保险政策要求，从总体要求、补贴方案、保险方案和保险条款等方面进行部署，有序推进江苏三大粮食作物完全成本保险工作。

1. 总体要求

（1）坚持自主自愿。农户和农业生产经营组织 2022 年起可在三大粮食作物完全成本保险或直接物化成本保险、种植收入保险中自主选择投保产品，但不得重复投保。

（2）体现金融普惠。完全成本保险将适度规模经营农户、小农户和农业生产经营组织纳入保障范围，注重发挥新型农业经营主体带动作用，允许村集体组织小农户集体投保，分户赔付。

（3）注重资金绩效，确保风险可控。各地应因地制宜扩大完全成本保险和种植收入保险实施范围，逐步实现产粮大县全覆盖，同时注重风险管控，加强数据比对核验，有效规避道德风险。

2. 补贴方案

（1）补贴险种。保险标的为水稻、小麦、玉米三大主要粮食作物。完全成本保险为保险金额覆盖直接物化成本、土地成本和人工成本等农业生产总成本的农业保险，保险保障对象为全体农业经营者，包括适度规模经营农户和小农户。

（2）补贴范围。2021 年将研究确定的 33 个产粮大县纳入补贴范围的县（市、区），2022年实现产粮大县（市、区）全覆盖。

（3）保障水平。完全成本保险的保障水平原则上不高于相应品种种植收入的80%。

（4）补贴标准。中央财政补贴保费35%，省级财政补贴为30%，农户自缴比例不高于30%，差额部分由设区市、县（市）依据财政情况进行补贴。

（5）补贴要求。原则上省级财政对每年8月底前承保生效的水稻、玉米保险和每年2月底前承保生效的小麦保险给予财政保费补贴，其他时间承保生效的水稻、小麦、玉米保险不享受财政保费补贴。

3. 保险方案

（1）保险责任。完全成本保险的保险责任涵盖自然灾害、重大病虫害和意外事故等损失。

（2）保险金额。水稻、小麦、玉米完全成本保险的亩均保险金额分别为1300元、1000元、1000元。

（3）保险费率。承保机构应当根据保险标的的风险损失数据，坚持保本微利原则和惠民政策导向，按照综合费用率不高于20%，公平合理地厘定保险费率。

（4）承保机构管理。承保完全成本保险的保险机构应满足政策性农业保险承保机构和银监部门相关资质要求。承保机构应提高服务能力和服务水平，对适度规模经营农户和小农户都要做到承保到户、定损到户、理赔到户。

（三）江苏省农产品价格保险政策

1. 生猪"保险+期货"政策

把开展生猪"保险+期货"试点写入了江苏省委、省人民政府2022年的一号文件，是全国首次由省级层面推动生猪"保险+期货"工作（夏高琴和张智，2023）。2022年6月，江苏省财政厅、江苏省农业农村厅、江苏银保监局联合印发的《关于开展生猪"保险+期货"项目试点的通知》明确，以徐州市、淮安市、盐城市3个设区市为试点地区，并确定下辖的9个县（市、区）为具体实施单位；省财政落实支持试点项目补贴资金3000万元，其中省级1500万元，徐州市、淮安市、盐城市各500万元（江苏省财政厅金融处，2023）。

2023 年，江苏省委、省人民政府一号文件明确提出"持续推进生猪'保险+期货'试点。"为贯彻落实这一要求，江苏省财政厅、江苏省农业农村厅、江苏银保监局联合印发了《2023 年开展生猪"保险+期货"试点通知》，取消了试点地区生猪出栏数量的门槛限制，试点实施范围扩大至南京市、徐州市、南通市、淮安市、盐城市、扬州市、宿迁市 7 个设区市的 22 个县（市、区）。省财政安排的保费补贴较 2022 年增加了 1500 万元，省级补贴标准由每个设区市 500 万元细化至按 200 万元、100 万元、50 万元对试点县（市、区）分档给予补贴（江苏省财政厅金融处，2023）。

2. 保淡绿叶菜价格指数保险政策

江苏省农业保险工作小组于 2022 年 3 月发布《关于修订部分政策性农业保险险种条款及费率的通知》，对九大类农业保险险种条款及费率进行调整，涉及价格保险的有《江苏省地方财政补贴型保淡绿叶菜价格指数保险条款》，该保险条款是由《江苏省夏季保淡绿叶菜价格指数保险》险种调整而成。

所谓"保淡绿叶菜"是指在绿叶蔬菜市场供应淡季期间，政府通过"保淡"政策扶持，保证市民吃到的绿叶蔬菜品种（江苏省财政厅，2022）。《江苏省地方财政补贴型保淡绿叶菜价格指数保险条款》要求，"保险绿叶菜"需要同时符合 4 个条件，且投保人应将符合条件的绿叶蔬菜全部投保，不得选择投保：①列入县（市、区）农业行政主管部门建设规划，并承担本地市场蔬菜保供任务的优质蔬菜基地所生产的绿叶蔬菜。②保淡品种和保淡面积由县（市、区）统一计划并已下种于大田。③能按农业行政主管部门的要求，在保淡期间做到均衡种植和均衡上市。④投保人的保淡绿叶蔬菜种植面积达 10 亩以上（含）。

根据《江苏省地方财政补贴型保淡绿叶菜价格指数保险条款》第八条规定，夏季保淡期、冬季保淡期的具体时间由县（市、区）农业行政主管部门确定，但保淡期最长不得超过 100 天（含）。

（四）江苏省农产品收入保险政策

1. 水稻收入保险政策

江苏省水稻收入保险试点工作始于 2015 年。2014 年底常州市武进区被列为国家第二批农村改革试验区，该区承担了水稻目标价格保险试点和翠冠梨价格指数保险试点。此后，苏州市在张家港和常熟也开展了水稻收入保险改革试点。常州市和苏州市的水稻收入保险改革试点是地方自主开展的，并不是一项省级层面的"农产品收入保险政策"。

严格地说，江苏省水稻收入保险政策应当从 2020 年正式开始。2020 年 7 月，江苏省财政厅会同江苏省农业农村厅、江苏银保监局制定了《江苏省地方财政补贴型区域水稻收入保险条款》。根据政策规定，33 个年产量 10 亿斤以上的产粮大县（市、区）自主开展水稻收入保险试点，探索将水稻受灾减产和市场价格下跌导致的收入损失纳入赔偿范围，保障水平原则上不低于前 3 年相应品种种植收入水平。2021 年 8 月，江苏省财政厅会同有关部门经多次研究论证，结合 2020 年水稻收入保险试点情况，印发了《关于修订水稻收入保险条款、费率的通知》，调整修订水稻收入保险条款、费率及补贴政策。①财政资金补贴政策。水稻收入保险由我省自主补贴转变为中央财政补贴型险种，中央财政给予 35% 保费补贴，省级财政补贴 30%，农户自缴比例不高于 30%。②水稻收入保险费率。在保险保障水平基本不变的情况下，保险费率由 4.5% 下调至 3.5%。③水稻收入保险金额标准。每个市、县（市、区）统一标准，当地水稻收入保险金额标准由各市、县农业保险工作小组研究确定，每亩保险金额最高不得超过亩均保险收入的 80%。

从各地实际情况看，虽然省有关部门出台了"水稻收入保险条款"，但是各地真正开展这项保险业务的很少。究其原因，是因为目前稻谷仍然实行"最低收购价格"制度，收入保险中的"价格风险"问题并不突出，对于水稻和小麦来说，"完全成本保险"基本可以满足农业生产经营者的投保需求。

2. 玉米收入保险政策

江苏玉米常年种植面积和总产占全省粮食种植面积和总产的比例都基本稳定在 7.5% 左右，但玉米在秋粮作物中面积、总产分别占 14% 左右和 11% 以上，有较重要的地位。2016 年开始的玉米收储制度改革，通过"市场化收购"加"补贴"的新机制，已经率先完成玉米定价的市场化，对于广大玉米种植农户来说，开展收入保险实有必要（陈燕和林乐芬，2022）。

2021 年 11 月，江苏省财政厅会同江苏省农业农村厅、江苏银保监局联合印发《江苏省中央财政补贴型玉米种植收入保险条款、费率表》，明确玉米种植收入保险的保险责任、保险金额和费率等。①保障水平：玉米收入保险的保险金额充分体现玉米的价格和产量，大幅提升保险金额，由种植险的平均 550 元/亩提升至 1000—1200 元/亩，稳定了投保农户种粮收入预期。②保险责任：涵盖产量损失、价格波动造成的玉米收入损失，起赔点由种植险的 10%降低至 5%，以有效分散农业经营主体的种植风险。③省级财政补贴标准：省财政在中央财政补贴35%的基础上，将原省级补贴从 25%提高到 30%。

此外，江苏省农业保险工作小组办公室为贯彻落实江苏省政府办公厅《关于印发 2022 年大豆玉米带状复合种植推广工作方案的通知》精神，于 2022 年 6 月印发《关于做好政策性农业保险支持大豆玉米带状复合种植推广工作的通知》，指导各地和各农业保险承保机构开展大豆玉米带状复合种植收入保险。

3. 大蒜收入保险政策

2021 年 11 月，江苏省财政厅会同江苏省农业农村厅、江苏银保监局等部门联合印发《江苏省地方财政补贴型大蒜收入保险条款、费率表》，明确地方优势特色大蒜收入保险的保险条款、费率，更好满足农户的风险保障需求。①大蒜收入保险金额：大蒜收入保险的保险金额参照每亩种植收入、已投保的露地旱生蔬菜保险金额研究确定，在露地旱生蔬菜 1000 元/亩的基础上，进一步提高并细化至 1000 元/亩、2000元/亩、3000 元/亩三个档次。②大蒜收入保险责任范围：包括产量损失和价格波动两个方面。

（五）江苏省省级财政农业保险保费补贴管理

2022 年 11 月，江苏省财政厅制定出台《江苏省省级财政农业保险保费补贴管理办法》（苏财规〔2022〕6 号），明确补贴品种包括种植业、养殖业、森林、地方优势特色农产品、农业设施等 8 类，涵盖了水稻、小麦、玉米、油菜、花生、森林、蔬菜、茶果、生猪、奶牛、水产、蚕茧和大棚等 53 个险种；明确省级财政对水稻、小麦、玉米三大粮食作物及其制种保险保费补贴 30%，对棉花、油菜、大豆、花生等种植业险种补贴 25%，对养殖业险种按照苏南、苏中、苏北分别补贴 10%、

20%、30%，对森林险种补贴40%，对农业机械险种按照苏南、苏中、苏北分别补贴20%、30%、50%，对渔业互助险种补贴25%，对省级涉农企业补贴30%，对地方优势特色农产品和农业设施保险实施奖补。

第三节 新型农业保险的江苏实践

一 三大粮食作物完全成本保险的实施

（一）江苏保险条款要点

根据江苏省财政厅、农业农村厅、江苏银保监局等部门联合印发的《江苏省中央财政补贴型水稻、小麦、玉米三大粮食作物完全成本保险条款、费率表》规定，主要包括适用对象、保险范围、保险责任、保险金融、保险费率、保险期间和赔偿处理七个方面。①适用对象是"从事水稻、小麦、玉米种植的适度规模经营农户、小农户和农业生产经营组织"。②保险范围是"经过政府部门审定的合格品种，符合当地普遍采用的种植规范标准和技术管理要求"。③保险责任限自然灾害、意外事故、病虫草鼠害造成的损失。④保险金额包括保险水稻/小麦/玉米生长期内所发生的种植成本（包括：种子成本、化肥成本、农药成本、灌溉成本、机耕成本、地膜成本、地租成本、人才成本等）。⑤保险费率，水稻、小麦、玉米分别为3.5%、4%、5.5%。⑥保险期间，水稻自保险水稻在田间移栽成活返青后或自出苗（苗齐）时开始至成熟（收割）时止，小麦、玉米自保险小麦、玉米齐苗时起至成熟（收割）时止。⑦赔偿处理，损失率达到10%（含）以上的，但未达到80%（不含）的，按部分损失计算赔付；损失率达到80%（含）以上的，按全部损失计算赔付（见表9-2）。

表9-2　　　江苏三大粮食作物完全成本保险条款要点汇总

项目	水稻完全成本保险	小麦完全成本保险	玉米完全成本保险
适用对象	从事水稻种植的适度规模经营农户、小农户和农业生产经营组织	从事小麦种植的适度规模经营农户、小农户和农业生产经营组织	从事玉米种植的适度规模经营农户、小农户和农业生产经营组织
保险标的	水稻	小麦	玉米

项目	水稻完全成本保险	小麦完全成本保险	玉米完全成本保险
保险范围	①经过政府部门审定的合格品种，符合当地普遍采用的种植规范标准和技术管理要求； ②种植场所在当地洪水水位线以上的非蓄洪、行洪区； ③生长和管理正常		
保险责任	保险人按照本保险合同的约定负责赔偿： ①暴雨、洪水（政府行蓄洪除外）、内涝、风灾、雹灾、低温冷害、高温热害旱灾、地震等自然灾害； ②火灾、泥石流、山体滑坡等意外事故； ③病虫草鼠害		
保险金额	参照保险水稻/小麦/玉米生长期内所发生的种植成本（包括：种子成本、化肥成本、农药成本、灌溉成本、机耕成本、地膜成本、地租成本、人才成本等）确定，具体保险金额以保险单载明为准。目前，水稻、小麦、玉米的亩均保险金额分别为1300元、1000元、1000元		
保险费率	3.5%	4%	5.5%
保险期间	自保险水稻在田间移栽成活返青后或自出苗（苗齐）时开始至成熟（收割）时止，具体保险期间以保险单载明为准	自保险小麦齐苗时起至成熟（收割）时止，具体保险期间以保险单载明为准	自保险玉米齐苗时起至成熟（收割）时止，具体保险期间以保险单载明为准
赔偿处理	①全部损失：损失率达到80%（含）以上的，按全部损失计算赔付，经一次性赔付后，保险责任自行终止。赔偿金额=保险事故发生时保险水稻或小麦或玉米对应生长期的每亩最高赔偿金额×受损面积 ②部分损失：损失率达到10%（含）以上的，但未达到80%（不含）的，按部分损失计算赔付。赔偿金额=保险事故发生时保险水稻或小麦或玉米对应生长期的每亩最高赔偿金额×受损面积×损失率		

资料来源：笔者根据江苏省政府相关部门提供的数据整理计算。

（二）江苏与其他试点省份主要保险条款的比较

2021年三大粮食作物完全成本保险和种植收入保险的实施范围扩大到河北、内蒙古、辽宁、吉林、黑龙江、江苏、安徽、江西、山东、河南、湖北、湖南、四川13个粮食主产省份的产粮大县。南京农业大学金融学院课题组收集到除安徽省外12个省份的实施方案，对方案中的保险金额、保险费率、起赔点等关键指标分作物进行整理，形成表9-3、表9-4、表9-5。在此基础上进行简要比较分析。

1. 水稻完全成本保险的比较

从表9-3可见，主要产粮大省均开展了水稻完全成本保险，相较其他产粮大省，江苏水稻完全成本保险保障水平高、起赔点低，且保险费率最低，农户负担较轻，各生长周期赔付比例较高。

表9-3 产粮大省水稻完全成本保险基本情况统计

产粮大省	保险金额（元/亩）	保险费率（%）	起赔点（损失率%）	生长期赔付比例（%）
河北	1500	5	10	50/60/80/100
内蒙古	900/1205	4	20/30	60/70/80/90/100
辽宁	1290	4	25	80/90/100
吉林	1100	6	25	50/70/90/100
黑龙江	1405	4.99	30	40/60/80/100
江苏	1200/1300	3.5	10	50/70/90/100
江西	1100	5	15	40/50/78/80/100
山东	1150	4	10	50/60/80/100
河南	960	4	20	40/60/80/100
湖北	1100	6	25	50/75/100
湖南	900/1100	4	20	40/75/100
四川	1100	4	20	50/60/80/100

注：13个产粮大省缺少安徽省数据；下同。

2. 小麦完全成本保险的比较

从表9-4可见，在9个开展小麦完全成本保险的产粮大省中，江苏小麦完全成本保险保障水平位居前列，起赔点低，保险费率水平较低，农户负担较轻，各生长周期赔付比例较高。

表9-4 产粮大省小麦完全成本保险基本情况统计

产粮大省	保险金额（元/亩）	保险费率（%）	起赔点（损失率%）	生长期赔付比例（%）
河北	950	4	10	50/60/80/100
内蒙古	450/1200	8	20/30	60/70/80/90/100
辽宁	820	4.2/4.6	25	80/90/100

续表

产粮大省	保险金额（元/亩）	保险费率（%）	起赔点（损失率%）	生长期赔付比例（%）
黑龙江	628	7.96	30	40/60/80/100
江苏	1000	4	10	50/70/90/100
山东	950	3.58/3.79/4	10	50/60/80/100
河南	1000	4	20	40/60/80/100
湖北	600	5	20	50/60/80/100
四川	700	3	20	50/60/80/100

注：没有吉林、江西、湖南3个省份小麦完全成本保险的数据。

3. 玉米完全成本保险的比较

从表9-5可见，在9个开展玉米完全成本保险的产粮大省中，江苏玉米完全成本保险保障水平最高，赔付门槛低，费率水平较低，农户负担较轻，各生长周期赔付比例较高。

表9-5　　　　　产粮大省玉米完全成本保险基本情况统计

产粮大省	保险金额（元/亩）	保险费率（%）	起赔点（损失率%）	生长期赔付比例（%）
河北	800	6	10	50/60/80/100
内蒙古	500/900	7	20/30	60/70/80/90/100
辽宁	770	6	25	80/90/100
吉林	750	7	25	50/70/90/100
黑龙江	911	7.68	30	40/50/80/100
江苏	1000	5.5	10	50/70/90/100
山东	950	4	10	50/60/80/100
河南	950	4	20	40/50/80/100
四川	800	4	20	50/60/80/100

注：没有江西、湖北、湖南3个省份玉米完全成本保险的数据。

（三）江苏三大粮食作物完全成本保险投保情况分析

为了全面反映江苏省三大粮食作物完全成本保险投保情况，本书以江苏省2022年数据，从保险覆盖率、各级财政保费补贴情况、投保主体情况等方面进行描述分析。

1. 完全成本保险覆盖率

2022 年江苏省三大粮食作物完全成本保险总面积为 5192.95 万亩，本年度全省三大粮食作物种植面积为 7640.60 万亩，保险覆盖率为 67.97%；水稻投保面积 2305.18 万亩，全省种植面积 3332.13 万亩，覆盖率为 69.18%；小麦投保面积 2375.95 万亩，全省种植面积 3565.91 万亩，覆盖率为 66.63%；玉米投保面积 511.82 万亩，全省种植面积 742.56 万亩，覆盖率为 68.93%（见表 9-6）。

表 9-6 　　　江苏省 2022 年三大粮食作物完全成本保险覆盖率

内容	总面积	水稻面积	小麦面积	玉米面积
投保面积（万亩）	5192.95	2305.18	2375.95	511.82
种植面积（万亩）	7640.60	3332.13	3565.91	742.56
保险覆盖率（%）	67.97	69.18	66.63	68.93

资料来源：笔者根据相关数据计算所得。水稻、小麦、玉米种植面积数据来自《江苏统计年鉴（2023）》（江苏省统计局网站，http://tj.jiangsu.gov.cn/2023/index.htm）；投保面积数据来自江苏省有关部门。

2. 完全成本保险保费财政补贴情况

2022 年江苏省三大粮食作物完全成本保险金额为 591.67 亿元；保费为 22.04 亿元，各级财政的保险补贴为 15.96 亿元，财政补贴占保费的比例为 72.41%；中央及省级财政保费补贴为 14.21 亿元，占财政补贴金额的 89.04%。苏南地区保险金额为 45.98 亿元；保费为 1.68 亿元，各级财政的保险补贴为 1.34 亿元，财政补贴占保费的比例为 79.76%；中央及省级财政保费补贴为 1.00 亿元，占财政补贴金额的 74.63%。苏中地区保险金额为 126.51 亿元；保费为 4.35 亿元，各级财政的保险补贴为 3.27 亿元，财政补贴占保费的比例为 75.17%；中央及省级财政保费补贴为 2.83 亿元，占财政补贴金额的 86.54%。苏北地区保险金额为 419.18 亿元；保费为 16.01 亿元，各级财政的保险补贴为 11.34 亿元，财政补贴占保费的比例为 70.83%；中央及省级财政保费补贴为 10.38 亿元，占财政补贴金额的 91.53%（见表 9-7）。

表 9-7　　　　　　　江苏省 2022 年三大粮食作物完全成本
保险保费财政补贴情况

区域	保险金额（亿元）	保费（亿元）	保费补贴（亿元）	财政补贴占保费比例（%）	中央及省级财政补贴（亿元）	中央及省级补贴占财政补贴比例（%）
全省	591.67	22.04	15.96	72.41	14.21	89.04
苏南	45.98	1.68	1.34	79.76	1.00	74.63
苏中	126.51	4.35	3.27	75.17	2.83	86.54
苏北	419.18	16.01	11.34	70.83	10.38	91.53

资料来源：笔者根据江苏省有关部门数据计算所得。

3. 完全成本保险投保主体情况

2022 年江苏省三大粮食作物完全成本保险投保总户次为 319.06 万户次，其中规模经营主体投保户次为 16.41 万户次，普通农户投保户次为 302.65 万户次。再根据《江苏统计年鉴（2023）》数据和农业农村厅研究报告数据进行估算：规模经营主体投保户数约为 8.21 万户，全省粮食规模经营户数约为 9.00 万户；普通农户投保户数约为 151.33 万户，全省粮食种植农户数约为 348.02 万户。据此计算，规模经营主体三大粮食作物完全成本保险投保比例约为 91.22%；普通农户投保比例约为 43.48%（见表 9-8）。

表 9-8　　　江苏省三大粮食作物完全成本保险保费投保主体情况

投保指标	规模经营主体	普通农户	合计
投保户次（万户次）	16.41	302.65	319.06
投保户估算数（万户）	8.21 *	151.33	159.54
全部经营户估算数（万户）	9.00 **	348.02 ***	—
投保比例（%）	91.22	43.48	—

注：* 江苏省大多数农业经营者，全年种植小麦和水稻两季或者小麦和玉米两季，故按投保户次除以 2 估算投保户数。** 根据江苏省农业农村厅相关研究报告数据（杨天水，2021），2021 年从事粮食生产的家庭农场超过 9 万个。*** 根据《江苏统计年鉴（2023）》数据，2021 年（年鉴缺 2022 年数据）农林牧渔业从业人口 631.46 万人，其中农业从业人口为 514.82 万人，此处的农业为种植业。按每户至少一个农业劳动力进行估算，种植业户最多不超过 514.82 万户；2022 年种植业播种面积为 7534.24 公顷，三大主粮播种面积为 5444.43 公顷，三大主粮耕地面积占种植业耕地面积的比例为 67.60%，由此估算种粮户为 348.02 万户。

资料来源：笔者根据江苏省有关部门数据整理。

二 水稻收入保险的江苏实践

江苏省地处南北气候过渡地带，素有"鱼米之乡"的美誉。2022 年江苏省稻谷产量为 1991.61 万吨，全国排名第 4 位[①]。江苏省水稻产区主要集中在淮河、长江之间的迟熟中粳稻区，另外还有淮河以北的淮北中熟中粳稻产区，苏南沿江及太湖地区单季晚粳稻产区和沿骆马湖、沿运河及西南丘陵地区杂交中籼稻产区。江苏省、市、县三级政府对水稻保险"情有独钟"。早在 2015 年常州市武进区依托承担全国农村改革试验区项目自发开展水稻收入保险。2017 年苏州市也是依托承担全国农村改革试验区项目在张家港和常熟开展了水稻收入保险改革试点。2020 年新沂市在江苏省财政厅的支持下开展了水稻收入保险试点工作。2023 年南京市开展优质稻米收入保险，以"订单+保险"形式进行产销对接，为该市优质稻米全产业链提供价格风险管理解决方案。下面以常州市武进区为典型案例，描述水稻收入保险的典型做法。

（一）试点情况概况

水稻生产是武进区农业生产的传统主导产业，武进水稻生产还因为武进水稻研究所闻名长三角地区。江苏武进水稻研究所是国内一流的县级水稻新品种选育及超高产栽培研究农业科研机构，素有"扬州麦子武进稻"[②] 之说。武进常规水稻育种曾经引领全国，先后培育出"复虹糯 6 号""武复粳""武育粳 2 号""武育粳 3 号""香血糯""武运粳 7 号"等一批具有较大影响力的水稻品种，优质高产水稻新品种 82 个、推广应用 4.3 亿多亩次（范玉贤，2021）。

2014 年 12 月，武进区获批全国第二批农村改革试验区，承担实施水稻收入保险试验项目（项目名称"农产品目标价格保险"）。武进区委、区政府专门成立了农村改革试验工作领导小组，领导试点工作。2015 年武进区与中国人保财险公司常州市武进支公司联合设计保险条款，并对武进区水稻收入保险进行模拟运行。在此基础上中国人保财险

---

① 根据国家统计局网站数据，稻谷产量高于江苏省的有黑龙江省 2718 万吨、湖南省 2639.88 万吨、江西省 2036.5 万吨。江苏省不仅是水稻大省，也是小麦大省，2022 年小麦产量 1365.74 万吨；河南省 3812.71 万吨、山东省 2641.19 万吨、安徽省 1722.27 万吨、河北省 1474.57 万吨。

② "扬州麦子"因扬州市农科院（江苏里下河地区农科所）在小麦育种方面的声誉而来。

公司江苏分公司完善了保险条款，2016年6月水稻收入保险的条款由中国保监会正式批准，进入实质性操作阶段。

2016年有4个水稻种植专业合作社参与试点，水稻品种限武进本地育成的审定品种。2017年选择家庭农场和专业合作社共11个新型农业经营主体开展试点，水稻品种放宽到武粳、南粳系列等适宜武进本地种植的审定品种。2018年，投保人扩大到种植规模50亩以上的经营主体，共21户。2019年，水稻收入保险投保人扩大到种植规模30亩以上的经营主体，共59户。

（二）保险金额和保费率的确定

1. 保险金额的确定

武进区确定2016年和2017年试点的水稻收入保险金额为每亩1800元。确定保险金额的步骤：第一步确定产量，取全区正常年景前三年的平均亩产量为645公斤；第二步确定价格，以江苏省价格监测中心发布的全省粳稻三等标准品的价格确定，每公斤3.1元。每亩保险金额按照"约定目标产量×约定目标价格×0.9（理赔系数）"确定，折成每亩的保险金额为1799.55元/亩，四舍五入后每亩1800元/亩。根据上述方法，2018年和2019年保险金额为1600元/亩。

2. 保费的确定

保费为保险金额的6%。如果上一年保险责任期间内发生赔付，则当年的保费费率系数为1；如果上一年保险责任期间内没有发生赔付，则当年的保费费率系数为0.9。据此规定计算，2017年即每亩108元；因为2017年发生了赔付，2018年费率保持不变，即每亩96元；2018年没有发生赔付，2019年费率系数为0.9，即每亩86.4元。

3. 保费的分担

政府财政补贴80%，投保人自缴20%。据此计算，投保人2017年、2018年、2019年的自缴保费金额分别为21.6元/亩、19.2元/亩、17.28元/亩。

（三）保险赔付情况

武进区水稻收入保险，在保险期内投保人种植水稻的实际收入低于保险约定的目标收入时被视为"保险事故发生"，保险人按照保险合同约定进行赔偿（王鑫和夏英，2021）。如果发生"保险事故"，实际产量由武进区农业保险办公室召集办公室成员单位和乡镇农业部门对水稻实行田块抽样测产，通过实割实测确定的水稻平均产量。以 2017 年为例，实割实测确定水稻平均产量为 546.20 公斤/亩，江苏省价格监测中心发布的全省粳稻三等标准品平均价格为 2.98 元/公斤，则水稻实际收入为 546.20 公斤/亩×2.98 元/公斤 = 1627.68 元/亩，低于水稻收入保险合同约定的 1800 元/亩，则每亩需要赔付 172.32 元（王鑫和夏英，2021）。2017 年实际理赔面积 3691 亩，理赔金额 63.6 万元（徐雪高等，2017）；试点期内理赔面积累计 1.5 万亩，理赔金额 160 万元（宗和，2020）。

三 玉米种植收入保险的江苏实践

江苏省 2022 年玉米产量为 295.84 万吨，只占全国 27720.32 万吨的 1.07%。在江苏省内，玉米的主要产地是徐州市，超过四成[①]的玉米由该市生产。以 2021 年为例，徐州市粮食播种面积为 1151.25 万亩，其中玉米播种面积 294.87 万亩，占 25.61%，仅次于小麦的 529.76 万亩；粮食产量 501.79 万吨，其中玉米产量 123.87 万吨，占 24.69%[②]。基于江苏三大主粮生产的实际情况，该省玉米收入保险主要在徐州市开展试点。

（一）玉米种植收入保险条款

根据《江苏省中央财政补贴型玉米种植收入保险条款、费率表》（简称"保险条款"）规定，江苏玉米收入保险的保险标的、保险责任如下：一是保险标的。投保人应将符合下述条件的玉米全部投保，不得选择投保：①经过政府部门审定的合格品种，符合当地普遍采用的种植规范和技术管理要求；②种植场所在当地洪水水位线以上的非蓄洪、行洪区；③生长正常。二是保险责任。在保险期间内，由于下列原因之一或共同作用造成保险玉米的损失，导致全部或部分保险玉米亩均实际收入较亩均保险收入损失超过 5%（含），保险人按照保险合同约定负责

---

① 2021 年江苏全省玉米产量 300.06 万吨，徐州市为 123.87 万吨，占 41.28%〔《江苏统计年鉴（2022）》《徐州统计年鉴（2022）》〕。

② 2021 年，徐州市粮食播种面积为 1151.25 万亩，其中小麦播种面积 529.76 万亩、玉米播种面积 294.87 万亩、水稻播种面积 268.64 万亩；粮食产量 501.79 万吨，其中小麦产量 212.22 万吨、水稻产量 153.18 万吨、玉米产量 123.87 万吨〔《徐州统计年鉴（2022）》〕。

赔偿：①由于下列原因直接造成保险玉米的产量损失或绝收：暴雨、洪水（政府行蓄洪除外）、内涝、风灾、雹灾、高温热害、低温冷害、旱灾、火灾、地震、泥石流、山体滑坡、病虫草鼠害。被保险人为防止因上述原因造成保险玉米的产量损失扩大，采取必要的补救措施而产生的费用，经核实后，保险人也负责赔偿。②市场价格波动造成保险玉米价格下跌。"保险条款"还规定，间作或套种的其他作物，不属于本保险合同的保险标的。据此规定，国家近年来开展的大豆玉米带状复合种植模式不适用"保险条款"规定。江苏省财政部门为充分调动广大农户和各类新型经营主体开展大豆玉米带状复合种植的积极性，对带状复合种植的大豆、玉米种植保险专门作出规定，江苏首单带状复合种植模式下的大豆、玉米农业保险在江苏省农垦农业发展股份有限公司黄海分公司落地。

（二）玉米种植收入保险与玉米成本保险的比较

比较 2007 年以来，玉米种植保险的三类不同险种可以发现，2007 年起实施的玉米种植直接物化成本保险，呈现保险金额低、费率低，也即保险保障水平低的特点；2021 年开始实施的完全成本保险，呈现保险金额高、费率居中等特点；玉米种植收入保险呈现保险金额高、费率高等特点。实施三大粮食作物完全成本保险和收入保险之后，农业经营主体可以选择投保玉米种植收入保险，也可以选择投保完全成本保险；在保险金额均为 1000 元的情况下，投保人承担的缴费金额，收入保险比完全成本保险要多出 4.5 元/亩（见表 9-9）。

表 9-9　江苏省玉米各类保险金额、费率、保费、缴费金额对比

险种	保险金额（元/亩）	费率（%）	保费（元/亩）	缴费金额（元/亩）		
				中央财政（35%）	省级财政（30%）	农户（不高于30%）
直接物化成本保险	550/700	4.00	22/28	7.70/9.80	5.50/7.00	6.60/8.40
完全成本保险	1000	5.50	55	19.25	16.50	16.50
收入保险	1000—1200	7.00	70—84	24.50—29.40	21.00—25.20	21.00—25.20

资料来源：笔者根据江苏省政府相关部门提供的数据整理计算。

（三）玉米种植收入保险开展情况

江苏省 2022 年开展玉米收入保险试点的有徐州市的 7 个区县、盐城市的大丰区。从表 9-10 的数据看，徐州的铜山、睢宁、新沂、邳州、丰县、沛县，以及盐城市大丰区都只有 1 个规模经营户开展试点。开展玉米种植收入试点最多的是徐州市贾汪区，有 27 户规模经营户、362 户普通农户投保了收入保险，投保面积为 12693.07 亩，保险金额为 1523.17 万元，保费为 1066218 元。

表 9-10　　　　　江苏省 2022 年度玉米收入保险开展情况

设区市	县区	保费合计（元）	保险金额（万元）	投保面积（亩）	普通农户数量（户）	规模经营主体数量（户）	投保总户次
徐州	贾汪	1066218	1523.17	12693.07	362	27	389
	铜山	910	1.30	13.00	0	1	1
	睢宁	9450	13.50	135.00	0	1	1
	新沂	1400	2.00	20.00	0	1	1
	邳州	1050	1.50	15.00	0	1	1
	丰县	721	1.03	10.30	0	1	1
	沛县	2261	3.23	32.30	0	1	1
盐城	大丰	31360	44.80	448.00	0	1	1
合计		1113370	1590.53	13366.67	362	34	396

资料来源：笔者根据江苏省政府相关部门提供的数据整理计算。

比较分析徐州市贾汪区玉米种植收入保险与完全成本保险的开展情况（见表 9-11），可以看出，该区玉米种植户投保收入保险种植面积占投保总面积的比例只有 6.75%，投保完全成本保险的比例为 93.25%。可能的原因是，玉米种植户根据往年的经验，预期玉米价格波动不会太大，从而选择投保完全成本保险。

表 9-11　徐州市贾汪区玉米种植收入保险与完全成本保险开展情况比较

事项	保费合计（元）	保险金额（万元）	投保面积（亩）	普通农户数量（户）	规模经营主体数量（户）	投保总户次
收入保险	1066218	1523.17	12693.07	362	27	389
完全成本保险	9647801	17541	175415	6739	250	6989

事项	保费合计（元）	保险金额（万元）	投保面积（亩）	普通农户数量（户）	规模经营主体数量（户）	投保总户次
合计	10714019	19064	188108	7101	277	7378
收入保险占比	9.95%	7.99%	6.75%	5.10%	9.75%	5.27%

资料来源：笔者根据江苏省政府相关部门提供的数据整理计算。

四 生猪"保险+期货"的江苏实践

2022 年末，江苏全省生猪存栏 1452.7 万头；2022 年全年生猪出栏 2258.7 万头，猪肉自给率达到 70% 左右（赵久龙，2023）；全年猪肉产量 179.37 万吨，占全国 5541.43 万吨的 3.24%，位居全国 31 个省份的第十四位①。江苏省十分重视生猪"保险+期货"试点工作，2021 年初江苏省财政厅会同农业农村厅、江苏银保监局等部门及省内保险及期货公司，开展针对生猪期货价格保险的可行性研究，并将生猪"保险+期货"试点工作写入了江苏省 2022 年的一号文件。

（一）试点总体情况

生猪"保险+期货"以生猪价格为保险标的、以生猪期货价格为计算依据，养殖户向保险公司购买保险，保险公司向期货公司购买场外期权业务。当生猪价格下跌低于约定价格，保险公司通过期货市场对冲风险，对养殖户价格下跌部分给予赔偿，从而有效化解生猪价格下跌风险。

如前所述，2022 年，江苏省选择生猪生产大市徐州市、淮安市、盐城市 3 个设区市为试点地区，并确定下辖的 9 个县（市、区）② 为具体实施单位；2023 年试点实施范围扩大至南京市、徐州市、南通市、淮安市、盐城市、扬州市、宿迁市 7 个设区市的 22 个县（市、区）③。

---

① 笔者根据国家统计局网站数据计算所得，https：//data.stats.gov.cn/easyquery.htm？cn=C01。

② 徐州市铜山区、新沂市、邳州市；淮安市淮安区、淮阴区、盱眙县；盐城市盐都区、滨海县、东台市。

③ 南京市浦口区、高淳区；徐州市铜山区、新沂市、邳州市；淮安市淮安区、淮阴区、盱眙县、涟水县、洪泽区；盐城市盐都区、响水县、滨海县、阜宁县、射阳县、东台市；南通市海门区、通州湾示范区、如东县、启东市；扬州市江都区；宿迁市沭阳县。

2023 年和 2022 年试点政策大致相同，比如省级财政保费补贴资金比例不超过总保费的 40%；试点设区市及具体实施试点县（市、区）提供的资金配比不低于总保费的 40%；生猪养殖经营主体自缴保费下限 10%，自缴保费最多不超过 20% 等。主要区别有两点。一是生猪出栏数量的门槛限制。2022 年要求参保对象的生猪存栏量不超过 1 万头，2023 年对生猪出栏数量的门槛不做限制。二是财政保费补贴资金的差异。2022 年省财政承担试点项目补贴资金 1500 万元，徐州市、淮安市、盐城市各承担 500 万元，三个试点市的保费补贴金额完全相同。2023 年省财政安排的 3000 万元保费补贴分 200 万元、100 万元、50 万元三档对试点县（市、区）给予补贴（江苏省财政厅金融处，2023）。

截至 2023 年 4 月末，首批试点 9 个县（市、区）生猪"保险+期货"保费收入 3597.54 万元，其中财政补贴 2855.25 万元，占保费的 80%，农户自缴 713.81 万元，占保费的 20%。这为 540 户次中小生猪养殖户的 40.1 万头生猪提供了 8.94 亿元的价格风险保障，331 户次中小生猪养殖户获得赔款 2720.68 万元，整体简单赔付率达 76%（江苏省财政厅金融处，2023）。另据承担徐州、淮安、盐城三市生猪"保险+期货"试点对冲业务的弘业期货介绍，截至 2022 年 12 月 30 日，由弘业期货负责对冲的生猪价格保险共计 18784.49 吨，折合生猪约 19 万头，保险金额达 3.91 亿元，覆盖了徐州、淮安、盐城三市的中小养殖农户，累计实现赔付共计 1879.16 万元，最高赔付率 248%，平均赔付率达 123%。

（二）淮安市试点案例

淮安市是江苏首批生猪"保险+期货"项目的试点地区之一。2022 年 6 月 28 日，江苏省地方财政补贴型生猪"保险+期货"价格保险首单也落地在淮安市下辖的盱眙县。

生猪"保险+期货"项目之所以在淮安市三个县区试点有两个原因。一是淮安市是江苏生猪养殖大市，2021 年生猪出栏 243.74 万头，其中出栏数少于一万头的中小养殖户有 700 多户，占淮安生猪养殖户总数的 92%。这部分养殖户，亟须利用政策性金融工具规避价格风险。二是淮安市已经自主开展生猪"保险+期货"试点。早在 2021 年 1 月，中华财险盱眙支公司在淮安市即开出首单商业性生猪期货价格保险，为盱眙县规模养猪户郁某承保 150 头生猪、33.75 万元保险金额保障，率先探索生猪"保险+期货"模式。

2022 年，省、市、县（区）三级财政给予淮安生猪"保险+期货"项目试点提供了 1000 万元的保费补贴。淮安市本次项目试点，共开展 11 个批次承保业务，为 107 户养殖户饲养的 71920 头生猪提供 19043.28 万元保险金额的价格风险保障，财政保费补贴 616.39 万元（杨丹丹，2023）。2022 年底集中理赔有 32 户养殖户获得赔付，保险标的生猪 17750 头；获得价格风险保障（保险金额）4090.73 万元；保费 160.77 万元，其中农户自缴仅为 32.15 万元；养殖户获得了 372.99 万元的理赔款，是自缴保费部分的 11.6 倍，简单赔付率达到 232%①。例如，盱眙县淮河镇龚庄村养猪户黄某于 2022 年 11 月为 500 头生猪投保了"保险+期货"险种，保费 96 元/头，财政补贴保费 77 元/头，自缴 19 元/头保费，共 9500 元；12 月猪价走低，获赔 10.62 万元，是自缴保费部分的 11.2 倍，简单赔付率达到 221%。

2023 年 3 月，淮安市试点区域增加到 5 个县区。据《中国银行保险报》2023 年 5 月 23 日报道，淮安市自开展生猪"保险+期货"试点项目以来，共有 384 户中小养殖户的 22.14 万头生猪获得风险保障 4.93 亿元，累计获得赔付 937.59 万元（祖兆林，2023）。

五　家庭农场综合保险的江苏实践

2019 年中央农办、农业农村部等 11 部门联合印发的《关于实施家庭农场培育计划的指导意见》中提出，要"鼓励开展家庭农场综合保险试点"。家庭农场的规模化、集约化、商品化生产的特点使之与普通农户相比面临的经营风险更高，对农业保险服务的需求也更加强烈。近年来，农业保险服务不断改善，但仍存在保险产品供给不足、保险保障水平不高等问题。为贯彻落实中央农办、农业农村部等 11 部门的文件精神，并更好地发挥农业保险对家庭农场发展的支撑保障作用，2021 年江苏省农业农村厅委托太平洋财产保险江苏分公司开发了家庭农场综合保险险种，并先行在徐州市铜山区、泰州市姜堰区和宿迁市泗

---

① 简单赔付率：理赔款/保费×100%。

洪县等全国和省农村改革试验区试点；此外，南通市海门区自主开展了富有特色的家庭农场综合保险。

（一）江苏家庭农场综合险试点总体情况

由江苏省农业农村厅委托太平洋财产保险江苏分公司开发的家庭农场综合保险产品，从2021年4月开始，先后在徐州市铜山区、泰州市姜堰区和宿迁市泗洪县落地试点（吴琼，2021）。截至2021年11月，共有94家家庭农场参保，涉及种植业和畜禽养殖业的41种农产品生产，保费147万元，提供风险保障2261万元（江苏省农业农村厅网站，2021）。

1. 铜山区试点情况

铜山区家庭农场综合保险涉及小麦、蔬菜、水果、林木、食用菌等产业，政府按80%的比例对家庭农场参保保费予以补贴，先期在17个家庭农场的近21个品种中试点承保。

2. 泗洪县试点情况

泗洪县结合西南岗地区西瓜、黄桃、花生种植历史久、规模大等实际，开展家庭农场综合保险。例如，天岗湖乡王集村潘某家庭农场投保了345亩黄桃保险，每亩保费160元、保障额度2000元，总费用5.52万元，其中财政补贴70%、个人自筹16560元。再如，魏营镇刘营村刘某家庭农场投保了78亩大棚西瓜种植保险，每亩保费320元，政府对保费给予70%的补贴，个人每亩自缴96元，每亩保险金额4000元（孙莹，2021）。

3. 姜堰区试点情况

姜堰区联合太平洋财险公司制定了"姜堰区家庭农场综合保险保障计划"，按照"一场一策"灵活调节保额标准。姜堰区先在种粮类家庭农场中试点综合保险①，按照每亩保费40元、保额800元的标准进行补充投保，财政资金给予80%的保费补贴，变"保物化成本"保险为"保完全成本"保险（孙莹，2021）。截至2021年4月28日，该区有21个种植业家庭农场参加了综合保险，保险面积8376.75亩，保险

---

① 随着2022年"三大主粮完全成本保险与种植收入保险"在姜堰的实施，家庭农场综合保险已经失去了存在的必要。

金额 670.14 万元（吴琼，2021）。

（二）南通市海门区家庭农场综合险试点案例

南通市海门区是全国首批农村土地确权登记颁证试点单位与全国第二批农村集体产权制度改革试点市，农村改革工作一直走在全省前列（俞新美和陈静，2021）。根据省农村改革试验试点任务，海门积极探索构建家庭农场培育发展机制，稳妥推进家庭农场综合保险。家庭农场综合保险的承保机构为中国人财保险公司海门支公司。

2020 年 11 月 25 日，海门区政府办印发了《南通市海门区家庭农场综合保险实施方案》（以下简称《实施方案》），以家庭农场为主体，从收益、责任和财产三个方面，引导家庭农场参加综合保险。试点任务确定参加综合保险上限为 100 个家庭农场，在优先满足家庭农场且总量不突破的前提下，省级以上农业龙头企业和南通市级以上农民专业合作社有意向参保的，按照申报时间先后，可享受相关政策。

1. 保险对象

根据《实施方案》规定，家庭农场综合保险的保险对象为区级及以上示范性家庭农场。

2. 保险标的

根据《实施方案》规定，家庭农场综合保险的保险标的为三类。①收益保险。收益补偿责任保险标的为家庭农场种养两业直接损失造成的收益损失。②财产保险。包括家庭农场的生产经营用房等以及（温室连体）钢架大棚等设施设备。③责任保险。包括雇主责任、公众责任和农产品食用安全责任。雇主责任保险标的为家庭成员和长期（不）固定雇员。公众责任保险标的是在家庭农场采摘、休闲、观光、娱乐的第三者人员。农产品食用安全责任保险标的是因消费者食用家庭农场生产、销售的食用农产品造成伤亡或财产损失而应由家庭农场承担的经济赔偿责任及仲裁、诉讼等法律费用。家庭农场可根据实际需要，选择其中一项或多项参保，其中收益保险为必须参保项（不在投保类别中的险种除外），财产保险和责任保险为选择参保项。

3. 保险期限

根据《实施方案》的规定，家庭农场综合保险的保险期限为一年，具体以保险单载明的起讫时间为准。

4. 保费费率

收益保险、财产保险、责任保险的保费费率差异较大，有的保险标的保费费率仅为3‰，有的保险标的采取定额保费。①养殖业收益补偿责任。主要针对猪、羊、鸡等从事养殖业的家庭农场。保障被保险人因自然灾害、疾病、疫病、火灾等造成的收益减少。具体保费费率以保监部门确定的保险条款为准。②固定生产经营用房保险。保障被保险人所拥有的基地内固定生产经营用房因自然灾害和意外事故造成的损失。根据投保财产清单约定重置价值后确定保险保额，保费费率为3‰。③大棚棚体损失责任。保障投保人所有的基地内连体钢架大棚、温室钢架大棚因自然灾害造成的棚体损失。根据投保大棚设施约定重置价值后确定保险金额，保费费率为3‰。④农业雇主责任。保障被保险人雇用的务农人员或农户自身（在册职工、短期工、临时工、季节工、学徒工）因从事相关工作遭受意外等情形导致负伤、残疾或死亡，依法应承担的经济赔偿责任。每人伤亡责任限额为40万元，每人事故医疗责任限额6万元，每人误工费用限额1万元。保费：种植业12元/亩（高效24元/亩）；养殖业300元/人。⑤公众责任。保障来场休闲、观光、采摘等第三者人员因被保险人管理责任，造成的人身和财产损失。累计保险金额为150万元，每次事故赔偿限额40万元，每人每次赔偿限额20万元。保费费率为3‰，保费上限4500元。⑥农产品食用安全责任。保障消费者因食用被保险人对外销售的农产品而需要支付的医疗安全和法律费用。累计保险金额为100万元，每次事故赔偿限额30万元，每人每次赔偿限额10万元。保费费率为3‰，保费上限3000元。

5. 保费分担

海门区对家庭农场综合险保费设置上限为2万元，具体规则有三点。①保险费由区财政与家庭农场共同承担，财政最高补助金额上限为每家1.6万元。②收益保险的区财政补助比例为80%；财产保险与责任保险的区财政补助比例为70%，其中连体钢架大棚和温室钢架大棚不计入保费上限内。③家庭农场可根据实际需要选择在标准保费基础上增加保费，提高保额，但增加的保费部分由家庭农场自担。

2021年1月27日，号称全省第一单家庭农场综合保险在海门杨家寨家庭农场签订（俞新美和陈静，2021），由中国人财保险公司南通市分公司承保，杨家寨家庭农场为参保对象，参保险种共 4 个，分别是养殖业基本收益损失补偿保险、固定生产经营用房财产保险和种植业雇主、养殖业雇主责任保险。保费共计 19986 元，其中自行缴纳 4495.8 元，财政补助 15490.2 元。

第四节　新型农业保险的实施效果分析

一　新型农业保险实施总体效果

农业生产主要面临自然风险和市场价格风险，而农业保险的主要功能便是分散这两种农业生产的经营风险。水稻、小麦、玉米完全成本保险等"新型农业保险"的实施使得农业保险保障水平大幅度提升，不仅使农业规模经营户有效防范了农产品生产中的自然风险，也增强了防范价格风险的能力。农产品收入保险作为一种有效降低产量风险、价格风险以及产量和价格复合风险的农业保险产品，在保障农业稳定生产上作用显著。通过风险管理机制稳定农业经营者预期，农产品收入保险有效地鼓励了新型规模经营户扩大生产规模并探索新的发展路径。

（一）新型农业保险保障力度明显提升

完全成本保险具有保障水平高、农户投保成本低等特点。一是覆盖农业生产的总成本。根据《关于扩大三大粮食作物完全成本保险和种植收入保险实施范围至全国所有产粮大县的通知》，农产品价格保险保障水平最高均可达到相应品种种植产值的 80%，大大超过了传统的直接物化成本保险最高 40% 的保障水平，农产品价格保险保障力度明显加强提升。二是江苏水稻、小麦和玉米完全成本保险的保险费率分别为 3.5%、4% 和 5.5%，保险金额均在 1000 元/亩以上，与其他省相比，不仅保险费率水平较低，农户负担的成本较轻，而且保险保障水平也更高。三是江苏省产粮大县大多集中在苏北地区，粮食作物种植面积大，省财政的保费补贴也更多投入到该地区，实际上起到了财政转移支付和向产粮大县利益补偿的作用。玉米收入保险同样起到上述三个方面的效果。

（二）新型农业保险实施范围不断扩大

完全成本保险实施范围不断扩大，惠及全省产粮大县。2022 年三大主粮作物承保覆盖率超过 84%，水稻、小麦、玉米完全成本保险和玉米种植收入保险实现 56 个产粮大县（区）全覆盖（江苏省财政厅金融处，2023），有效提升了江苏产粮大县的农业保险保障水平。产粮大县农户普遍认为三大粮食作物完全成本保险参保成本相对较低，赔付效率更高。非产粮大县的种粮农户也迫切希望能够获得三大粮食作物完全成本保险的政策支持。玉米收入保险则是一种新险种，给玉米种植户提供了新的选择。

此外，江苏提升了其他保险产品险种覆盖面（江苏省财政厅金融处，2023）。①开办 67 个险种，其中，省级以上财政保险费补贴的险种 53 个，覆盖种植业、养殖业、农业机械、渔业互助等领域。②强化农业保险与其他金融工具协同。支持徐州市、淮安市、盐城市 3 市 9 个试点县区组织开展 70 期生猪"保险+期货"试点项目，为 237 户中小生猪养殖户的 23.56 万头生猪提供 5.68 亿元的价格风险保障。

（三）新型农业保险更惠及规模经营户

完全成本保险更支持规模经营主体发展。随着农业现代化的发展，家庭农场等规模经营主体逐渐成为粮食生产的主要力量，更有意愿通过完全成本保险防范生产经营风险，保障粮食产量和收益稳定。2022 年，江苏普通农户的完全成本保险投保户次占其所有三大粮食作物保险投保户次的 58.94%，新型规模经营主体的完全成本保险投保户次占其所有三大粮食作物保险投保户次的 66.57%。可以看出，规模经营户参与三大粮食作物完全成本保险的积极性更高，江苏三大粮食作物完全成本保险更惠及规模经营户。

由于玉米采取"市场定价、价补分离"制度，即"玉米价格由市场形成，同时给予农民补贴"政策，会有面临较大价格波动的可能性，从而影响到农民的收入水平和种植积极性，对于规模经营户的影响则更大。收入保险可以在自然灾害、价格下跌等风险事故发生后，将农民的收入水平稳定在一定水平，进而稳定农民收入，保护农民种植玉米的积极性。

（四）新型农业保险多层次补贴机制逐步健全

江苏各级政府高度重视三大粮食作物完全成本保险和玉米收入保险工作，多层次补贴机制逐步健全。目前形成了"中央财政补贴 35%、省财政补贴 30%、地市级和区县财政根据财力情况进行补贴"的相对稳定的多层次补贴机制。调研发现,各地区的市县都根据自身的经济发展水平和财政实力,对三大粮食作物完全成本保险给予了一定的保费补贴。全省市县财政补贴比例为 7.89%,苏南地区市县级补贴比例达到 20.24%,苏中地区市县财政补贴比例为 10.12%,苏北地区市县财政补贴比例为 6.00%。投保农业经营主体实际承担的比例不超过 30%。

2022 年,省财政加大各类农业保险财政投入力度,统筹省级以上财政资金 32.67 亿元,相较三年前 2019 年的 22.27 亿元明显增长;全省农业保险保费收入 64.28 亿元,相较 2019 年的 34.19 亿元,增长 88%。资金效益放大倍数高达 67 倍,为全省 818 万户次农户提供风险保障 1615 亿元,有效推动了农业保险高质量发展,实现了农业保险深度达 1.21%,密度达 764 元/人(江苏省财政厅金融处,2023)。

二 新型农业保险为规模经营户提供更有效的价格风险管理工具

农业保险逐步成为保障农业生产以及促进农民增收的有效手段。农业保险的政策目标是提高农户应对风险的能力,稳定农业生产收入,从而保障国家的粮食安全以及提高农户福祉(江生忠和李立达,2021)。农业保险是一种有效的风险管理工具,参保可以增加农户的投资和生产投入,因此对农业经济具有一定的促进作用(Hazell,1992)。

风险保障水平是影响农业经营主体投保后福利增量的关键因素,不同的风险保障水平将直接对经营户的农业生产行为产生不同方向和程度的激励效应(张锦华和徐雯,2023)。以家庭农场为代表的规模经营主体,农业生产投入大、面临的自然风险和市场价格风险更高,而且对风险非常敏感,以"低保费、低保障、广覆盖"为原则开展的传统直接物化成本保险,难以满足其需要。

第一,完全成本保险相较于传统的直接物化成本保险保障水平更高。直接物化成本保险与完全成本保险的区别在于:虽然直接物化成本保险与完全成本保险的赔付触发机制是相同的,但是后者的赔付范围在前者的基础上,增加了服务费用、人工费用以及土地成本。可以看出,相较于传统的直接物化成本保险,完全成本保险保障水平更高(江生忠和李立达,2021)。完全成本保险不仅极大提高了农业保险保障水平,稳定了投保农户的种粮收入预期,而且保证了粮食生产不发生亏损,有利于激发农业经营主体粮食生产积极性（张锦华和徐雯，2023）。

第二，收入保险可以为规模经营户提供更全、更高的风险保障。农产品收入保险可以降低其投资风险预期，促进现代农业发展（冯文丽和郭亚慧，2017）。特别是对于玉米等采取"市场定价"政策的农产品，市场价格风险，即价格波动给规模经营户收入带来不确定性，对其收入的影响加大。而按照前面章节所述，期货、期权交易和订单农业等农产品价格风险管理工具又各自存在制约或者限制。相比而言，利用收入保险进行市场价格风险管理、稳定收入是最有效的工具。另外，农产品收入保险将自然风险和价格风险结合在一起承保，由于产品生产量与其价格的负相关关系，就可能产生一种"对冲效应"。农产品收入保险既能应对自然风险，又能应对市场价格风险，具有更好的风险应对能力，更符合农户的愿望和经营目标（余艳，2020）。

三　新型农业保险增强了规模经营户的经济韧性

农产品价格保险和收入保险等新型农业保险是当农户种植某种农产品的市场价格或实际收入低于保险保障水平时给予赔偿的保险险种。尤其是实施收入保险后，在相同保障水平和农业产品的情况下，保险费率、保险需求、保费收入、保险深度和保险密度变化率都得到了较大改善（王保玲等，2017）。

（一）收入保险对规模经营户的规模效应机制

收入保险具有高保费补贴比例以及产量风险分散作用，这将有助于家庭农场等规模经营主体扩大种植经营规模。

第一，收入保险的保费补贴力度是直接影响地区投保率进而影响政策效应的主要因素。比如江苏省玉米收入保险的保费补贴比例合计达到了75%左右，高保费补贴降低了规模经营户的投保成本，支付的保费更少，而当保险合同规定的风险发生时获得的赔付相对更多，家庭农场等规模经营主体投保的获得感即效用更高，农业变得有利可图，这将激励其通过流转土地等方式增加农地的经营面积（徐雯和张锦华，2023），进而扩大农业种植规模。

第二，尽管农业生产规模的扩大可能导致产量风险的增加，但收入保险以其高保障水平的特点，为规模经营主体提供了有效分散风险的途径，稳定预期收益，进而更有效地激发规模经营主体对农业生产的投入积极性，从而有助于其扩大生产规模。生产经营规模的扩大促进了生产向规模化、集约化的方向发展，通过提高生产资料利用效率降低单位面积投入量，从而在总体投入增加后所得的经济效益更高。此外，经营规模的扩大有利于积累变革生产所需的投入资本，促进其专业化生产水平的提高，进而增强家庭农场等规模经营主体的创新能力。

（二）收入保险对规模经营户的收入效应机制

收入保险具有高保障水平以及市场价格风险分散作用，这将有助于规模经营主体经营收入的稳定。

第一，高保障水平是收入保险区别于传统产量保险（物化成本保险）的显著特征。传统的农业保险保障程度相对较低，亩均赔款较少，导致小农户缺乏投保意愿，而家庭农场等规模经营主体则因保障水平低无法满足其需求。收入保险作为传统农业保险的重要补充，其保障更全面、保障水平更高等诸多特点与农业现代化进程的实际需求更加贴近，能更好地稳定规模经营主体的经营收入。较高的保障水平一方面可以通过保险赔付直接保障规模经营主体经营收入；另一方面，规模经营主体也可以利用保险赔付增加下期农业生产资料和生活资料，从而带来农业经营收入的增加。同时，随着农业生产市场化程度不断提升，价格下跌风险对农民收入的影响越来越大，甚至会大于产量下降风险，新型主体对能规避风险的保险产品需求也更为强烈（余艳，2020）。收入保险是价格指数保险的迭代升级，它将产量和价格风险结合在一起承保，进一步保障了规模经营主体经营收入的稳定。

第二，经营收入的稳定为规模经营主体提供了信用保障，进而获得了较高的内外部社会资本。由于具有以家庭为基本单位生产的特征，规模经营主体能够以较低的成本获取亲友间的融资与信息，收入稳定和高信用水平也使得其更容易在产业链中获得外部借贷和政府扶持。因此，收入保险在保障经营收入的作用下，有助于规模经营主体建设更加完善的社会安全网，并作为规模经营主体建立适应调节能力的手段，增强规模经营主体的韧性。此外，随着经营收入的提高，规模经营主体可能会采取更积极的产业发展策略。具有较高经营收入或较富裕的家庭在做出风险决策时能够更好地承受风险带来的亏损，并在损失获得补偿的情况下保持资产相对稳定，有助于其更好地调整自身资产结构。这进一步拓宽了他们在产业发展上的行动空间，使他们能够更加灵活地应对生产变化和风险损失，形成相应的抵御风险能力。同时，他们也更有可能在生产发展中考虑产品认证、产业融合等生产变革的调节措施，从而提高粮食产品的质量以及产业市场的竞争力，推动可持续发展的进程。最终，规模经营主体抵御风险能力与转型创新能力的增加，将进一步提高规模经营主体的经济韧性。

第五节 本章小结

"新型农业保险"是指 2019 年以来，国家推出的稻谷、小麦、玉米完全成本保险和收入保险，生猪"保险+期货"以及其他价格保险和收入保险等农业保险险种。本章从规模经营户价格风险管理的角度出发，围绕"新型农业保险"的政策梳理、"新型农业保险"的江苏实践、"新型农业保险"的实施效果等方面展开研究。

第一，回顾了新型农业保险的政策规定。①梳理 21 世纪以来 21 个中央一号文件关于农业保险的规定。2014 年中央一号文件首次提出探索"农产品目标价格保险试点"；2016 年中央一号文件首次提出稳步扩大"保险+期货"试点；2017 年中央一号文件提出"支持扩大农产品价格指数保险试点"；2018 年中央一号文件提出"探索开展稻谷、小麦、玉米三大粮食作物完全成本保险和收入保险试点，加快建立多层次农业保险体系"；2024 年中央一号文件提出"扩大完全成本保险和种植收入保险政策实施范围，实现三大主粮全国覆盖"。②梳理近年来中央和国家有关部门制定的新型农业保险相关文件，主要有《关于加快构建政策体系培育新型农业经营主体的意见》（中共中央办公厅、国务院办公厅，2017 年）、《关于开展三大粮食作物完全成本保险和收入保险试点工作的通知》（财政部等，2018 年）、《关于加快农业保险高质量发展的指导意见》（财政部等，2019 年）、《关于扩大三大粮食作物完全成本保险和种植收入保险实施范围的通知》（财政部等，2021 年）、《关于扩大三大粮食作物完全成本保险和种植收入保险实施范围至全国所有产粮大县的通知》（财政部等，2023 年）等。③梳理江苏省农业保险的政策规定，主要有《关于加快农业保险高质量发展的实施意见》

（江苏省财政厅等，2020 年）、《江苏省推进农业保险高质量发展三年工作行动方案（2023—2025）》（江苏省财政厅等，2023 年）、《关于印发江苏省深入推进三大粮食作物完全成本保险和种植收入保险工作方案的通知》（江苏省财政厅等，2023 年）等。

第二，描述了新型农业保险的江苏实践。①叙述了江苏省中央财政补贴型水稻、小麦、玉米三大粮食作物完全成本保险条款的要点，并就江苏与其他试点省份的保险条款进行了对比分析，进而就江苏三大粮食作物完全成本保险投保情况进行分析。②以常州市武进区为典型案例，描述江苏水稻收入保险的典型做法，主要包括：试点情况概况，保险金额、保费费率、保费的分担等规定，以及水稻收入保险赔付情况等。③江苏省开展玉米种植收入保险情况。江苏省超过四成的玉米由徐州市下辖县市区生产。根据《江苏省中央财政补贴型玉米种植收入保险条款、费率表》的规定，玉米收入保险的保险责任包括保险玉米的产量损失或绝收、市场价格波动造成保险玉米价格下跌。本章介绍了2022 年江苏省开展玉米种植收入保险的情况，比较分析了徐州市贾汪区玉米种植收入保险与完全成本保险开展情况。④生猪"保险+期货"的江苏实践。2021 年初江苏省财政厅会同其他相关部门、保险公司及期货公司，研究制定了试点方案，明确各级财政对保费补贴的比例。并以淮安市试点做法为例，进行了案例分析。⑤家庭农场综合保险试点情况。为更好地发挥农业保险对家庭农场发展的支撑保障作用，江苏省以国家和省级农村改革试验区试点项目为依托，在徐州市铜山区、南通市海门区、泰州市姜堰区和宿迁市泗洪县等开展试点。特别是南通市海门区创新性地将家庭农场种养业收益补偿，家庭农场的生产经营用房和设施设备的财产保险，家庭农场雇主责任、农产品食用安全责任和休闲观光等第三者人员公众责任一并纳入家庭农场综合保险之中。

第三，分析了新型农业保险的实施效果。①江苏省新型农业保险的总体效果主要体现在四个方面。一是新型农业保险保障力度明显提升，与其他省份比较，不仅保险费率水平较低，农户负担的成本较轻，而且保险保障水平也更高。二是新型农业保险实施范围不断扩大，水稻、小麦、玉米完全成本保险和玉米种植收入保险实现 56 个产粮大县（区）全覆盖，并在部分非产粮大县开展探索。三是新型农业保险更惠及家庭农场等规模经营户。四是新型农业保险多层次补贴机制逐步健全,形成了中央、省级、地市级和区县级财政相对稳定的多层次补贴机制。②新型农业保险为规模经营户提供更加有效的价格风险管理工具。一是完全成本保险不仅极大地提高了农业保险保障水平,而且稳定了投保农户的种粮收入预期,有利于激发农业经营主体粮食生产的积极性。二是收入保险可以为规模经营户提供更全、更高的风险保障。③新型农业保险增强了规模经营户的经济韧性。因为新型农业保险的高保费补贴比例以及产量风险分散作用,将有助于家庭农场等规模经营主体扩大种植经营规模,同时有助于其稳定经营收入,增强抵御风险能力与转型创新能力,进一步提高经济韧性。

第十章

农业规模经营户价格风险管理
策略优化建议

第一节 引言

前述各章的研究结论，对于未来的农业规模化经营的发展和农业规模经营户价格风险管理策略优化带来如下若干启示。

第一，为规模经营户提供更多农产品价格信息和知识培训，有助于提高其价格风险管理能力。研究发现，由于受教育水平不高，很多规模经营户判断农产品价格趋势的能力有限，这会制约他们通过优化自身的销售行为决策来实现经济价值的最大化。因此，政府应当为他们提供更多关于农产品价格方面的知识和信息，使得其对未来价格变化趋势的判断能力有所提升，从而能够选择最理想的销售方式。

第二，随着市场的不断完善，新型农业保险可能逐步成为适合农业规模经营户管理价格风险的市场化工具，期货和期权则可以在未来作为农产品价格风险最优的管理工具。尽管发展速度有限，但价格保险和收入保险等已经逐步成为中国农业规模经营户管理价格风险的市场化工具。由于农产品价格风险的系统性特征使其不符合"独立性风险"的要求，价格保险和收入保险等可能还需要和金融衍生品"融合"，以形成市场化条件下农产品价格风险最优的管理工具。由此，"保险+期货"作为一种创新模式应运而生（张峭，2022）。事实上，通过期货市场来对冲价格风险，是发达国家普遍运用的成熟模式。与美欧等国家不同的是，中国的期货市场发育还不够完全，家庭农场等规模经营主体的知识储备也难以达到参加期货市场的技术门槛，因而无法直接利用期货和期权交易来管理价格风险。所以，未来中国迫切需要通过为不同产业、规模的农业经营主体提供个性化的风险管理工具，以对冲日益凸显的市场价格风险。

第三，在不完全的市场条件下，现代农业产业体系，如良好的仓储设施条件、利益紧密的订单农业等可以为厌恶风险的规模经营户管理价格风险提供基础条件，而流动性约束则会制约规模经营户在市场不完全条件下做出合理的价格风险管理决策，亟待解决。研究发现，在保险、期货和农产品市场不完全的条件下，能够通过分期销售来分散价格风险的前提是有良好的仓储设施和烘干设备。但是，如果规模经营户受到流动性约束，那么即使有良好的仓储条件，其进行风险分散也会有困难，并且这一影响会随着时间偏好程度提高或者土地经营规模增大而变强。因此，政府应当考虑从财政和政策两个方面出发，为仓储设施的建设和烘干设备的购置提供支持，同时探索缓解规模经营户流动性约束的路径，让其有可能选择风险分散（如分期销售）来管理价格风险。研究还发现，厌恶风险的规模经营户可以通过风险转移（如订单农业）来管理价格风险。但是，相比于不受制于外部市场条件的风险分散，风险转移需要当地有能够提供订单的收购商。因此，现代农业产业体系，尤其是利益紧密的订单农业，亟待发展。

第四，相比于常见的银行信用，商业信用在价格方面具有明显的优势，同时更加灵活，有助于缓解规模经营户的流动性约束，促进其在销售农产品时优化价格风险管理决策。研究发现，商业信用能够降低信息不对称程度且约束农户的还款行为，因此其资金价格和需要农户实际支付的金额都更低。这会缓解那些有资金需求的规模经营户的流动性约束，助推其实现农业规模化经营。商业信用的另一个优势是较低的相对交易成本，比如还款机制更加灵活，它同样会使得受到流动性约束的规模经营户有能力扩大农业经营规模，不再在销售农产品时面临较大的还款压力，从而优化价格风险管理决策。

第五，相比于常见的银行信用，数字金融也更加灵活，有助于缓解规模经营户的流动性约束，进而促进价格风险管理决策优化，但其需要培养相应的数字金融能力。研究发现，合约更加灵活的数字金融可能成为未来缓解规模经营主体流动性约束的有效路径之一。而数字金融能力则能够通过缓解与金融机构之间的信息不对称以及提升收入水平来提高规模经营户的正规中长期信贷可得性，缓解其流动性约束。并且在数字金融能力的三个维度中，数字金融素养维度发挥的作用最大。所以，提高农业规模经营户的价格风险管理能力，需要为他们提供多维度的服务，包括更多地提供农产品价格信息，以及提供包括信贷、保险、期货在内的金融素养及知识培训。

根据上述启示，本章从四个方面讨论农业规模经营户价格风险管理策略优化建议。一是培养农业规模经营户农产品价格风险管理意识。二是完善农业保险市场和农产品期货市场。三是完善农产品市场体系和现代农业产业体系。四是运用多元方式缓解农业规模经营户流动性约束。

第二节 培养农业规模经营户农产品价格 风险管理意识

一 提高农业规模经营户价格风险感知的准确度

本书第三章已述，中国进入名录系统填报的 348.1 万个家庭农场，仅有 77 万个购买了农业保险，占比仅为 22.12%（农业农村部政策与改革司，2021）。这从侧面反映了农业规模经营户风险管理意识的薄弱。对农业规模经营户农产品价格风险管理意识及知识的培训是引导其进入市场的必要前提。美国农业部设有风险管理局，组织并实施风险管理教育项目，进行市场化风险管理工具的培训与教育方面的工作，帮助农产品生产经营者理解他们所面临的市场价格风险，通过向他们提供市场化风险管理工具的知识和技术培训，增强其风险管理的能力（杨芳，2010）。中国还需要加强对农业规模经营户农产品价格风险管理意识的培养，以提高其价格风险感知的准确度。具体而言，包括以下两个方面。

第一，加强价格风险信息公开与宣传。要采取多样化的方式、借助多元化的渠道，加强农业规模经营户对农产品价格风险管理的了解，提升其价格风险意识。各级政府的农业农村主管部门及其他相关部门应当利用各种线上的渠道向农业经营主体宣传揭示规模化经营的风险点，同时在线下通过培训授课等多种方式为规模经营户提供有关价格风险管理方面的知识，改变农业规模经营户的价格风险认知意识，促进其主动采取措施来应对不断变化的农产品市场（张瑞雪，2019）。

第二，注重农民合作社、农业产业化龙头企业、家庭农场联盟等在培养农业规模经营户在农产品价格风险管理意识方面的作用。农业规模经营户因从事的产业不同、经营规模差异等因素存在明显的异质性，因此也必然存在差异化的风险管理需求。这就要求发挥农民合作社、农业产业化龙头企业及其家庭农场联盟等重要组织的作用，通过这些组织的内部教育来达到事倍功半的效果。

二 培养农业规模经营户保险、期货等方面的金融素养

农业规模经营户利用市场化工具的一个重要障碍是对相关知识匮乏（杨芳，2010）。提高农业规模经营户的金融素养，不仅可以增加他们关于保险、期货等方面的金融知识，而且还可以提高他们对价格风险的认知能力和价格风险管理能力。培养农业规模经营户信贷、保险、期货等方面的金融素养，应当主要从三个方面着手。一是在"保险+期货"的推广过程中，尤其对保险合同的内容解读要有针对性，对补偿标准等保险条款信息的解读要详细，但操作流程要尽可能简化，以符合农业规模化经营的特点。二是在保险期限届满后，无论是否触发赔付，都需要"有交代"，开展保险答疑会，解答如何确定损失、如何赔偿等问题，从而提高投保的农业规模经营户对价格保险的信任。三是加强对微信平台的利用，比如将保险合同细则制作成图片，在村民微信群组中进行宣传，从而将"保险+期货"的宣传和推广渗入农业规模经营户的日常生活中（尚燕等，2020）。

第三节 完善农业保险市场和农产品期货市场

一 加快发展新型农业保险

（一）关于发展新型农业保险的整体建议

从全球农业保险业的发展实践来看，最初的保障领域主要集中于自然风险给农业生产者带来的成本和收入损失。到20世纪90年代，才出现针对农产品价格波动风险的相关农业保险产品（卓越，2022）。在美国、加拿大等农业产业发达的国家，价格保险最早出现在生猪、肉牛、奶牛等养殖业，其原因在于养殖业的风险主要集中在市场价格上，养殖过程受到自然灾害的威胁较小，因此保价格比保生产的作用更大，后来出现了保障农作物价格的相关农业保险（卓越，2022）。这一点，对于中国来说具有相似性。

中国作为农业保险的大国，近十多年来一直在积极探索各类新型农业保险产品。如第四章所述，上海市于2011年率先推出了蔬菜价格保险，北京市于2012年进行了生猪价格保险试点（农业部市场与经济信息司，2013）。此后，各地陆续开展了生猪、蔬菜、玉米、大豆等价格保险的试点工作，取得了初步成效。从目前国内实践来看，农产品价格保险的产品主要分为三类。一是农产品目标价格/价格指数保险。二是农产品收益保险（如"生猪养殖利润指数保险"）。三是农产品主要投入品的价格保险（如"生猪饲料主要原料价格保险"）。

总体而言，中国农产品价格保险目前还处在试点起步阶段，与美欧等发达国家或地区存在一定的差距。以美国为例，美国农业部于1996年推出了联邦农业作物保险计划。其中，收入保险所覆盖的农作物面积占全部政府支持保险项目所覆盖农作物面积的比例，从1996年的7%上升到2006年的57%（杨芳，2010）。参保农户在种植前选择一个收入保险项目及赔付比率，缴纳一定比例的保费。若收获后的实际收入小于预期收入乘以赔付比率，则保险公司会赔付这个差额。

从价格保险的原理来看，保险公司会在合同中设定一个目标价格，若农产品上市时的市场价格低于该目标价格，保险公司就会赔偿农户相应的损失。因此，农产品价格保险中的核心环节是确定目标价格。目前比较成熟的确定目标价格的方法是将保险和期货相挂钩（卓越，2022）。期货市场中的农产品合约价格一般基本可以反映市场上的价格变化。由此可见，"保险+期货"模式是农产品价格保险的必然选择。这种模式不仅使得农民收入得到了保障，而且也控制了保险公司的赔付风险（卓越，2022）。

未来，政府应当支持保险公司构建多层次的农业保险产品体系，探索发展具有地区特色的农产品价格保险、收入保险等新型险种。具体而言，一是应当加快农产品价格指数保险的创新，加强价格指数保险的制度保障，因为国际上的实践经验已经证明指数保险是农业保险的发展趋势之一。二是今后一段时期内，应当重点增加"期货期权+保险"的试点地区，并在取得试点经验的基础上，逐步丰富农产品价格指数保险险种，建立并完善适宜规模经营户的风险转移与防范机制。

由"保成本"向"保价格、保收入"创新升级，是农业保险发展的趋势，并且"保险+期货"模式能够有效解决农业保险中的风险对冲和价格确定问题（李梅华和卯寅，2019）。收入保险是既承保自然灾害造成的损失，也承保市场价格风险带来的损失，综合表现为收入损失而非仅仅产量损失；从国际经验来看，农业保险经历着从保产量向保收入转变的过程；农产品收入保险是传统农业保险的重要补充，能够更好地应对市场价格风险（庹国柱和朱俊生，2016）。农业保险从保产量向保收入转变一定程度上依赖于农业所处的发展阶段。农业保险作为一种风险管理工具，其效率要远高于直接补贴的方式。因此，进一步提高政府对农业保险的补贴力度，可以提高中国农产品在国际上的竞争力（江生忠和李立达，2021）。

（二）江苏三大粮食作物完全成本保险政策优化建议

江苏三大粮食作物完全成本保险实施效果良好，有效保障了粮食安全和农户利益。未来，江苏三大粮食作物完全成本保险仍需在政策支持、补贴机制、部门协调、政策宣传和数字技术赋能上持续优化和完善，全方位提升保险保障水平。

1. 强化三大粮食作物完全成本保险扩面发展的政策支持

第一，在江苏三大粮食作物完全成本保险已经实现产粮大县全覆盖的情况下，加强政策引导，在顶层规划、产品设计、服务体系等方面发力，不断提升三大粮食作物完全成本保险政策的"含金量"，从而进一步提高产粮大县三大粮食作物完全成本保险覆盖率。

第二，加强政策支持，适时在非产粮大县开展三大粮食作物完全成本保险业务。科学设定标准，如对粮食产量靠前、适度规模经营发展较好以及对风险分散需求较大的非产粮大县，分阶段进行三大粮食作物完全成本保险试点，并逐步推广。

2. 优化三大粮食作物完全成本保险产品设计与补贴机制

第一，在政府引导下，从市场运作的角度，鼓励有资质的农业保险经办机构针对风险保障需求不尽相同的农户进行差别化的保费厘定，持续优化三大粮食作物完全成本保险合同设计，以提供不同水平的风险保障。

第二，结合各地区农业产业特点，持续扩大三大粮食作物完全成本保险供给，推动三大粮食作物完全成本保险与信贷、担保、期货（权）等金融工具联动，为三大粮食作物完全成本保险产品注入活力。

第三，将三大粮食作物完全成本保险的保费补贴比例与投保农户的种植规模和保险产品的保障水平结合起来，重点补贴新型规模经营主体，加快构建现代农业经营体系。

3. 优化三大粮食作物完全成本保险的四方联动机制

第一，相关部门和保险公司应持续跟踪农户的三大粮食作物完全成本保险需求，及时反馈进展，同时逐步建立相关部门监督、保险公司和第三方定损机构联合查勘定损的工作机制。并且，保险公司还应当根据农户需求和相关部门要求优化工作流程，建立省市县乡村五级联动的重大灾害处理机制，为新型农业经营主体和普通农户提供更加优质的三大粮食作物完全成本保险服务。

第二，结合区域特色农业，建立更加完善的相关部门、保险公司、农户和第三方定损机构的四方共赢利益联结机制，持续推动健全多层次农业保险产品体系，确保三大粮食作物完全成本保险覆盖率稳步提升。

4. 加强三大粮食作物完全成本保险政策宣传

第一，江苏三大粮食作物完全成本保险在运行过程中仍然存在信息不对称问题，各部门需要加强对其政策宣传。政府和保险公司可以通过开展讲座、发放宣传册、提供咨询服务等方式，对三大粮食作物完全成本保险进行宣传，提高农户的参保意识。

第二，村干部应加强学习，补充关于三大粮食作物完全成本保险的知识，在农闲时召开座谈会，邀请已购买并且接受过三大粮食作物完全成本保险理赔的农户讲述亲身经历，提高农户对三大粮食作物完全成本保险的了解程度。在协助保险公司宣传方面，简化资料，补充实际案例，增强农户对三大粮食作物完全成本保险的实质性了解，有序开展全方位、立体化、多层次、有特色的宣传活动。

5. 推动数字技术赋能三大粮食作物完全成本保险发展

第一，在依法合规和风险可控的前提下，积极推进大数据、云计算和人工智能等科技在三大粮食作物完全成本保险中的广泛运用。坚持科技赋能、创新驱动三大粮食作物完全成本保险的核心业务流程，覆盖包括产品设计、售前、承保、理赔、售后服务，直至营销、风控等其他环节，切实提高三大粮食作物完全成本保险的质效，从而进一步提高三大粮食作物完全成本保险覆盖率。

第二，积极运用先进技术预警自然灾害，提高灾害监测预警能力，为防灾减损提供科技支撑；推广无人机、卫星遥感等技术运用，指导农户运用线上程序自主远程查勘，进一步细化定损方式、优化理赔程序，提升三大粮食作物完全成本保险的理赔质量，推动三大粮食作物完全成本保险的"扩面"发展。

二 加快国内农产品期货市场建设步伐

农产品期货市场具有农产品价格发现功能，对农产品价格波动具有预警作用（张瑞雪，2019）。前述三类农产品价格保险产品，无论是"生猪饲料主要原料的价格保险"，还是"生猪养殖利润指数保险"，都离不开农产品期货。保险目标价格的险种，如果没有期货，就需要依赖历史价格数据或建立相应的模型来对农产品的价格进行预测，而目前中国保险公司对相关数据和模型的研究并不成熟（卓越，2022）。所以，未来需要加快国内农产品期货市场建设步伐。

近年来，中国农产品期货市场在品种结构、市场规模、功能发挥等方面都有所进步。①在交易品种上，截至2021年4月30日，中国共上市农产品期货品种27个（程安等，2022），覆盖粮食（稻、麦、玉米等11个品种）、饲料（菜籽粕、豆粕）、油料（油菜籽、菜籽油等5个品种）、禽畜（鸡蛋、生猪）、纺织（棉花、棉纱）、糖料（白糖）、林木（纤维板、胶合板、天然橡胶）、果蔬（苹果、红枣）等农产品细分领域，豆粕、玉米等期权品种的上市丰富了农产品风险管理工具类别。②期货市场规模上，推动银行、保险机构进入农产品期货市场，大力发展机构投资者，推动国内商品指数基金上市，不断扩大"保险+期货"

试点。③在风险规避功能的发挥方面，利用农产品期货市场进行风险对冲已经成为许多现货企业的共识；豆油、豆粕等品种期现货价格拟合度高，已成为国内相关产业的定价基准。

总体来看，中国农产品期货还是一个新生事物，发展还处于初级阶段，主要表现在：①农产品期货整体交易规模较小。2020年中国农产品期货的累计成交量为21.84亿手，累计成交额为91.58万亿元，在中国期货全市场中的占比仍较低（程安等，2022）。②目前蔬菜、水果（苹果除外）等市场价格风险较大的鲜活农产品还无法满足上市的要求，对于这类产品，保险目标价格就无法根据期货市场来设定（卓越，2022）。③部分农产品期货价格波动日趋剧烈，价格存在泡沫化现象，套期保值效果较低（程安等，2022）。

针对中国农产品期货市场在发展中存在的主要问题，建议如下：①丰富农产品期货的品种结构。探索开发鸡肉、活牛、羊肉等畜产品品种，以及对虾等水产品品种，以进一步完善农产品期货品种类别（程安等，2022）。②加强市场主体培育，丰富期货市场组成（张瑞雪，2019）。③探索期货服务"三农"的创新模式，同步推进农产品标准化生产，提升农业规模经营主体的风险管理能力。④配合期货市场建设，规范订单农业，提高订单农业的履约水平（张瑞雪，2019）。

三 完善"保险+期货"制度

农产品价格风险属于系统性风险，系统性价格风险极易造成保险公司承担巨大的赔付风险。而这种巨额赔付风险连再保险也无法解决，破解这一难题的关键是期货市场。"保险+期货"模式是保险公司基于期货市场相应的农产品期货价格开发的农产品价格保险产品，是适合中国国情的市场化管理农产品价格风险的一种创新模式，将会对提高农业市场价格风险抵御能力、保障国家粮食安全和重要农产品供给发挥重要作用（张峭，2022）。

"保险+期货"制度推行的核心问题是项目试点范围在扩大以后难以持续。在早期的试点项目中，"保险+期货"保费的三大来源分别是各级财政、大连商品交易所的项目补贴和农业规模经营主体。其中，大连商品交易所补贴一部分保费，一般比例在30%—50%，农户出资比例一般为10%—30%，余下的部分由各级财政承担。比如，南华期货联合中华联合财产保险江苏分公司在南通如东县开展的"生猪价格保险"试点，大连商品交易所承担的保费比例为 30%，如东县财政承担的保费比例为 40%，生猪养殖户则承担余下的 30%。如果大连商品交易所的补贴在减少，那么财政补贴的压力将会增大。

近年来，绝大多数省份都开展了生猪"保险+期货"试点，总体而言，仍然处在试点阶段，尚不能惠及大多数生猪养殖主体。以江苏省为例，虽然已经覆盖到了 7 个设区市的 22 个县（市、区），但仍然有42 个养殖生猪的县（市、区）未在试点区域①。2021 年生猪出栏量超过 100 万头的 16 个县（市、区）中，有泗洪县、睢宁县、盐城市大丰区、东海县、灌南县、泰兴市、如皋市等 7 个不在试点区域。如果从生猪出栏量角度看，覆盖面就更低。

鉴于上述情况，未来应当采取如下措施，进一步探索更适宜"大国小农"国情的"保险+期货"模式（欧阳靖雯和侯雅洁，2022）：①探索保费多元化筹资渠道。一方面，在有余力的情况下，加大财政资金对农产品价格保险的补贴力度。另一方面，调整财政对农业经营主体补贴的结构，在补贴资金总额中拿出部分资金用于价格保险补贴，或者成立价格险专项资金，通过竞标方式形成项目制。②探索"保险+期货+N"的模式，即在"保险+期货"的基础上引入农业担保公司，并进一步引入商业银行。其中，担保公司负责承担农业经营主体的信用风险，从而解决商业银行在"保险+期货"模式中信贷供给不足的问题。此外，还可以引入农业产业化龙头企业，实行龙头企业、银行、保险、期货、担保等多方协作的模式，让市场与政府建立协同联动机制，共同织密、织牢农业规模经营户的收益保障网络，助推其管理农产品价格风险。

---

① 据《江苏省农村统计年鉴（2022）》（江苏省统计局、国家统计局江苏调查大队、江苏省农业农村厅）数据，2021 年度生猪出栏量超过 100 万头的有邳州市（148.58 万头）、泗洪县（145.39 万头）、东台市（140.39 万头）、铜山区（129.13 万头）、睢宁县（127.72 万头）、大丰区（125.48 万头）、东海县（123.30 万头）、滨海县（119.40 万头）、阜宁县（117.18 万头）、灌南县（116.28 万头）、射阳县（115.57 万头）、新沂市（106.12 万头）、盱眙县（105.22 万头）、沭阳县（105.15 万头）、泰兴市（101.65 万头）、如皋市（100.80 万头）等 16 个县市区。

第四节　完善农产品市场体系和现代农业产业体系

一　完善农产品市场体系

农产品市场体系越是完善，其传递农产品市场信息的效率就越高，还能降低农产品的流通成本，进而降低农产品价格风险（张瑞雪，2019）。完善农产品市场体系，主要从两个方面着手。

第一，完善农产品信息流、物流，减少农产品流通的交易成本。一是建立时效性、权威性的农产品信息平台，减少农产品市场信息不对称现象，并在农产品主产区、主消区建立价格预警体系。二是加强对农产品流通主体的引导，防止农产品经销商利用信息优势恶意炒作，确保农产品价格稳定。三是着力建设区域仓储中心、冷藏中心等，积极推广生鲜农产品冷链物流（张瑞雪，2019）。

第二，应用大数据技术，完善农产品市场体系。导致农产品价格风险的因素有：市场供求不均衡、市场信息不对称、市场监管不到位、物流建设落后、交通受阻、人为囤积居奇、哄抬物价七个方面（张贵华和石青辉，2022）。这些因素有的是直接的，有的是间接的，无论直接还是间接，这些因素形成的数据信息量很大，而且是动态变化的。因此，要充分应用大数据技术构建农产品市场价格风险信息预警机制。具体而言，农产品大数据技术的有效应用，应当至少涉及四个方面。一是农产品市场信息共享平台的构建，使之信息渠道畅通，及时、准确、全面地收集农产品市场变化的信息。二是科学整理收集到的农产品市场信息，分类科学、采取规范，信息完整充分。三是有专业力量分析数据信息，正确评估农产品市场价格风险，为农产品价格风险管理提供有价值的数据分析结果。四是合理运用大数据分析结果，发挥大数据分析的积极作用（张贵华和石青辉，2022），向广大农户免费推送信息，指导农业生产者正确安排下一年农产品种植计划（张瑞雪，2019）。

二　完善现代农业产业体系

完善现代农业产业体系，可以减少农业规模经营户的农产品价格风险。2024年中央一号文件中的"坚持产业兴农、质量兴农、绿色兴农"与乡村振兴二十字方针中的"产业兴旺"虽然表述不同，但其内涵实质相同。目的均是推进农业绿色化、优质化、特色化、品牌化，推动农业由增产导向转向提质导向。现代农业产业体系应当具有四个方面的特点。一是具有稳定的粮食生产能力。二是农业生产结构涵盖高附加值、高品质的农产品。三是将新技术、新业态和新模式引入农业产业中，借鉴工业等领域的成功范式，发展订单直销、连锁配送、电子商务等现代流通方式。四是推动第一、第二、第三产业融合发展。

基于现代农业体系的特点，完善现代农业产业体系应主要从三个方面着力。

第一，实行更高水平的农业产业化经营。以家庭农场等为主的农业规模经营，要向采取先进科技和生产手段方向转变，向经营主体间的深度联合与合作方向转变。完善现代农业产业体系，需要与创新农业经营体系相结合，使农业生产关系更加适应生产力发展，把各类农业经营主体的优势发挥出来。高水平的农业产业化经营，还可以更好地发挥商业信用在农业规模化经营中的重要作用，已有研究表明，对于规模经营户而言，商业信用是一条效率更高、成本更低的农业生产资料的融资渠道。

第二，推动第一、第二、第三产业融合发展，延长农业产业链条。要改变仅依靠农业的单一增长结构，促进第二、第三产业深度融合发展。一方面，要深度挖掘农业资源的生态功能、旅游功能。另一方面，要立足地方资源优势，扶持特色优势农业，发挥农产品品牌效应。另外，推进农业供给侧结构性改革，调整农业的品种结构、种植结构和空间结构，在质量安全和绿色生态等方面满足消费者需求，提升农业生产效率。

第三，支持规模经营户建造仓储设施和购买烘干设备，以转移价格风险。政府应当考虑在财政和政策两个方面对规模经营户建造仓储设施和购买烘干设备给予一定的支持，让其有可能选择单期当期销售以外的其他销售方式，转移农产品价格风险。

三 发挥订单农业生产模式的价格风险管理作用

在农业产业化经营的契约安排中，龙头企业和农户间的契约关系相对稳定（周立群和曹利群，2002）。因为工商资本以龙头企业的角色进入农业产业化经营，借助于稳定的契约关系和农户结合协作，提供生产力并创造剩余。这种结合不仅有助于推进农业结构调整，而且也是中国农业长期稳定发展的必由之路。具体而言，新型订单农业[①]实现了公司、农业规模经营主体与普通农户之间的紧密协作。在新型订单农业中，公司可以首先衔接好市场需求，然后联结农户，围绕市场需求变化安排生产，并结合整个链条的生产、销售能力，不断优化供给结构，带动提升农户市场应变能力和农产品供给质量，从而实现产销有效对接（罗重谱和高强，2022）。

未来，应当因地制宜地发展订单农业生产模式，为规模经营户尤其是时间偏好较强的规模经营户，提供更多可选择的价格风险管理方式（张瑞雪，2019）。地方政府农业农村主管部门，应当结合当地农业产业链发展情况，完善农业产业链主体之间的利益联结机制，通过订单农业生产模式，着力解决产销脱节、风险保障不足等问题，推动小农户与现代农业的有效对接，从而把分散的规模经营户，尤其是时间偏好较强的规模经营户有效地组织起来，降低整个市场的风险和交易成本，以在最大程度上获取专业化生产的效益。

第五节　运用多元方式缓解农业规模经营户流动性约束

一　发挥商业信用在缓解流动性约束方面的作用

第一，正确认识商业信用在农业规模化经营中的重要作用。对于规模经营户而言，商业信用是一条效率更高、成本更低的农业生产资料的融资渠道。各级政府应当从制度上为其提供一个良好的发展环境，在提高供给方赊销绩效的同时，降低农户购买农业生产资料的合约成本。

第二，完善银行信用、民间信用和商业信用共存的农村多元金融体系，充分发挥不同信用之间的相互替代作用，进一步整合和深化农村金融市场。比如，银行等正规金融机构应当利用创新的金融制度来给予商

---

① 罗重谱和高强（2022）认为，新型订单农业由公司、普通农户、农业规模经营主体等多元主体参与，运作模式更加现代化和市场化，农户通过新型经营主体等中介间接与公司对接，利益分配方式包括固定价格、"保底价格、随行就市"等多种形式，并提供交易、金融保险、技术支持、生产服务等多种服务。

业信用的供给方稳定的资金支持，确保其在现金流充足的情况下能够持续为规模经营户提供商业信用。这样可以更好地缓解规模经营户面临的流动性约束问题，促进其优化价格风险管理决策。

二　加强数字金融能力培养以助推缓解流动性约束

第一，政府部门应该继续大力推进农村数字金融的发展，积极鼓励互联网公司以及传统金融机构通过数字化技术为家庭农场等农业规模经营主体提供更多针对性的金融服务，从而使规模经营主体能够有更多的接触金融服务的机会，并同步提升自身的数字金融能力，缓解自身的正规信贷约束。

第二，政府应该重视对农业规模经营户的数字金融能力的培养，尤其注重对其数字金融素养的培养。通过基本金融知识的培养和训练以及数字技术的普及与培训，促进规模经营户数字金融素养的提高，从而缓解其流动性约束。同时引导其更多更好地使用各类金融产品和服务，反过来提升数字金融能力。

第三，政府应该继续大力推进数字乡村建设，为农业规模经营户获取各类期限灵活的金融服务创造条件。互联网公司以及传统金融机构通过数字化技术为农业规模经营户提供农业保险、理财、收付款等各类金融服务，从而使其能够在数字化背景下有更多接触金融服务的机会，并通过丰富的数字金融经历提高自身的数字金融素养以及数字金融能力，进而缓解流动性约束。

三　财政金融协同创新缓解流动性约束的现实意义

流动性约束是制约农业规模经营户选择合适的价格风险管理方式的重要因素之一。这里的流动性约束包含两个层面：能否有流动性资金，能否有期限灵活、不在收货时增加还款压力的资金。因此，缓解流动性约束应当并不仅仅是提供短期银行贷款，而是需要从财政与金融协同创新的角度出发，为农业规模经营户提供层次更加丰富的资金获取渠道。

在传统意义上，缓解农业规模经营户流动性约束的渠道主要是银行信贷和商业信用，财政支持政策并不直接发挥这一作用。其中，财政支持间接带动银行信贷，最初采取的形式就是贴息。2004 年中央一号文件提出，"有关金融机构支持农民专业合作组织建设标准化生产基地、兴办仓储设施和加工企业、购置农产品运销设备，财政可适当给予贴息"。近十年，政策上更多地强调财政与金融的"衔接""配合""协作""引导"。比如，2010 年提出"加强财税政策与农村金融政策的有效衔接"；2013 年提出"加强财税杠杆与金融政策的有效配合"；2017 年提出"完善财政与金融支农协作模式"；2014 年和 2018 年中央一号文件均提出要"充分发挥财政资金引导作用"，拓宽"三农"投入资金渠道，撬动金融和社会资本更多投向"三农"；2020 年中央一号文件直接点到"银保担"这一具体金融产品。近年来，财政支农的理念更加注重从直接投入向间接引导转变，通过模式创新，有效促进财政金融支农资源合理高效联动（李洪侠，2021）。

相比于传统贷款模式，财政支持下的金融领域跨行业合作可能成为未来正规信贷即银行信用发展的有效思路之一。一是面对缺少抵押品且风险较高的农户，正规金融机构可以通过银保互联、"政银保担"协作等方式为原本无法获得贷款的农户发放贷款。这既扩大了正规金融机构自身的业务范围，也更好地实现了金融普惠，保障了农户至少有申请并能够获得正规信贷的能力和机会。二是正规金融机构应当进一步优化银行信用的还款期限，提供短期贷款、中长期贷款等多种选择，使其更加灵活、丰富。这样会更加有助于规模经营户等各类农村经营主体缓解流动性约束，优化价格风险管理行为决策。三是政府应当结合各地的实际情况，对财政支持下的金融领域跨行业合作模式予以逐步推广。

四 财政金融协同创新缓解流动性约束的路径优化

近年来，财政资金在发挥引导作用，撬动金融和社会资本更多投向"三农"方面，创新了很多模式，包括构建"银保互联"、农业供应链金融的普惠金融产品。例如"政银保"模式，由财政、银行和保险共同合作、风险共担，政府提供保费补贴、贴息补贴和风险补偿支持等，保险公司提供保证保险（李洪侠，2021）。总体而言，十年来的探索，模式多样、效果显著。当然，财政与金融协同创新的路径也存在有待优化的方面。

第一，财政通过设立信贷风险补偿资金池等渠道，支持商业银行创新更多的农村普惠金融产品，借助分期销售来分散价格风险。对于规模经营户而言，相比风险转移和风险对冲（如期货），借助分期销售来分散价格风险更易实现。但是，有些规模经营户即使对市场的周期性波动规律已经有所了解，还是可能会因为在收获时背负偿债压力而无法分期销售农产品。另外，在长期面临资金压力的情况下，规模经营户自身的时间偏好程度也可能会变强，更加不利于其实现分期销售。因此，在能够为规模经营户提供资金支持的基础上，银行等正规金融机构应当研发出还款期限更加灵活、丰富的涉农贷款产品，便于规模经营户结合自身的流动性状况来调整还款安排。比较可行的做法是采用"期限灵活的银行贷款+风险补偿金"模式，即由政府出资设立"风险资金池"，农业规模经营主体无须任何担保和抵押，合作银行即对其提供期限灵活的低成本贷款，一旦出现不良贷款，财政风险补偿金根据事先约定的程序和比例对银行提供补偿。"期限灵活的银行贷款+风险补偿金"模式的优势在于，解决了农户缺乏合适抵押物的问题，设定了风险分担比例，撬动了期限灵活的银行贷款资金支持农业发展，改善了传统贷款在收获时的还款压力问题（李洪侠，2021）。

第二，财政通过支持农业龙头企业贷款融资，为农业规模经营户提供商业信用。商业信用的优势在于，大多与农产品供应链系统相关联，彼此之间有商品交易关系，利益机制紧密，还款机制灵活，因而交易成本相对较低。诸如农业生产资料赊账等商业信用形式，需要商业信用的供给方流动性充裕。银行等正规金融机构应当利用创新的金融制度来给予商业信用的供给方稳定的资金支持，确保其在现金流充足的情况下能够持续为规模经营户提供商业信用。因此，财政资金可以从制度层面出发，为农业龙头企业贷款融资提供具有创新性的政策支持。

第三，财政支持商业银行开发适用于农业规模经营户建造仓储设施和购买烘干设备的专项贷款。如前所述，采用风险分散方式（分期销售）的前提是有良好的仓储设施和烘干设备。财政支持规模经营户建造仓储设施和购买烘干设备，可以让农业规模经营户选择单期当期销售以外的其他销售方式来管理价格风险。具体而言，可以由财政按照建设面积定额补助，并构建财政、商业银行、农业融资担保公司等多方协同联动的机制，共同创新开发适用于农业规模经营户建造仓储设施和购买烘干设备的专项贷款。

第四，强化"政银保担"协同，创新金融支农模式，提高金融支农的灵活性，促进农业规模经营户管理价格风险。财政金融要积极合作探索形成符合农业农村特点的协同支农创新模式，如"政银担保"。政府部门发挥引导作用，搭建"政银担保"合作平台，推动保险公司与金融机构合作，推进担保与信贷联动，并提供保费补贴；商业银行设计符合市场需求的信贷产品，针对参保群体的实际经营特点，进行期限灵活的个性化产品设计，满足农业规模经营主体多元化和多层次的融资需求；保险公司对接合作银行，为农业经营主体办理政策性农业保险业务，创新农业保险品种，优化投保操作流程，高效开展农业保险承保、理赔服务，转移农业生产经营中的各类风险；担保公司则加强与商业银行、保险公司等金融机构合作，对符合条件的农户和涉农经营主体提供担保服务，进一步缓解农户的流动性约束。"政银担保"模式的效果主要在于两个方面。一是在农业信贷中引入保证保险的增信作用，降低了对抵质押物的要求。二是采用"灵活融资+农业保险+第三方担保"的模式，不仅为农业规模经营户提供了更加多元化的还款选择，而且变单一风险管理为综合保险服务，进一步发挥风险管理的效能（李洪侠，2021）。

参考文献

一　中文文献

（一）著作

习近平：《论"三农"工作》，中央文献出版社 2022 年版。

［印］阿马蒂亚·森：《以自由看待发展》，任赜、于真译，中国人民大学出版社 2002 年版。

陈传波、丁士军：《中国小农户的风险及风险管理研究》，中国财政经济出版社 2005 年版。

刘民权主编：《中国农村金融市场研究》，中国人民大学出版社 2006 年版。

马九杰等：《订单农业与价值链金融：贸易和信贷互联的交易制度及其影响》，中国农业出版社 2013 年版。

农业农村部政策与改革司编：《2020 年中国农村政策与改革统计年报》，中国农业出版社 2021 年版。

农业农村部种业管理司等编：《2018 年中国种业发展报告》，中国农业科学技术出版社 2018 年版。

（二）期刊

白江迪等：《农户风险和时间偏好对森林碳汇经营意愿的影响分析》，《林业经济问题》2016 年第 1 期。

白旭光、王若兰：《中国农村储粮安全问题与对策》，《粮食科技与经济》2009 年第 6 期。

蔡荣、韩洪云：《合作社内部交易的价格风险配置及其影响因素分析——基于山东省苹果种植户的问卷调查》，《财贸研究》2012 年第

1 期。

曹慧等：《粮食最低收购价政策改革思路与影响分析》，《中国农村经济》2017 年第 11 期。

柴智慧、张晓夏：《政策性农业保险对土地流转的激励效应研究》，《金融理论与实践》2023 年第 11 期。

陈斌开等：《户籍制约下的居民消费》，《经济研究》2010 年第 S1 期。

陈辉：《人情债、人情圈与交往逻辑变化——基于浙西周村的调查》，《西南石油大学学报》（社会科学版）2012 年第 2 期。

陈胜蓝、刘晓玲：《经济政策不确定性与公司商业信用供给》，《金融研究》2018 年第 5 期。

陈晓芳、杨建州：《数字普惠金融对农户家庭正规信贷获得的影响研究》，《武汉金融》2021 年第 10 期。

陈燕、林乐芬：《主粮作物市县级农业综合风险区划与收入保险定价研究》，《农业经济问题》2022 年第 8 期。

程安等：《我国农产品期货市场的发展现状、问题与对策》，《农业经济》2022 年第 6 期。

仇焕广等：《风险规避对农户化肥过量施用行为的影响》，《中国农村经济》2014 年第 3 期。

单德朋等：《农户数字素养、财产性收入与共同富裕》，《中央民族大学学报》（哲学社会科学版）2022 年第 3 期。

翟文华、周志太：《农业资本化替代小农经济势在必然》，《现代经济探讨》2014 年第 10 期。

董婉璐等：《美国农业保险和农产品期货对农民收入的保障作用——以 2012 年美国玉米遭受旱灾为例》，《中国农村经济》2014 年第 9 期。

冯文丽、郭亚慧：《玉米收入保险的推广价值和发展对策》，《中国保险》2017 年第 1 期。

甘犁等：《收入不平等、流动性约束与中国家庭储蓄率》，《经济研究》2018 年第 12 期。

葛永波、曹婷婷：《农产品价格风险管理新模式探析——基于棉花

"保险+期货"的案例分析》,《价格理论与实践》2017年第10期。

巩前文等:《农户施肥量决策的影响因素实证分析——基于湖北省调查数据的分析》,《农业经济问题》2008年第10期。

郭红东:《我国农户参与订单农业行为的影响因素分析》,《中国农村经济》2005年第3期。

郭红东等:《农民专业合作社正规信贷可得性及其影响因素分析——基于浙江省农民专业合作社的调查》,《中国农村经济》2011年第7期。

杭斌:《人情支出与城镇居民家庭消费——基于地位寻求的实证分析》,《统计研究》2015年第4期。

何官燕:《整合粮食产业链确保我国粮食安全》,《经济体制改革》2008年第3期。

何坪华:《农产品契约交易中价格风险的转移与分担》,《新疆农垦经济》2007年第4期。

黄卓、王萍萍:《数字普惠金融在数字农业发展中的作用》,《农业经济问题》2022年第5期。

霍瑞超、李雪平:《订单农业中农户隐性违约行为产生的原因与规避》,《内蒙古农业大学学报》(社会科学版)2012年第1期。

江激宇等:《种粮大户经营风险感知机理与实证检验》,《西北农林科技大学学报》(社会科学版)2016年第4期。

江生忠、李立达:《完全成本保险对农业经济以及社会福利的影响分析》,《保险研究》2021年第7期。

金烨、李宏彬:《非正规金融与农户借贷行为》,《金融研究》2009年第4期。

孔祥智等:《农业社会化服务体系中的农资供应商:困境与出路》,《青岛农业大学学报》(社会科学版)2009年第2期。

寇光涛、卢凤君:《我国粮食产业链增值的路径模式研究?——基于产业链的演化发展角度》,《农业经济问题》2016年第8期。

李彬:《订单农业契约内部治理机制与风险防范》,《农村经济》2013年第2期。

李朝柱等:《最低收购价下降对农户稻谷种植面积的影响——基

于小农户和规模户比较的视角》，《中国农业大学学报》2019 年第 12 期。

李聃、查贵勇：《上海市淡季绿叶菜成本价格保险效应分析》，《现代农业科技》2013 年第 10 期。

李洪侠：《乡村振兴视角下财政金融支农协同作用研究——基于 DEA-Malmquist 和 Tobit 模型》，《西南金融》2021 年第 7 期。

李杰义、白庆华：《农业产业链管理对农产品价格风险规避效应的分析》，《价格理论与实践》2006 年第 6 期。

李梅华、卯寅：《农业"保险+期货"模式的应用研究——以贵州省为例》，《价格理论与实践》2019 年第 5 期。

李实：《中国农村劳动力流动与收入增长和分配》，《中国社会科学》1999 年第 2 期。

李婷婷等：《农产品价格保险实施现状及存在问题研究》，《中国农学通报》2020 年第 3 期。

李友艺、钱忠好：《放松信贷约束何以提升家庭农场的效率——基于上海市松江区家庭农场数据的实证分析》，《农业技术经济》2022 年第 11 期。

廖杉杉、鲁钊阳：《农产品价格风险的成因及规避机制研究》，《农村经济》2013 年第 3 期。

林乐芬、法宁：《新型农业经营主体融资难的深层原因及化解路径》，《南京社会科学》2015 年第 7 期。

刘金山、贺琛：《时间偏好的区际差异：分布特征与影响因素》，《中央财经大学学报》2018 年第 7 期。

刘晶等：《我国农产品价格风险及其防范研究》，《农业现代化研究》2004 年第 6 期。

刘立等：《利用期货市场管理粮食价格风险》，《中国粮食经济》2003 年第 3 期。

刘民权等：《商业信用研究综述》，《世界经济》2004 年第 1 期。

刘强等：《农户土地经营规模对我国水稻生产成本效率的影响分析》，《中国农业大学学报》2017 年第 4 期。

刘婷婷：《新型农业经营主体的融资困境与金融支农改革路径》，

《农村经济》2016 年第 3 期。

刘西川等：《农户正规信贷需求与利率：基于 Tobit Ⅲ 模型的经验考察》，《管理世界》2014 年第 3 期。

刘妍、朱锦波：《区域收入保险可持续发展的条件评估与政策建议——基于江苏省淮安市的实地调研》，《现代金融》2023 年第 4 期。

刘岩、于左：《美国利用期货市场进行农产品价格风险管理的经验及借鉴》，《中国农村经济》2008 年第 5 期。

刘祚祥：《农资赊销中的金融合约：社区信用与捆绑销售》，《甘肃行政学院学报》2009 年第 3 期。

柳海燕等：《仓储条件和流动性约束对农户粮食销售行为的影响——基于一个两期销售农户决策模型的研究》，《管理世界》2011 年第 11 期。

柳凌韵、周宏：《正规金融约束、规模农地流入与农机长期投资——基于水稻种植规模农户的数据调查》，《农业经济问题》2017 年第 9 期。

陆正飞、杨德明：《商业信用：替代性融资，还是买方市场?》，《管理世界》2011 年第 4 期。

罗磊等：《新冠肺炎疫情风险感知、数字素养与农户电商参与意愿——基于柑橘种植农户调查数据分析》，《农业技术经济》2024 年第 2 期。

罗屹等：《农户玉米储存损失与玉米储存时间的相关性研究》，《河南农业大学学报》2020 年第 6 期。

罗煜、曾恋云：《数字金融能力与相对贫困》，《经济理论与经济管理》2021 年第 12 期。

罗振军等：《粮食主产区种粮大户的借贷行为及影响因素——以黑龙江省为例》，《农村经济》2016 年第 9 期。

罗重谱、高强：《乡村振兴战略背景下新型订单农业的运作模式及其高质量发展路径》，《宏观经济研究》2022 年第 5 期。

马骥：《农户粮食作物化肥施用量及其影响因素分析——以华北平原为例》，《农业技术经济》2006 年第 6 期。

马九杰等：《基于订单农业发展的农业价值链金融创新策略与案例

分析》，《农村金融研究》2011 年第 7 期。

马龙龙：《中国农民利用期货市场影响因素研究：理论、实证与政策》，《管理世界》2010 年第 5 期。

马小勇：《中国农户的风险规避行为分析——以陕西为例》，《中国软科学》2006 年第 2 期。

马小勇、金涛：《农户收入风险与生产行为：一个文献综述》，《贵州社会科学》2012 年第 3 期。

毛慧等：《风险偏好与农户技术采纳行为分析——基于契约农业视角再考察》，《中国农村经济》2018 年第 4 期。

米建伟等：《风险规避与中国棉农的农药施用行为》，《中国农村经济》2012 年第 7 期。

穆月英、陈家骥：《两类风险、两种对策——兼析农业自然风险与市场风险的界限》，《农业经济问题》1994 年第 8 期。

潘爽等：《互联网金融与家庭正规信贷约束缓解——基于风险偏好异质性的检验》，《经济评论》2020 年第 3 期。

庞贞燕、刘磊：《期货市场能够稳定农产品价格波动吗——基于离散小波变换和 GARCH 模型的实证研究》，《金融研究》2013 年第 11 期。

彭克强等：《农民增收提高了农户正规中长期信贷可得性吗——兼论中国粮食主产区农户的经济属性》，《财贸经济》2017 年第 6 期。

彭澎：《市场不完全下商业信用对银行信用和民间信用的替代机制——来自农资赊购的经验证据》，《南京农业大学学报》（社会科学版）2019 年第 6 期。

彭澎、孙顶强：《内生于产业链的商业信用如何影响农业规模经营要素投入》，《江西财经大学学报》2023 年第 4 期。

彭泰中、廖文梅：《信息不对称理论下的农产品市场风险研究——从农民承担的风险视角分析》，《农机化研究》2007 年第 5 期。

普蓂喆等：《主要国家（地区）粮食收储政策演进脉络及启示》，《中国农村经济》2019 年第 11 期。

秦芳等：《数字经济如何促进农户增收？——来自农村电商发展的证据》，《经济学（季刊）》2022 年第 2 期。

饶品贵、姜国华：《货币政策对银行信贷与商业信用互动关系影响研究》，《经济研究》2013 年第 1 期。

尚燕等：《风险感知、风险态度与农户风险管理工具采纳意愿——以农业保险和"保险+期货"为例》，《中国农村观察》2020 年第 5 期。

石晓军、张顺明：《商业信用、融资约束及效率影响》，《经济研究》2010 年第 1 期。

宋建国、刘莉：《我国农业收入保险的发展思路》，《中国金融》2022 年第 10 期。

孙光林等：《欠发达地区农户金融知识对信贷违约的影响——以新疆为例》，《中国农村观察》2017 年第 4 期。

谭玉华：《规避粮食价格风险的方法》，《农业发展与金融》2005 年第 6 期。

谭燕芝、彭千芮：《金融能力、金融决策与贫困》，《经济理论与经济管理》2019 年第 2 期。

唐甜等：《价格保险在农产品风险管理中的应用研究——以上海蔬菜价格保险为例》，《上海保险》2015 年第 6 期。

田辉：《我国发展农产品价格保险的难点及原则》，《经济纵横》2016 年第 6 期。

田云等：《农户农业低碳生产行为及其影响因素分析——以化肥施用和农药使用为例》，《中国农村观察》2015 年第 4 期。

庹国柱、张峭：《论我国农业保险的政策目标》，《保险研究》2018 年第 7 期。

庹国柱、朱俊生：《论收入保险对完善农产品价格形成机制改革的重要性》，《保险研究》2016 年第 6 期。

万广华等：《流动性约束、不确定性与中国居民消费》，《经济研究》2001 年第 11 期。

汪昌云等：《金融市场化提高了农户信贷获得吗？——基于农户调查的实证研究》，《经济研究》2014 年第 10 期。

汪艳涛等：《农村金融支持影响家庭农场培育的机理与实效——基于金融支持来源视角的实证检验》，《财经论丛》2015 年第 9 期。

王保玲等：《我国引入农业收入保险的经济效应研究》，《保险研究》2017 年第 3 期。

王川：《基于风险溢价理论的我国粮食期货市场有效性研究》，《农业技术经济》2010 年第 11 期。

王稼琼等：《家庭生产函数视角下的时间偏好与储蓄率决定——兼论中美的储蓄率差异》，《经济研究》2012 年第 10 期。

王劲雨、陈盛伟：《后临储制度下玉米价格风险管控》，《华南农业大学学报》（社会科学版）2021 年第 1 期。

王景富：《农村信用社推广农户小额信用贷款的实证研究》，《金融研究》2002 年第 9 期。

王克、吉利：《我国农业保险的发展与演变——产品形态的视角》，《保险研究》2023 年第 5 期。

王晓丽、陈盛伟：《政策性"气象指数—收入保险"支持新型农业经营主体发展的路径分析》，《兰州学刊》2023 年第 10 期。

王鑫、夏英：《我国农业收入保险运行效果析论——基于"武进模式"与"桦川模式"的典型案例》，《中州学刊》2021 年第 9 期。

王雨凡、王旭有：《生猪价格波动规律形成机理研究》，《中国猪业》2021 年第 1 期。

王越：《农业收入保险发展建议》，《合作经济与科技》2023 年第 22 期。

卫龙宝、许伟良：《开放市场条件下粮食生产者价格风险的管理手段与选择》，《农业经济问题》2003 年第 2 期。

翁辰等：《数字素养与农村流动人口数字金融使用行为——基于江苏省 5 市农村流动人口的调查数据》，《武汉金融》2022 年第 6 期。

乌云花等：《水果销售渠道主要影响因素的实证研究》，《系统工程理论与实践》2009 年第 4 期。

吴迪：《美国农产品期货市场的发展经验》，《世界农业》2016 年第 9 期。

吴国华：《进一步完善中国农村普惠金融体系》，《经济社会体制比较》2013 年第 4 期。

夏天、程细玉：《国内外期货价格与国产现货价格动态关系的研究——基于 DCE 和 CBOT 大豆期货市场与国产大豆市场的实证分析》，《金融研究》2006 年第 2 期。

肖雄等：《我国农产品目标价格保险发展现状及未来政策选择》，《长春理工大学学报》（社会科学版）2018年第1期。

谢灵斌：《"保险+期货"：农产品价格风险管理路径选择》，《价格理论与实践》2018年第10期。

谢小芹、简小鹰：《"互嵌"：市场规则与基层社会——基于农资"赊账"现象的社会学探讨》，《南京农业大学学报》（社会科学版）2015年第5期。

邢星：《日本期货市场发展经验对中国的启示》，《山东教育学院学报》2010年第2期。

徐芳：《农户售粮储粮行为的形成及引导》，《农村经济》2002年第6期。

徐雯、张锦华：《政策性农业保险的碳减排效应——来自完全成本保险和收入保险试点实施的证据》，《保险研究》2023年第2期。

徐欣等：《农户对市场风险与农产品期货的认知及其影响因素分析——基于5省（市）328份农户问卷调查》，《中国农村经济》2010年第7期。

徐雪高：《农户粮食销售时机选择及其影响因素分析》，《财贸研究》2011年第1期。

徐雪高等：《水稻目标价格保险实施的个案调查》，《经济纵横》2017年第12期。

徐媛媛等：《"保险+期货"服务地方优势特色农产品价格风险管理——运行机制、突出问题与政策融合空间》，《农业经济问题》2022年第1期。

徐志刚等：《粮食规模生产经营的经济效应与经营风险研究——基于对玉米生产规模户和普通户的比较》，《玉米科学》2017年第5期。

许庆等：《农业支持保护补贴促进规模农户种粮了吗？——基于全国农村固定观察点调查数据的分析》，《中国农村经济》2020年第4期。

许召元、李善同：《区域间劳动力迁移对经济增长和地区差距的影响》，《数量经济技术经济研究》2008年第2期。

杨波等：《数字普惠金融如何影响家庭正规信贷获得？——来自CHFS的证据》，《当代经济科学》2020年第6期。

杨芳：《美国农产品价格风险管理的经验及借鉴》，《农村经济》2010 年第 2 期。

杨根全、李圣军：《农产品价格波动的影响因素及发展趋势》，《农业展望》2011 年第 2 期。

杨华：《农村人情的性质及其变化》，《中南财经政法大学研究生学报》2008 年第 1 期。

杨明婉、张乐柱：《互联网金融参与如何影响农户正规借贷行为？——基于 CHFS 数据实证研究》，《云南财经大学学报》2021 年第 2 期。

杨天水：《培育发展家庭农场为农民群众办实事》，《江苏农村经济》2021 年第 10 期。

叶德珠等：《行为经济学时间偏好理论研究进展》，《经济学动态》2010 年第 4 期。

叶举、石奇：《市场化改革、流通资源配置效率与价格波动：以玉米市场为例》，《农业技术经济》2023 年第 6 期。

易福金等：《信贷约束下的农业保险需求高估问题：理论解释与经验证据》，《管理世界》2023 年第 5 期。

殷浩栋等：《农户非正规金融信贷与正规金融信贷的替代效应——基于资本禀赋和交易成本的再审视》，《经济与管理研究》2017 年第 9 期。

尹志超等：《劳动力流动能否缓解农户流动性约束——基于社会网络视角的实证分析》，《中国农村经济》2021 年第 7 期。

尹志超等：《农村劳动力流动对家庭储蓄率的影响》，《中国工业经济》2020 年第 1 期。

尹志超等：《农村收入差距抑制了农户创业吗？——基于流动性约束与人力资本投资视角的实证分析》，《中国农村经济》2020 年第 5 期。

余艳：《农产品收入保险作用机制及其风险应对研究》，《价格理论与实践》2020 年第 7 期。

臧旭恒、李燕桥：《消费信贷、流动性约束与中国城镇居民消费行为——基于 2004—2009 年省际面板数据的经验分析》，《经济学动态》2012 年第 2 期。

詹利娟等：《农业大户利用农产品期货市场的思考》，《新疆农垦经济》2015 年第 12 期。

张朝华：《资源禀赋、经营类别与家庭农场信贷获得》，《财贸研究》2018 年第 1 期。

张贵华、石青辉：《基于大数据视角的我国农产品市场风险管理策略研究》，《商学研究》2022 年第 1 期。

张建军、许承明：《农业信贷与保险互联影响农户收入研究——基于苏鄂两省调研数据》，《财贸研究》2013 年第 5 期。

张锦华、徐雯：《完全成本保险试点能激励粮食产出吗?》，《中国农村经济》2023 年第 11 期。

张劲松、赵耀：《农村金融困境的解析：信贷合约的角度》，《管理世界》2010 年第 2 期。

张林、温涛：《农产品目标价格保险试点经验、问题及对策——基于 3 个试点地区的调查》，《经济纵横》2019 年第 7 期。

张龙耀等：《农村信贷市场失灵的实物融资替代机制——来自江苏 4 市 8 县 427 户农户的证据》，《东南大学学报》（哲学社会科学版）2018 年第 2 期。

张龙耀、江春：《中国农村金融市场中非价格信贷配给的理论和实证分析》，《金融研究》2011 年第 7 期。

张龙耀、袁振：《金融科技会影响农村金融机构贷款的信用结构吗》，《农业技术经济》2022 年第 10 期。

张敏、余劲：《苹果销售中影响果农选择销售对象的因素分析——基于陕西省白水县 200 户果农的调查》，《农村经济》2009 年第 12 期。

张峭：《"保险+期货"破题农产品价格风险管理》，《中国农村金融》2022 年第 5 期。

张瑞雪：《我国农产品价格风险管理研究》，《价格月刊》2019 年第 4 期。

张永强等：《化肥投入效率测度及归因——来自 20 个玉米生产省份的面板证据》，《资源科学》2018 年第 7 期。

张有望等：《小宗农产品价格风险识别及其应对策略研究——以大葱、生姜、大蒜为例》，《价格理论与实践》2022 年第 10 期。

章元等:《劳动力转移、信贷约束与规模经营——粮食主产区与非主产区的比较研究》,《农业技术经济》2017 年第 10 期。

章元、陆铭:《社会网络是否有助于提高农民工的工资水平?》,《管理世界》2009 年第 3 期。

赵霞、刘彦平:《居民消费、流动性约束和居民个人消费信贷的实证研究》,《财贸经济》2006 年第 11 期。

赵玉、严武:《市场风险、价格预期与农户种植行为响应——基于粮食主产区的实证》,《农业现代化研究》2016 年第 1 期。

赵振宗:《正规金融、非正规金融对家户福利的影响——来自中国农村的证据》,《经济评论》2011 年第 4 期。

周广肃、马光荣:《人情支出挤出了正常消费吗?——来自中国家户数据的证据》,《浙江社会科学》2015 年第 3 期。

周立群、曹利群:《商品契约优于要素契约——以农业产业化经营中的契约选择为例》,《经济研究》2002 年第 1 期。

周月书等:《农业产业链组织、信贷交易成本与规模农户信贷可得性》,《中国农村经济》2019 年第 4 期。

朱臻等:《规模化经营背景下劳动监督对营林质量的影响研究:来自南方集体林区三省规模户的实证数据》,《农林经济管理学报》2021 年第 1 期。

卓越:《稳收入与价格险——保险保障农产品价格风险》,《中国保险》2022 年第 7 期。

(三)报纸

郭熙保、白松涛:《农业规模化经营:实现"四化"同步的根本出路》,《光明日报》2013 年 2 月 8 日第 11 版。

欧阳靖雯、侯雅洁:《大豆扩种,多重难题下如何确保豆农收益?》,《农民日报》2022 年 8 月 2 日第 8 版。

孙莹:《江苏创新开展家庭农场综合保险试点"四个广覆盖"织密保障安全网》,《农民日报》2021 年 5 月 17 日第 6 版。

吴琼:《综合保险,为家庭农场保"底"》,《新华日报》2021 年 5 月 11 日第 7 版。

俞新美、陈静:《海门签订全省家庭农场综合保险第一单》,《南通日报》2021年1月29日第1版。

赵展慧：《试点品种不断增加，覆盖地区持续拓宽，"保险+期货"——为中小农户进入大市场提供保障》，《人民日报》2023年1月3日第10版。

（四）论文

陈波：《农产品价格风险及其规避研究》，硕士学位论文，湖南农业大学，2008年。

李玉娇：《吉林省玉米生产农户价格风险管理研究》，硕士学位论文，吉林农业大学，2013年。

厉耕：《期货市场规避农产品价格风险的研究》，硕士学位论文，河南农业大学，2011年。

罗玉峰：《粮食规模经营对土地产出率的影响研究——基于机械化与雇工劳动质量的视角》，硕士学位论文，南京农业大学，2017年。

祁民：《国际视野下的农产品价格风险管理研究》，博士学位论文，华东师范大学，2008年。

乔立娟：《蔬菜产业生产经营主体风险管理研究》，博士学位论文，河北农业大学，2014年。

苏斯彬：《粮食规模生产者价格风险及其管理手段研究——结合浙江省种粮大户经营环境与经营实践的分析》，硕士学位论文，浙江大学，2004年。

（五）网络文献

财政部等：《关于加快农业保险高质量发展的指导意见》，农业农村部网站，http：//www.moa.gov.cn/gk/tzgg_1/tz/201910/t20191012_6329867.htm。

范玉贤：《选育老百姓更欢迎的新稻种》，新华日报，http：//xh.xhby.net/pc/con/202112/04/content_1003423.html。

谷伟：《"保险+期货"全面开花，生猪项目渐成主力》，现代快报网，http：//www.xdkb.net/p1/nj/20221021/334138.html。

江苏省财政厅：《关于修订部分政策性农业保险险种条款及费率的通知》，江苏省财政厅网站，https：//czt.jiangsu.gov.cn/art/2022/12/2/art_79609_10696563.html。

江苏省财政厅金融处：《江苏财政农业保险以"五度之法"助力高

水平农业强省建设》，江苏省财政厅网站，http：//czt. jiangsu. gov. cn/art/2023/2/7/art_7819_10743144. html。

江苏省财政厅金融处：《省财政召开全省生猪"保险+期货"试点推进工作会议》，江苏省财政厅网站，http：//czt. jiangsu. gov. cn/art/2023/5/17/art_8064_10891564. html。

江苏省农业农村厅：《培育发展家庭农场为农民群众办实事》，江苏省农业农村厅网站，http：//nynct. jiangsu. gov. cn/art/2021/11/3/art_13274_10096344. html。

蒋晓东、张水兰：《江苏"保险+期货"模式首单在通落地 猪饲料成本指数有效破解"猪周期"》，中国江苏网，https：//jsnews. jschi-na. com. cn/nt/a/202010/t20201015_2645698. shtml。

李忠峰、朱彬彬：《为种粮农民遮风挡雨为粮食生产保驾护航》，江苏省财政厅网站，http：//czt. jiangsu. gov. cn/art/2021/9/16/art_8065_10018130. html。

马爽：《江苏如东生猪"保险+期货"项目顺利完成赔付》，中证网，https：//www. cs. com. cn/zzqh2020/202209/t20220907_6296803. html。

缪建民：《在金融服务农业现代化高峰论坛上的演讲》，农业农村部网站，http：//www. moa. gov. cn/ztzl/jrfwnyxdhgflt/jbyjzc_a1012/201710/t20171013_5839395. htm。

农业部产业政策与法规司：《2014年国家深化农村改革、支持粮食生产、促进农民增收政策措施》，农业农村部网站，http：//www. moa. gov. cn/xw/zwdt/201404/t20140425_3884555. htm。

农业部市场与经济信息司：《北京市推出生猪价格指数保险》，农业农村部官网，http：//www. moa. gov. cn/ztzl/clz25zn/gzdt/201306/t20130609_3489946. htm。

农业农村部：《对十三届全国人大二次会议第2795号建议的答复》，中华人民共和国农业农村部网站，http：//www. moa. gov. cn/govpublic/CWS/201909/t20190917_6328037. htm。

农业农村部：《对十三届全国人大三次会议第9184号建议的答复》，农业农村部网站，http：//www. moa. gov. cn/govpublic/zcggs/202010/t20201030_6355462. htm。

农业农村部：《关于政协第十三届全国委员会第五次会议第 00668 号（农业水利类 061 号）提案答复摘要》，农业农村部网站，http：// www. moa. gov. cn/govpublic/FZJHS/202209/t20220906_6408793. htm。

欧阳靖雯、侯雅洁：《大豆扩种，多重难题下如何确保豆农收益？》，中华人民共和国农业农村部网站，https：//www. moa. gov. cn/zt-zl/ddymdzfhjs/mtbd_29066/wenzi/202208/t20 220802_6406088. htm。

上海市农业委员会：《上海首创蔬菜价格保险》，中华人民共和国农业农村部网站，http：//www. moa. gov. cn/ztzl/ldtj/sclt/201203/t201203 29_2549661. htm。

魏培全：《福建霞浦：小海参大产业》，福州新闻网，https：// mr. baidu. com/r/1n6u1eHQ8dG？f = CP&rs = 455349136&Yuk = JYFmVC-iNVlFXow1JhbL-SA&u = 1c3a503f4e276db8，2019 年 3 月 15 日。

夏高琴、张智：《江苏生猪"保险+期货"试点再扩面，新型金融助力农业高质量发展》，华夏时报网，https：//www. chinatimes. net. cn/ article/126204. html，2023 年 3 月 31 日。

谢岚、张晓玉：《上游涨价下游跟涨农资价格上涨几时休?》，证券日报网，http：//www. zqrb. cn/finance/hongguanjingji/2021 - 11 - 17/ A1637141839255. html。

杨丹丹：《"保险+期货"为淮安养猪户上"双保险"》，澎湃号淮安发布，https：//www. thepaper. cn/newsDetail_forward_21700029，2023 年 1 月 27 日。

余丰慧：《大蒜价格"白老虎"发飙背后推手暗藏》，中国经济网，http：//bgimg. ce. cn/cysc/sp/info/201611/08/t20161108_17611788. shtml。

张红宇：《充分发挥规模经营在现代农业中的引领作用》，中华人民共和国农业农村部网站，http：//www. moa. gov. cn/ztzl/2016zyyhwj/ zcjd/201602/t20160218_5020566. htm。

赵久龙：《江苏：扩大生猪"保险+期货"试点范围助力稳产保供》，http：//www. news. cn/local/2023-03/29/c_1129475717. htm。

宗和：《看"花式"保险这样护航江苏现代农业发展》，江南时报网，http：//www. jntimes. cn/zdzx/202005/t20200517_6647185. shtml。

祖兆林：《手握保单心里不慌》，中国银行保险报网，http：//

www. cbimc. cn/content/2023-05/25/content_485460. html。

二 外文文献

Abede H. Gabriel and Bekele Hundie, "Farmers' Post-Harvest Grain Management Choices under Liquidity Constraints and Impending Risks: Implications for Achieving Food Security Objectives in Ethiopia", Poster Paper Prepared for Presentation at the 2006 Annual Meeting, sponsored by International Association of Agricultural Economists, Queensland, Australia, August 12-18, 2006.

Albert Park, "Risk and Household Grain Management in Developing Countries", *Economic Journal*, Vol. 116, No. 514, October 2006.

Allen G. Blezek and Daniel H. Post, "Farm Credit Competencies Needed and Possessed by Selected Nebraska Young Farmers/Ranchers", *Journal of Agricultural Education*, Vol. 30, September 1989.

Aminou Arouna, et al., "Contract Farming Preferences by Smallholder Rice Producers in Africa: A Stated Choice Model Using Mixed Logic", *Tropicultura*, Vol. 35, No. 3, January 2017.

Anette Ruml and Martin C. Parlasca, "In-Kind Credit Provision through Contract Farming and Formal Credit Markets", *Agribusiness*, Vol. 38, No. 2, April 2022.

Atanu Saha and Janice Stroud, "A Household Model of On-Farm Storage under Price Risk", *American Journal of Agricultural Economics*, Vol. 76, No. 3, August 1994.

Aymeric Ricome and Arnaud Reynaud, "Marketing Contract Choices in Agriculture: The Role of Price Expectation and Price Risk Management", *Agricultural Economics*, Vol. 53, No. 1, January 2022.

Barry K. Goodwin and Ted C. Schroeder, "Human Capital, Producer Education-Programs, and the Adoption of Forward-Pricing Methods", *American Journal of Agricultural Economics*, Vol. 76, No. 4, November 1994.

Benjamin Klein, et al., "Vertical Integration, Appropriable Rents, and the Competitive Contracting Process", *Journal of Law and Economics*,

Vol. 21, No. 2, October 1978.

Bernard J. Jaworski and Ajay K. Kohli, "Market Orientation: Antecedents and Consequences", *Journal of Marketing*, Vol. 57, No. 3, July 1993.

Brian Dillon, "Selling Crops Early to Pay for School: A Large-Scale Natural Experiment in Malawi", *Journal of Human Resources*, Vol. 56, No. 4, October 2021.

Calum G. Turvey and Timothy G. Baker, "A Farm-Level Financial Analysis of Farmers' Use of Futures and Options under Alternative Farm Programs", *American Journal of Agricultural Economics*, Vol. 72, No. 4, November 1990.

Caroline Roussy, et al., "Marketing Contracts and Risk Management for Cereal Producers", *Agribusiness*, Vol. 34, No. 3, Summer 2018.

Catia Batista, et al., "Do Migrant Social Networks Shape Political Attitudes and Behavior at Home?", *World Development*, Vol. 117, May 2019.

Chris M. Boyd and Marc F. Bellemare, "The Microeconomics of Agricultural Price Risk", *Annual Review of Resource Economics*, Vol. 12, December 2020.

Christopher B. Barrett and Paul A. Dorosh, "Farmers' Welfare and Changing Food Prices: Nonparametric Evidence from Rice in Madagascar", *American Journal of Agricultural Economics*, Vol. 78, No. 3, August 1996.

Daniela Fabbri and Anna Maria C. Menichini, "Trade Credit, Collateral Liquidation, and Borrowing Constraints", *Journal of Financial Economics*, Vol. 96, No. 3, June 2010.

David Roodman, "Fitting Fully Observed Recursive Mixed-Process Models with CMP", *Stata Journal*, Vol. 11, No. 2, July 2011.

Decio Zylbersztajn and Cláudio A. Pinheiro Machado Filho, "Competitiveness of Meat Agri-food Chain in Brazil", *Supply Chain Management*, Vol. 8, No. 2, May 2003.

Didier Kadjo, et al., "Storage Losses, Liquidity Constraints, and Maize Storage Decisions in Benin", *Agricultural Economics*, Vol. 49,

No. 4, July 2018.

Dinqiang Sun, et al., "Liquidity Constraints and Postharvest Selling Behavior: Evidence from China's Maize Farmers", *Developing Economies*, Vol. 51, No. 3, September 2013.

Elaine M. Liu, "Time to Change What to Sow: Risk Preferences and Technology Adoption Decisions of Cotton Farmers in China", *Review of Economics and Statistics*, Vol. 95, No. 4, October 2013.

Elisabeth Vollmer, et al., "The Disposition Effect in Farmers' Selling Behavior: An Experimental Investigation", *Agricultural Economics*, Vol. 50, No. 2, March 2019.

Emma C. Stephens and Christopher B. Barrett, "Incomplete Credit Markets and Commodity Marketing Behavior", *Journal of Agricultural Economics*, Vol. 62, No. 1, February 2011.

Erkan Rehber, "Changing Agricultural Structure and Policies in Europe toward the Twenty-First Century", *The European Legacy*, Vol. 5, No. 5, October 2000.

Eyal Lahav, et al., "Subjective Time Discount Rates among Teenagers and Adults: Evidence from Israel", *The Journal of Socio-Economics*, Vol. 39, No. 4, August 2010.

Forhad Shilpi and Dina Umali-Deininger, "Market Facilities and Agricultural Marketing: Evidence from Tamil Nadu, India", *Agricultural Economics*, Vol. 39, No. 3, November 2008.

George F. Patrick, et al., "Forward Marketing Practices and Attitudes of Large-Scale Midwestern Grain Producers", *Review of Agricultural Economics*, Vol. 20, No. 1, Spring-Summer 1998.

Getachew Abebe Woldie and Ernst-August Nuppenau, "Channel Choice Decision in the Ethiopian Banana Markets: A Transaction Cost Economics Perspective", *Journal of Economic Theory*, Vol. 4, No. 3, January 2009.

Gumataw K. Abebe, et al., "Contract Farming Configuration: Smallholders' Preferences for Contract Design Attributes", *Food Policy*,

Vol. 40, June 2013.

Hans P. Binswanger and John McIntire, "Behavioural and Material Determinants of Production Relations in Land−Abundant Tropical Agriculture", *Economic Development and Cultural Change*, Vol. 36, No. 1, January 1987.

Hau Chyi and Shangyi Mao, "The Determinants of Happiness of China's Elderly Population", *Journal of Happiness Studies*, Vol. 13, No. 1, March 2012.

Hui Mao, et al., "Risk Preferences, Production Contracts and Technology Adoption by Broiler Farmers in China", *China Economic Review*, Vol. 54, April 2019.

Inessa Love, et al., "Trade Credit and Bank Credit: Evidence from Recent Financial Crises", *Journal of Financial Economics*, Vol. 83, No. 2, February 2007.

Jens−Peter Loy, et al., "Seasonal Quality Premiums for Wheat: A Case Study for Northern Germany", *Agribusiness*, Vol. 31, No. 1, Winter 2015.

Jingjian Xiao, et al., "Age Differences in Consumer Financial Capability", *International Journal of Consumer Studies*, Vol. 39, No. 4, April 2015.

John Baffes and Jacob Meerman, "From Prices to Incomes: Agricultural Subsidization without Protection?", *The World Bank Research Observer*, Vol. 13, No. 2, August 1998.

Joseph E. Stiglitz and Andrew Weiss, "Credit Rationing in Markets with Imperfect Information", *American Economic Review*, Vol. 71, No. 3, June 1981.

Juan Camilo Cardenas and Jeffrey P. Carpenter, "Three Themes on Field Experiments in Economic Development", in Glenn W. Harrison, et al., eds, *Field Experiments in Economic*, Leeds: Emerald Group Publishing Liauitd, 2005.

Kaouthar Lajili, et al., "Farmers' Preferences for Crop Contracts", *Journal of Agricultural and Resource Economics*, Vol. 22, No. 2, December

1997.

Karna Basu and Maisy Wong, "Evaluating Seasonal Food Storage and Credit Programs in East Indonesia", *Journal of Development Economics*, Vol. 115, July 2015.

Larry D. Makus, et al., "Factors Influencing Farm Level Use of Futures and Options in Commodity Marketing", *Agribusiness*, Vol. 6, No. 6, November 1990.

Marc F. Bellemare and Christopher B. Barrett, "An Ordered Tobit Model of Market Participation: Evidence from Kenya and Ethiopia", *American Journal of Agricultural Economics*, Vol. 88, No. 2, May 2006.

Marc F. Bellemare and Yu Na Lee, "Attitudes to Price Risk and Uncertainty: The Earnest Search for Identification and Policy Relevance", *Canadian Journal of Agricultural Economics/Revue Canadienne D'Agroeconomie*, Vol. 64, No. 4, December 2016.

Mariassunta Giannetti, et al., "What You Sell is What You Lend? Explaining Trade Credit Contracts", *The Review of Financial Studies*, Vol. 24, No. 4, April 2011.

Marshall Burke, et al., "Sell Low and Buy High: Arbitrage and Local Price Effects in Kenyan Markets", *The Quarterly Journal of Economics*, Vol. 134, No. 2, May 2019.

Miao Hao, et al., "Effect of Pig Price Volatility on Sichuan Pig Farmers' Behavioral Response in China", *Journal of Agricultural Science*, Vol. 6, No. 4, June 2014.

Mike Burkart and Tore Ellingsen, "In-Kind Finance: A Theory of Trade Credit", *American Economic Review*, Vol. 94, No. 3, June 2004.

Minkyoung Kim, et al., "Managing Price Risks Using and Local Polynomial Kernel Forecasts", *Applied Economics*, Vol. 41, No. 23, 2009.

Mitchell A. Petersen and Raghuram G. Rajan, "Trade Credit: Theories and Evidence", *Review of Financial Studies*, Vol. 10, No. 3, July 1997.

Monique Cohen and Candace Nelson, "Financial Literacy: A Step for Clients towards Financial Inclusion", 2011 Global Microcredit Summit, sponsored by Microfinance Opportunities, Valladolid, Spain, November 14-17, 2011.

Nancy Law, et al. , *A Global Framework of Reference on Digital Literacy Skills for Indicator 4. 4. 2*, UNESCO Institute for Statistics UIS/2018/ICT/IP/51, June, 2018.

Nerine Mary George, et al. , "A Systematic Literature Review of Entrepreneurial Opportunity Recognition: Insights on Influencing Factors", *International Entrepreneurship and Management Journal*, Vol. 12, No. 2, June 2016.

Ola Flaten, et al. , "Comparing Risk Perceptions and Risk Management in Organic and Conventional Dairy Farming: Empirical Results from Norway", *Livestock Production Science*, Vol. 95, No. 1-2, August 2005.

Olga Isengildina and Darren Hudson, "Factors Affecting Hedging Decisions Using Evidence from the Cotton Industry", Paper Presented at the NCR-134 Conference on Applied Commodity Price Analysis, Forecasting and Market Risk Management, St. Louis, Missouri, April 23-24, 2001.

Paswel P. Marenya and Christopher B. Barrett, "Soil Quality and Fertilizer Use Rates among Smallholder Farmers in Western Kenya", *Agricultural Economics*, Vol. 40, No. 5, August 2009.

Paul Gallagher, "The Effectiveness of Price Support Policy—Some Evidence for U. S. Corn Acreage Response", *Journal of Agricultural Economics Research*, Vol. 30, No. 4, October 1978.

Peng Peng and Zhigang Xu, "Price Expectations, Risk Aversion, and Choice of Sales Methods for Large-Scale Farmers under Incomplete Market Conditions", *Agribusiness*, Vol. 38, No. 4, October 2022.

Peng Peng and Zhigang Xu, "Subjective Preferences, Liquidity Constraints, and Price Risk Management under Large-Scale Farm Management", *China Agricultural Economic Review*, Vol. 16, No. 1, March 2024.

Peter B. R. Hazell, "The Appropriate Role of Agricultural Insurance in Developing Countries", *Journal of International Development*, Vol. 4, No. 6, November/December 1992.

Peter J. Barry, et al., "Changing Time Attitudes in Intertemporal Analysis", *American Agricultural Economics Association*, Vol. 78, No. 4, November 1996.

Remidius Denis Ruhinduka, et al., "Smallholder Rice Farmers' Post-harvest Decisions: Preferences and Structural Factors", *European Review of Agricultural Economics*, Vol. 47, No. 4, September 2020.

Shikha Jha and P. V. Srinivasan, "Foodgrain Price Stabilization: Implications of Private Storage and Subsidized Food Distribution", *Journal of Policy Modeling*, Vol. 19, No. 6, December 1997.

Shilpa Aggarwal, et al., "Grain Today, Gain Tomorrow: Evidence From A Storage Experiment with Savings Clubs in Kenya", *Journal of Development Economics*, Vol. 134, September 2018.

Tal Shavit, et al., "Factors Affecting Soldiers' Time Preference: A Field Study in Israel", *The Journal of Socio-Economics*, Vol. 44, No. 6, June 2013.

Tomomi Tanaka, et al., "Risk and Time Preferences: Linking Experimental and Household Survey Data from Vietnam", *American Economic Review*, Vol. 100, No. 1, March 2010.

Victor Oboh and Saket Kushwaha, "Socio-Economic Determinants of Farmers' Loan Size in Benue State, Nigeria", *Journal of Applied Sciences Research*, Vol. 5, No. 4, January 2009.

Wesley N. Musser, et al., "Risk and Grain Marketing Behavior of Large-Scale Farmers", *Review of Agricultural Economics*, Vol. 18, No. 1, January 1996.

William G. Tomek and Hikaru Hanawa Peterson, "Risk Management in Agricultural Markets: A Review", *Journal of Futures Markets*, Vol. 21, No. 10, October 2001.

Wondimagegn Tesfaye and Nyasha Tirivayi, "The Impacts of Postharvest Storage Innovations on Food Security and Welfare in Ethiopia", *Food Policy*, Vol. 75, February 2018.

Yuanyuan Chen and Zichen Deng, "Liquidity Constraint Shock, Job

Search and Post Match Quality–Evidence from Rural–to–Urban Migrants in China", *Journal of Labor Research*, Vol. 40, No. 3, September 2019.

Yueli Xu, et al., "Does Digital Finance Lessen Credit Rationing? —Evidence from Chinese Farmers", *Research in International Business and Finance*, Vol. 62, December 2022.

后　　记

　　本书是国家自然科学基金青年项目"风险与时间偏好异质性粮食规模户的市场风险管理策略优化研究"（71803083）的主要成果。感谢国家自然科学基金委员会的前期资助！

　　本书入选南京农业大学金融学院2023年度学术专著出版资助项目。感谢南京农业大学金融学院为本书的出版提供资助！

　　本研究成果得到博士后合作导师南京农业大学经济管理学院院长徐志刚教授的全面指导，从选题、框架构建，到最后成书，无不倾注着徐老师的心血。南京农业大学金融学院院长张龙耀教授在本书写作中也给予了指导和关心。在此表示衷心的感谢！

　　本书部分章节内容，有着徐志刚教授、周月书教授（南京农业大学）、孙顶强教授（南京农业大学）以及我的硕士研究生吴梦奇的学术贡献，他们或讨论分析框架和修改内容，或提供调研帮助，或协助数据处理等。在本书付梓出版之际，感谢他们的无私付出！

彭　澎

2024 年 5 月